Study of the Preannouncement
Strategy of Platform-type
New Product

平台型新产品预告策略研究

江烨　陈瑞义　朱长春◎著

河海大学出版社
HOHAI UNIVERSITY PRESS
·南京·

图书在版编目(CIP)数据

平台型新产品预告策略研究 / 江烨, 陈瑞义, 朱长春著. -- 南京：河海大学出版社, 2022.12
ISBN 978-7-5630-7901-8

Ⅰ. ①平… Ⅱ. ①江… ②陈… ③朱… Ⅲ. ①广告学—研究 Ⅳ. ①F713.80

中国版本图书馆CIP数据核字(2022)第246953号

书　　名	平台型新产品预告策略研究 PINGTAI XING XIN CHANPIN YUGAO CELÜE YANJIU
书　　号	ISBN 978-7-5630-7901-8
责任编辑	齐　岩
文字编辑	汤雨晖
特约校对	李　萍
封面设计	徐娟娟
出版发行	河海大学出版社
地　　址	南京市西康路1号(邮编:210098)
电　　话	(025)83737852(总编室)　(025)83722833(营销部)
经　　销	江苏省新华发行集团有限公司
排　　版	南京布克文化发展有限公司
印　　刷	广东虎彩云印刷有限公司
开　　本	710毫米×1000毫米　1/16
印　　张	13
字　　数	227千字
版　　次	2022年12月第1版
印　　次	2022年12月第1次印刷
定　　价	89.00元

前言

PREFACE

  在市场竞争过程中,持续不断地进行新产品研发、创新与预告已成为企业市场营销、开拓与竞争的重要手段。自2007年以来,苹果公司每年都会在春季和秋季发布其新版本产品(iMac、MacBook、iPhone、iPad和iPod等),并隆重举行其新产品的全球开发者大会。华为公司从2015年以来,也会在每年的3月份和10月份,提前向全球开发者和消费者会发布其P系列和Mate系列的新智能手机及鸿蒙系统等。这样的例子在其他信息操作系统、高端芯片制造以及互联网交易等平台类企业领域比较普遍,预告和发布新产品已成为平台企业市场竞争、用户沟通、战略联盟以及生态圈层构建的重要手段。各大企业,尤其是互联网平台企业何时、如何向消费者、开发者以及互补产品供应商等相关利益主体提前发布其新版本产品(简称"新产品预告")相关信息是企业面对市场的重要决策行为,更是企业市场竞争战略的重要组成部分。全面且深入地开展平台企业新产品预告管理的复杂性分析,解码平台企业新产品预告的影响因素及其内在作用机理,是平台型新产品预告策略选择理论研究重要内容。

  基于此,本文以平台型新产品预告为研究对象,首先提炼平台型新产品预告的独有特征,然后从系统构成、基本类型、影响因素及其复杂性特征这四个维度,构建了平台型新产品预告策略选择系统分析框架。接着从预告信息不同类型的效应(预告信息的潜在风险、成本节约效应、消费者锁定效应和市场规模放大效应)出发,构建了双边市场平台型新产品预告策略选择博弈分析模型,研究了平台型新产品预告努力水平选择、预告信息发布顺序选择、预告信息内容选择、预告市场竞争环境选择以及消费者感知与响应因素,解码平台型新产品预告成功策略选择机理。

本书共有 8 个章节。第一章对平台型新产品预告的研究背景、相关研究以及研究内容进行简要说明。第二章从四个维度对平台型新产品预告的基本特征进行系统阐述。第三章到第五章基于双边市场基础模型,分别研究平台型新产品预告的最优努力水平选择、顺序选择和内容选择,以及竞争结构特征分析。新产品预告信息发布过程带来的信息不对称因素嵌入到平台型新产品预告双边市场竞争模型构建之中,研究新产品预告,求解同步预告、消费者优先预告与开发者优先预告这三种的异同性和策略选择依据,并给出管理建议。第五章,将平台企业不同预告信息内容选择带来的消费者锁定和开发者成本节约效应嵌入到平台型新产品预告策略选择模型构建之中,比较分析营销型预告策略、技术型预告策略以及混合型预告策略的纳什均衡与社会影响,并给出管理建议。第六章,将新产品预告的成本节约效应因素内化为模型的关键变量,将消费者归属性的变化以及市场饱和度的设置刻画为市场竞争结构与强度,重点研究弱竞争情景、强竞争情景以及一般竞争情景下新产品预告对消费者、开发者以及社会福利的影响,并给出管理建议。第七章以智能手机新产品预告内容的消费者感知与响应为研究对象,采用实证调查方法,研究智能手机用户对新产品预告的内容感知及其行为影响,并给出管理启示。第八章,总结相关结论,并给出系统性的管理建议,并对未来的研究进行展望。

  本书的研究表明:(1)平台型新产品预告策略具有自身的复杂性,包括多边且多元的复杂利益博弈关系、超强跨边网络效应、多阶迭代过程特征以及赢者通吃的先发优势等独有特征;(2)在平台型新产品预告努力水平选择问题中,将新产品预告风险转移给消费者和开发者是平台企业的基本操作,平台企业最优预告努力水平选择总是无法满足消费者的现实需求;(3)在平台型新产品预告信息发布顺序选择问题中,非同步预告策略总是优于同步预告策略,在非同步预告策略选择中,优先向平台偏好强度较小或交叉网络较大一方进行新产品预告,有利于平台企业新产品预告利润的增长;(4)在平台型新产品预告信息内容选择问题中,当消费者偏好较小时,发布更多的营销类新产品预告内容有利于平台企业利润的提高,当开发者接入平台成本较大时,发布更多的技术类新产品预告内容有利于平台企业利润的提高;(5)在平台型新产品预告竞争环境选择问题中,市场竞争强度是调节和改变平台企业新产品预告策略选择的关键因素,竞争压力较小时,新产品预告策略是平台企业利润、消费者效用、开发者收益以及社会福利共赢策略。反之,由于存在利益冲突,平台企业倾向不进行任何类型的新产品预告。本书研究成果不仅可为相关研究者的研究工作提供基本理论分析框架,还可为平台企业的新产品预告策略选择的量化分析提供新的分析思路与方法。与此同时,新产品预告中的社会福利分析方法与成果结论,还可为相关职能部门的平台型新产品预告的社会治理问题提供决策支持。

由于自身能力的有限,本书中的一些数据获取和分析可能存在不够完整不够精确的地方,相关模型的构建与求解可能存在某些疏漏,某些问题的分析以及观点的评述可能存在偏颇之处,敬请各位同仁和读者朋友多多海涵,并衷心地希望您能多多提供宝贵建议。此外,在本书的撰写过程中,参考了许多专家和学者的文献资料,并得到了许多专家和学者的倾力指导。尤其在本人攻读博士学位期间,得到导师肖条军教授的倾力指导。

本文是教育部人文社科项目(20YJC630008)、江苏高校哲学社会科学研究项目(2020SJA0771)和江苏基层社会治理研究协同创新基地成果之一。

目录
CONTENTS

第一章 绪 论 ·· 1
  1.1 背景与意义 ··· 1
  1.2 文献综述 ··· 3
  1.3 内容与结构 ··· 21
  1.4 思路与方法 ··· 22
  1.5 研究创新点 ··· 24

第二章 平台型新产品预告策略选择基本特征分析 ············· 26
  2.1 预告系统要素分析 ·· 26
  2.2 策略选择类型分析 ·· 31
  2.3 策略选择影响因素分析 ··· 38
  2.4 策略选择复杂性分析 ·· 46
  2.5 预告策略选择的异同性分析 ·· 48
  2.6 本章小结 ·· 49

第三章 平台型新产品预告与预告努力程度 ······················· 51
  3.1 预告努力程度带来的影响 ··· 51
  3.2 问题描述与基础模型构建 ··· 53
  3.3 努力水平外生下预告策略选择 ······································ 56
  3.4 努力水平内生下预告策略 ··· 65

3.5 本章小结 72

第四章 平台型新产品预告与信息发布顺序 74
4.1 信息发布顺序带来的影响 74
4.2 问题描述与基础模型构建 75
4.3 三种预告策略的纳什均衡 80
4.4 三种预告策略的比较分析 94
4.5 全定义域策略选择扩展分析 97
4.6 本章小结 101

第五章 平台型新产品预告与信息内容 103
5.1 预告信息内容差异带来的影响 103
5.2 问题描述与基本模型构建 105
5.3 同质平台竞争分析 110
5.4 异质平台竞争下扩展分析 120
5.5 策略选择路径与社会福利 126
5.6 本章小结 128

第六章 平台型新产品预告与市场竞争结构 130
6.1 竞争结构差异带来的影响 130
6.2 问题描述与基本模型构建 131
6.3 弱竞争 $D\text{-}mm$ 情景分析 136
6.4 强竞争 $D\text{-}sm$ 情景分析 140
6.5 不同竞争情景的社会总福利分析 145
6.6 一般竞争 $D\text{-}E$ 情景的扩展分析 146
6.7 本章小结 148

第七章 新产品预告内容的消费者感知与行为响应 150
7.1 简介 150
7.2 基本情况说明 151
7.3 智能手机使用与关注分布特征 154
7.4 智能手机预告信息感知与评价 161

  7.5 新智能手机预告的影响分析 ………………………………… 169
  7.6 本章小结 ……………………………………………………… 177

第八章 结论与展望 ……………………………………………… 179
  8.1 研究结论 ……………………………………………………… 179
  8.2 研究展望 ……………………………………………………… 180

参考文献 ………………………………………………………………… 181

插图目录

图 1.1　总体思路 ······ 23
图 2.1　平台型新产品预告策略选择博弈系统 ······ 27
图 2.2　无差异化发布对象选择策略 ······ 34
图 2.3　差异化发布对象选择策略 ······ 35
图 2.4　同步发布策略 ······ 36
图 2.5　一部分用户优先且其余部分用户同步 ······ 36
图 2.6　所有类型用户都完全不同步 ······ 36
图 2.7　预告策略选择影响因素结构 ······ 38
图 2.8　鸿蒙系统预告信息百度搜索趋势 ······ 44
图 3.1　博弈顺序和结构 ······ 56
图 3.2　平台企业利润水平与预告努力水平的关系 ······ 64
图 3.3　平台生态社会福利与预告努力水平的关系 ······ 65
图 3.4　策略 S 和 E 下平台企业利润变化 ······ 71
图 3.5　策略 S 和 E 下生态总福利变化 ······ 72
图 4.1a　策略 T 下博弈顺序与内容 ······ 77
图 4.1b　策略 D 下博弈顺序与内容 ······ 77
图 4.1c　策略 B 下博弈顺序与内容 ······ 78
图 4.2　用户偏好影响下策略 T 的定义域分布 ······ 83
图 4.3　用户网络效应影响下策略 T 的定义域分布 ······ 83
图 4.4　用户偏好影响下策略 D 的定义域分布 ······ 88
图 4.5　用户网络效应影响下策略 D 的定义域分布 ······ 88
图 4.6　用户偏好影响下策略 B 的定义域分布 ······ 91
图 4.7　用户网络效应影响下策略 B 的定义域分布 ······ 92
图 4.8　平台策略选择分布与用户偏好强度系数的关系 ······ 98
图 4.9　$\beta > \alpha$ 时平台企业利润随市场倍增系数 k 变化曲线 ······ 99
图 4.10　$\beta < \alpha$ 时平台企业利润随市场倍增系数 k 变化曲线 ······ 100
图 4.11　平台策略分布与交叉网络效应系数关系 ······ 100
图 5.1　平台型新产品预告各方之间的博弈关系 ······ 110
图 5.2　当 $t = 15$ 和 $f_e = 1$ 时，SPNE 随 t_e 变化曲线 ······ 116

图 5.3	当 $t=1$ 和 $t_e=15$ 时,SPNE 随 f_e 变化曲线	116
图 5.4	当 $\beta_b=1.01$ 时 SPNE 分布	117
图 5.5	当 $\beta_b=5.01$ 时 SPNE 分布	118
图 5.6	消费者定价随 δ 变化曲线	122
图 5.7	开发者定价随 δ 变化曲线	122
图 5.8	当 $\delta=0.2$ 时,SPNE 随 f_e 的变化曲线	124
图 5.9	当 $\delta=1.2$ 时,SPNE 随 f_e 的变化曲线	124
图 5.10	SPNE 随 δ 的变化曲线	125
图 5.11	社会总福利随 δ 变化曲线	127
图 6.1	弱竞争强度结构	132
图 6.2	强竞争强度结构	132
图 6.3	一般竞争强度结构	133
图 6.4	各方之间的博弈关系与内容	135
图 6.5	平台企业利润随成本节约系数变化的曲线	147
图 6.6	社会总福利随成本节约系数变化的曲线	148
图 7.1	被调查者智能手机售价分布	155
图 7.2	被调查者的手机品牌分布	157
图 7.3	不同性别被调查者的手机品牌分布	157
图 7.4	被调查者关注的预告手机品牌分布	158
图 7.5	被调查者关注的手机预告内容分布	159
图 7.6	不同性别的被调查者关注的手机预告内容分布	160
图 7.7	被调查者负面手机预告信息评价分布	161
图 7.8	不同性别的负面信息评价分布特征	162
图 7.9	被调查者非官方手机预告信息来源评价分布	163
图 7.10	不同性别的被调查者非官方手机预告信息来源评价分布	164
图 7.11	被调查者手机预告内容翔实性评价分布	165
图 7.12	被调查者手机预告内容价值性评价分布	167
图 7.13	被调查者手机预告内容创新性评价分布	168
图 7.14	被调查者提前购机态度分布	170
图 7.15	不同性别的被调查者提前购机态度分布	171
图 7.16	被调查者延迟购机态度分布	172
图 7.17	不同性别的被调查者延迟购机态度分布	173

图 7.18　被调查者改变购机品牌的态度分布 …………………… 174
图 7.19　不同性别的被调查者改变购机品牌的态度分布 ………… 175
图 7.20　被调查者改变购机档次的态度分布 …………………… 176
图 7.21　不同性别的被调查者改变购机档次的态度分布 ………… 176

表格目录

表 1.1	新产品预告与新产品公告比较	6
表 2.1	平台型与一般型新产品预告异同性分析	48
表 3.1	策略 N 下的均衡解	58
表 3.2	策略 Y 下的均衡解	60
表 4.1	策略 T 下的均衡解	82
表 4.2	策略 D 下的均衡解	87
表 4.3	策略 B 下的均衡解	91
表 5.1	策略组合 (M,M) 下的均衡解	111
表 5.2	策略组合 (T,T) 下的均衡解	112
表 5.3	策略组合 (M,T) 下的均衡解	114
表 5.4	非对称策略组合成为 SPNE 的影响因素	119
表 5.5	非同质平台下的均衡解	121
表 6.1	弱竞争 $D\text{-}mm$ 情景且策略 Y 的均衡解	137
表 6.2	强竞争 $D\text{-}sm$ 情景且策略 Y 的均衡解	142
表 7.1	被调查者的 IP 地址地理分布	152
表 7.2	被调查者的年龄分布	153
表 7.3	被调查者的性别分布	153
表 7.4	被调查者职业分布	154
表 7.5	不同年龄段被调查者的手机售价分布	156
表 7.6	不同性别被调查者关注的预告手机品牌分布	159
表 7.7	不同品牌被调查者的负面信息评价分布	163
表 7.8	不同品牌的预告信息来源评价分布	164
表 7.9	不同卷入度的被调查者手机预告内容翔实性评价分布	166
表 7.10	不同品牌的被调查者手机预告内容翔实性评价分布	166
表 7.11	不同性别的被调查者手机预告内容价值性评价分布	167
表 7.12	不同品牌的被调查者手机预告内容价值性评价分布	167
表 7.13	不同性别的被调查者手机预告内容创新性评价分布	169
表 7.14	不同品牌的被调查者手机预告内容创新性评价分布	169
表 7.15	不同卷入度的被调查者提前购机态度分布	170

表 7.16　不同品牌的被调查者提前购机态度分布 ……………… 171
表 7.17　不同卷入度的被调查者延迟购机态度分布 …………… 172
表 7.18　不同品牌的被调查者延迟购机态度分布 ……………… 173
表 7.19　不同卷入度的被调查者改变购机品牌的态度分布 ……… 174
表 7.20　不同品牌的被调查者改变购机品牌的态度分布 ………… 175
表 7.21　不同品牌的被调查者改变购机档次的态度分布 ………… 177

第一章

绪 论

1.1 背景与意义

1.1.1 研究背景

在新产品研发与市场推广过程中,是否以及如何向消费者、开发者以及互补产品供应商等相关利益主体提前发布其新版本产品(简称"新产品预告")是企业市场竞争的重要组成部分。相关调查表明,近80%的汽车、半导体、航空和个人计算机等耐用品企业都将新产品预告活动作为企业市场营销推广的关键手段。全球知名的互联网商业平台公司(如微软、谷歌、苹果、华为、小米、腾讯、百度、亚马逊和阿里巴巴)每年都会在其发布会(如E3游戏展、东京动漫展、世界移动通信大会MWC、全球开发者大会WWDC)上隆重发布各类新产品。

企业进行新产品预告的动机复杂多样。例如,由于恰到好处地提前预告新版手机拥有世界上最快的有线快充,小米智能手机2020年第三季度全球销量暴涨,达到4 710万台,升至全球第三。又如,20世纪90年代,波音公司通过"音速巡航者"(Sonic Cruiser)新一代飞机的预告和项目启动会,成功阻击民用飞机市场份额流失给其欧洲竞争对手空中客车公司。又如,在谷歌公司可穿戴新产品预告产生的巨大市场预期下,2013年谷歌股价暴涨14%,突破1 000美元。然而,企业新产品预告充满风险,并非总能成功。据Simon-Kucher & Partners及独立专业定价协会(2015年9月)全球定价研究报告,72%的新产品预告都达不到预期目标。例如,2018年,iPhone XS、iPhone XS

Max 以及 iPhone XR 都进行了盛大的新品预告发布会，但其订单销量却十分糟糕，且直接导致了苹果新品代加工厂富士康、和硕等不得不部分停产。又如，微软为继续 Windows XP 系统辉煌而在 2006 年提前发布 Vista 操作系统，但最终却不得不在 2011 年停止更新宣布失败。诸如此类案例，在微软和网景浏览器竞争、百度和谷歌搜索引擎竞争以及全球智能手机操作系统竞争中比比皆是。

近年来，随着消费者需求偏好的快速变化、各类产品生命周期的不断缩短，持续不断的新产品预告已成为各大互联网平台信息战略的重要组成部分。微软、苹果、谷歌、华为、小米、腾讯、阿里巴巴等每年都会举办形式各异的新技术与新产品发布会，除了给即将上市的新产品进行宣传推广是其直接目的之外，更重要的是定期与百万级别的粉丝、开发者以及其他合作者保持沟通，展示其科技创新实力以及企业未来产品生态圈层构建和布局意图。

众所周知，不同于一般类型新产品预告，诸如网络游戏平台、智能手机操作系统以及互联网社交平台等类型的平台型新产品，具有超强的网络效应、多边市场交易属性、不对称定价以及赢者通吃属性，其新产品预告策略选择不仅牵扯到更为多元的利益群体的关系协调，而且一旦出现"虚假预告"和"掠夺性预告"等案例，"奥斯本效应"带来的市场锁定与放大的社会影响也更为广大且难以弥合。如何全面剖析此类新产品预告的复杂性根源，解码其影响因素与内在作用机理是平台型新产品预告策略选择理论研究的重要内容。

基于此，以平台型新产品预告为研究对象，基于文献分析、实证调查、博弈模型构建与数值模拟等方法的综合使用，对新产品预告策略选择的国内外已有研究进行系统梳理，然后，基于复杂系统分析方法，深入研究平台型新产品预告策略选择的复杂性机理，并构建其复杂性分析研究框架，接着采用博弈模型构建与数值分析相结合的方法，构建平台型新产品预告策略选择分析模型，并从新产品预告努力水平选择、新产品预告信息发布顺序选择、新产品预告信息内容选择以及新产品预告市场竞争环境分析等视角，深入研究平台型新产品预告信息的潜在风险、成本节约效应、消费者锁定效应和市场规模放大效应等对平台型新产品预告策略选择的影响，解码平台型新产品预告成功策略选择机理，为互联网信息平台企业新产品预告策略选择提供决策支持。

1.1.2 研究意义

以平台型新产品预告活动为研究对象，从平台型新产品预告策略系统构成、基本类型、影响因素与复杂性特征出发,探讨不同市场竞争结构下的预告策略努力水平、预告信息发布顺序选择以及预告信息发布内容选择等管理问题,旨在勾画出平台型新产品预告策略选择分析框架和基础模型构建,进而为平台企业新产品信息战略的实践运作管理提供指导。

(1) 理论意义

首先,辨析一般产品与平台型新产品预告的差异性,并从多边市场交易环境与预告信息接收者角度,研究平台型新产品预告策略系统构成、基本类型、影响因素与复杂性特征,较为系统地构建平台型新产品预告策略选择研究基本理论框架。

其次,将预告信息效应和市场预期参数化与模型化,并基于双边市场模型,构建不同市场结构竞争情景下,考虑用户偏好异质性、信息感知差异性及其平台归属性的平台型新产品预告双边市场博弈模型,为不同情景下平台型新产品预告策略选择问题的研究提供模型构建分析框架。

(2) 实践意义

首先,进行平台型新产品预告策略收益分析,可为互联网平台企业新产品预告的努力水平选择、信息发布顺序选择、内容设置以及竞争环境分析提供量化决策支持。

其次,研究平台型新产品预告社会福利问题,可为互联网平台型新产品预告乱象的监管、多元利益博弈协调与社会治理提供量化决策支持。

1.2 文献综述

本节将概述当前国内外主要的研究文献,具体涉及新产品预告概念、新产品预告动机、新产品预告效应和新产品预告策略选择研究等。

1.2.1 新产品预告

平台型新产品预告概念界定目前尚未形成共识,1.2.1小节将从平台、新产品以及新产品预告这三方面的概念来梳理界定平台型新产品概念。

(1) 平台

首先,据《新华字典》,"平台"有几种解释,其一是古台名,其二是休憩、眺望等用的露天台榭,其三是生产和施工过程中为进行某种操作而设置的工作台。牛津字典对"平台"的解释也有几种,其一是火车站上下火车的轨道旁的凸起平坦区域，其二是供公众演讲者或表演者使用的讲台，其三是设备所在或操作的表面，其四是公开发表意见的场所，其五是计算机软件的系统。

其次，通过梳理相关文献不难发现，当前研究平台的文献主要集中在计算机系统设计领域、企业运营管理领域、产业经济领域以及社会公共管理领域。在计算机系统设计领域，更多地将平台理解为一种计算机系统框架，强调平台具有能够容纳异构数据、编程语言、功能模块以及子系统的集成大信息系统，如何实现更好的系统集成是相关研究的主要内容（Sangiovanni-Vincentelli 等，2001）。其二是企业运营管理领域，更多地将平台理解为一类连接多方市场的特殊产品或市场机制，相关研究成果主要集中在双边市场与多边市场的定价、竞争以及其他具体运营策略管理问题研究（Eisenmann 等，2006）。其三是产业经济领域，研究者将平台理解为一种经济形态和经济制度，其重点研究的是平台经济的基本特征、社会效能、组织模式、发展规律以及社会治理等问题（Evans，2003；Rysman，2009）。其四是社会公共管理领域，研究者将平台概念泛化成为一种个体或组织提供某种机会和资源的社会活动群体、组织或结构的概念，如协会或团体等。

综上可知，平台的概念可从微观、中观和宏观等维度进行细分和解读。本书所界定的平台产品以及平台企业更多的是偏向于运营管理领域的理解，即平台是一种特殊的产品或市场机制。但并不否定其他领域对平台的理解。因为，当前许多平台类产品不仅具有计算机研究领域信息集成系统平台基本功能的微观特征，同时也包含了平台经济与社会组织是由多边用户组成的宏观层面表现。

（2）新产品

关于新产品的概念，依然可从不同角度进行解读。从消费者角度来看，新产品是指那些可以为用户带来新价值的产品，如产品功能与性能的提升、产品外观或款式设计的改变带来的消费体验的增值（Cooper，2001）。从企业角度来看，新产品是指之前未曾研发与生产的所有产品。从技术应用角度来看，新产品特指那些应用了新技术并产生新价值的各类产品。从市场营销角度来看，新产品是指那些能够满足用户新需求的产品，哪怕是"新瓶换旧酒"。也就是说，新产品可能是市场上全新出现的一种产品，也可能是原有产品在技术、功能或性能上的某种改善或创新后的新产品，还可能是在产品规格、外观或包装上进行小改变后的新产品（Otto 等，2001）。

综上所述，本书界定的新产品概念是指，通过技术创新与商业模式创新等手段，对已有产品的功能与性能进行一定改进的产品，或全新出现的产品。其核心内涵是，新产品可以给用户、企业以及其他利益相关者带来新价值。

（3）新产品预告

关于新产品预告的概念，Eliashberg 等（1988）是较早进行较为完整界定的学者之一。其认为，新产品预告（New Product Preannouncement，以下用 NPP 替代）是在公司实际进行特定的价格调整、新的广告宣传活动或产品线变更之前的一种正式的、经过深思熟虑的沟通。在此之后，相关学者在 Eliashberg 等（1988）概念的基础上做了许多拓展性研究，例如 Burke 等（1990）认为新产品预告是企业向消费者提供关于产品的可用性、特性、应用、缺陷或终止的新信息的正式沟通。近年来，一些学者开始注意到新产品预告的战略意义，例如，Alina 等（2007）、Su 等（2010）以及 Chen 等（2018）认为，新产品预告是一种信息战略而非简单的广告宣传行为。又如，Ho 等（2010）将新产品预告作为企业的一种市场预期影响与引导的战略手段。从国内相关研究来看，学者们也基本认同 Eliashberg 等（1988）关于新产品预告的概念的界定。例如，段文奇（2009）、龚艳萍等（2012，2015）、李湛等（2013）和张琴（2018）认为，企业提前将新产品的信息传递给消费者的营销沟通行为被称为新产品预告，新产品预告是一种提前进行市场沟通的营销策略，也是一种市场竞争行为，并从不同维度对新产品预告问题进行丰富的研究工作。

综上可知，本书认为，新产品预告是指企业基于特殊的战略需要与目标，在新产品研发、量产、推广或面市之前，通过开发者发布会、公司官方网站信息通告、主流媒体新闻报道、各类自媒体、论坛、虚拟社区与意见领袖的点评等不同信息的发布渠道和方式，提前向消费者、新产品的 App 或内容开发者、新产品零部件供应商、互补产品生产商、竞争对手、公司股东以及各类媒体等其他利益相关主体披露新产品未来的研发目标、新产品某些独特和创新的功能与性能、上市与预售计划、产品定价等信息。

（4）新产品预告与新产品公告概念辨析

需要辨析的是，早期学者对新产品预告与新产品公告没有进行严格的区分。例如 Rabino 和 Moore（1989）研究了计算机行业新产品公告的目标受众和媒体组合的管理问题。Popma 等（2006）研究了 DRAM 芯片行业不同实力企业的新产品公告内容选择特征。这些结论在新产品预告中也是同样成立的。Su 等（2010）基于已有研究文献的评述认为，可以从前置时间的长短区分新产品公告与预告。其认为,新产品预告具有战略意义,而新产品公告更多地是为产品营销或推广服务的,属于战术层面内容。

针对一些研究者对于新产品预告和新产品公告没有进行严格区分的现实情况,本书给出新产品预告与新产品公告的异同性分析,其具体内容如表1.1所示。

由表1.1可知,新产品预告目的更具有战略性,其不仅聚焦未来的新产品销售,还聚焦新产品研发、投产、量产及其未来的商业推广等战略管理问题。新产品公告更接近新产品的广告与宣传活动,其主要目的是促进新产品销售量提升。一般来说,新产品预告比新产品公告的前置期要更长,新产品的技术成熟度更低,新产品研发成功的可能性相对更低,面临的市场与技术不确定性更高,影响的利益相关者更多且更广,企业进行新产品预告更具有战略意义。例如,在苹果智能手机 iPhone 13 正式面世的一年前,其相关信息已在一些论坛、博客和微信等非官方渠道中传播,其不仅影响到未来消费和竞争,也影响到 iPhone 13 的未来研发工作及其企业品牌价值等内容,可以将此类信息称为 iPhone 13 新产品预告。但是在 2021 年 9 月 iPhone 13 正式销售前一周左右,苹果公司通过官方发布 iPhone 13 的未来销售等公告信息,只能称为 iPhone 13 的公告。

表 1.1 新产品预告与新产品公告比较

相关指标	新产品公告	新产品预告
产品状态	已经完成量产与上市准备	还未完成量产与上市准备
信息发布时间	产品上市销售前一周之内	产品上市销售前几周到几年之内
信息发布内容	新产品功能、性能、价格以及销售计划等信息	新产品研发计划、投产计划、量产计划与销售计划
信息发布目的	实现销售计划	实现研发、投产、量产、推广与销售计划目标
信息发布对象	聚焦与新产品销售有直接关系的利益相关者	不仅包括与新产品销售有直接关系的利益相关者,还包括与新产品研发计划、投产计划、量产计划和市场培育有关的所有利益相关者
造成的影响	提高消费者购买意愿	影响未来相关利益方预期

1.2.2 新产品预告动机

动机是推动个体或组织朝着某个特定目标行动的内在动力,是深入分析个体或组织行为产生机理的重要窗口。当前,相关研究成果主要是关于一般产品预告动机,鲜有直接关于平台企业新产品预告动机的研究成果。基于此,本节在综合梳理一般型新产品预告动机研究成果的基础上,进一步辨析平台型新产品预告的独有特征,为后续研究打下理论基础。其具体内容分析如下。

(1) 激起消费者对新产品的兴趣

提前改变或锁定消费者购买意愿和行为不仅是一般产品预告活动实施的动机之一,也是平台型新产品预告活动的实施动机。众所周知,只有让更多的消费者对平台型新产品感兴趣,才能说服更多的消费者加入并通过平台匹配找到能够满足其个性化需求的产品或服务需求供应商。Nagard-Assayag 等(2001)认为,新产品预告可以提高消费者对新产品的兴趣与好奇心,进而促进或者增加消费者接受新产品的速度,特别是当公司推出的新产品具有较高创新性时,其新产品预告捕获消费者注意力的能力更强(Johnson 等,1984)。Kohli(1999)以及 Lilly 等(1997)认为,企业可通过持续不断地预告新产品来刺激和改变消费者对自身品牌的产品认知和态度,但预告的频率须把握好节奏,并非越多越好。Celsi 等(1988)认为,并非所有的消费者都对新产品预告信息是敏感的,只有那些产品卷入度较高的消费者更容易被对应的新产品信息所吸引。这里的卷入度涵盖新产品的相似性、熟悉度与曾经的使用体验等内容。此外,在对大量以往文献梳理和分析后,Su 等(2010)发现,当前许多企业新产品预告的动机和目的不仅仅在于说服消费者弃用竞争对手的产品,还在于说服消费者延迟等待正在预告的新产品的出现。例如,小米智能手机就经常在新手机还没有正式销售前通过预告与预售相结合的方式来提前锁定消费者未来的手机购买计划。此外,为了说服消费者改变当前的消费行为,许多平台还会在预告信息中增加某些诱人的价格折扣条款。

(2) 降低采用新产品的转换成本

对一般产品的功能与性能的了解、熟悉和掌握通常需要一个摸索、学习和适应的过程。对于功能与性能相对更为复杂的平台型新产品而言,这样的摸索、学习和适应成本可能较大。因此,降低消费者采用新产品的转换成本成为新产品预告动机和目标之一。在新旧产品转换中,客户须承担从一种产品转换到另一种产品的成本(Gerlach,2004),因此,公司可能有更多的动机提前发布新产品信息。Eliashberg 等(1988)认为,客户新产品的转换成本影响其是否采用新产品,通过调查数据验证发现新产品预告可降低客户新旧产品的转换成本。Kohli(1999)认为,通过提前介入,可在一定程度上降低消费者购买新产品的风险感知。

需要注意的是,对于具有多边交易结构和较强网络效应锁定的平台产品而言,其消费者要进行新旧产品转换可能面临更多的技术障碍、数据迁移障碍、社会网络迁移障碍等诸多问题,降低采用新产品的转换成本是平台型新产品预告的关键动机之一。此时,平台企业需要更多地考虑平台用户知识背景、经历、经验和学习能力的差异性,以及转换成本的差异性(Gerlach,2004)。特别是那些不曾拥有相应经验的消费者,其新产品的适应成本更多地表现为新产品的学习成本。对于曾经使用过同类产品的消费者而言,因个人偏好、习惯的养成以及品牌忠诚度较高,改变与适应成本较为突出。此时,要通过预告说服顾客等待新产品的正式推出及销售的过程,需要更加关注顾客品牌忠诚度的提高(Kohli,1999)。

(3) 增强新产品传播渗透速度

Rogers(1976)认为,人们对新产品或新技术的接受通常要经历了解、兴趣、评估、试验和采用这几个阶段,且不同创新性格特征的消费者也会影响新产品与新技术的采用。因此,大量的早期研究表明,提高新产品的传播与渗透速度,加速新产品采用过程是新产品预告的主要动机之一。Eliashberg等(1988)认为,预告策略是一种沟通工具,可以促进新产品的渗透。Rabino等(1989)以及Robertson等(1995)认为,一些企业在新产品预告过程中,邀请产业专家以及学者进行宣传,就是想借助这些人在社会上的影响力来加快新产品的传播速度,提高新产品的渗透能力,缩短消费者接纳新产品的时间,新产品预告通过口碑传播加快了市场基础的创建(Zhang等,2016)。

对于互联网信息类产品而言,网络效应是新产品预告不可忽视的要素之一(Choi等,2019)。Delphine等(2014)基于新音频CD的预购订单和发布后的销售情况数据,构建了一个能够描述预告对消费者购买承诺的影响以及自发布以来的扩散过程的扩散模型。研究表明,信息类产品预告在加速新产品预告方面的效果更为明显。Cai等(2013)的研究表明,高创新技术的新产品并非总能战胜那些技术创新不高的已有产品。只有当网络规模达到临界量时,新旧之间才能产生自增强效应,而预告在这个过程中起到关键性作用。由于平台型新产品多数属于互联网信息类产品且其网络扩散与传播能力更强,因此深入研究网络效应对平台型新产品预告策略选择是一项非常有意义的研究工作。

(4) 树立鲜明的企业市场定位

创新是企业保持市场竞争力的根本手段,也是彰显自身实力、说服消费者和其他利益相关者相信企业的最为关键的因素之一。对于一般产品而言,Heil 等(1991)认为,通过新产品预告的发布,可以帮助企业重新找寻并确定其产业定位,如市场领先地位或是市场追随者的身份。除此之外,新产品预告还可以帮助企业抢占产品或市场份额,树立自己独特鲜明的市场地位,巩固产品的发展(Robertson 等,1995;Calantone 等,2013)。一些研究表明,随着企业市场主导地位的确定以及公司规模的扩大,也会反过来影响新产品预告的提前发布(Eliashberg 等,1988;Su 等,2007)。

对于平台型产品而言,新产品预告的动机也包含上述这些基本内容。然而需要注意的是,平台型新产品预告比一般型新产品更加在乎的是,如何通过各类"超酷炫"的新产品预告来引领未来行业发展。例如,华为、苹果和微软等互联网公司每年的新产品发布会一直非常隆重,且对未来新产品做出许多预测与展望,其目的更多的是向消费者、开发者以及其他利益相关者展示自身实力与市场定位。在全球疫情期间,微软、谷歌和苹果等公司依然在2020年召开了声势浩大的新产品预告发布会,并对于一些尚处于概念创意或研发阶段的平台型新产品进行发布,其更多的目的在于,持续不间断树立企业市场定位或创新品牌形象,而非该产品能够研发成功。

(5) 报复和阻止新竞争者的加入

在新产品预告过程中,报复和阻止新竞争者是动机之一。Eliashberg 等(1988)、Bayus 等(2001)以及 Jung(2011)研究表明,将新产品信息透露给竞争者可以影响竞争者的策略,包括使竞争者延迟进入市场。因为潜在进入者一旦察觉到进入策略无利可图,或可获得的细分市场无法满足其盈利需求,则会放弃该市场的竞争。Bayus 等(2001)和 Jung(2011)声称,公司可以通过故意夸大新产品创新信息、模糊相关信息或延迟预告日期等方式来阻止竞争者的进入。因此新产品预告是一种低成本且较为高效的反竞争手段。Popma 等(2006)认为,不同实力的企业在新产品预告内容选择上要做出适应性选择。Ofek 等(2013)的研究表明,当在位者具有强大的市场预测能力且未来需求较小时,将采用突击式预告策略;当市场预测能力较强且未来需求较大时,在位者倾向于采用真实预告策略;当在位者市场预测能力较弱且未来需求较小时,其更愿意采用不实预告策略。Farrell 等(1986)提出新产品预告具有劝服消费者放弃当前产品而等待未来新产品的作用,并认为这样的行为是一种反竞争掠夺性的垄断行为,而非市场沟通行为。

(6) 为供应商和开发者等合作者预留更多响应时间

Finn等(2000)认为,供应商参与新产品开发项目已成为提高项目效率(产品成本和质量)和项目开发效率(开发成本和时间)的一种日益流行的方法。Hartley等(1997)表明,供应商早期进入可以帮助上下游企业及时了解相关信息,并做好供货和销货安排,进而降低合作的风险与不确定性。Wind等(1987)表明,新产品预告可以将具体的功能、价格和运输日期发给经销商,经销商可以更早地下订单并做好准备。然而,Alina等(2007)警告说,企业应该谨慎进行新产品预告,不能提前承诺那些无法实现的新产品,因为公司无法及时向分销商提供新产品,就会影响该企业的信誉,从而破坏公司与分销商之间的关系。

1.2.3 新产品预告效应

新产品预告信息的发布直接或间接影响到参与各方的未来预期进而改变其策略选择。本节将从新产品预告对消费者、竞争者、相关合作方以及社会福利的影响展开讨论。其具体内容包括如下几个方面。

(1) 对消费者的影响

首先,以往相关研究表明,新产品的预告首要影响对象是消费者对新产品的感知、认知和行为(Burke等,1990)。对于一个竞争激烈且产品种类多样的市场而言,新产品预告最显著的好处是引起消费者的注意,因为消费者的注意力总是有限的,而相互竞争的产品数量总是那么多样且繁杂。

其次,新产品预告可以给消费者带来某些感兴趣的信息,进而勾起消费者的购买兴趣,增强其购买欲望。但是,张丽君(2010)认为,新产品预告对消费者兴趣与购买欲望的影响需要综合考虑消费者个人行为、公司和产品特征(如品牌、发布"雾件"产品历史、产品创新性)之间的交互作用。

再次,对于复杂产品而言,新产品预告可以帮助消费者提前认识和学习新产品(Eliashberg等,1988),进而增加消费者对新产品功能与性能的全面了解,提升品牌形象,方便进行竞品比较,增强消费者购买自身品牌产品的意愿。

最后,新产品预告在某种程度上可以起到说服消费者延迟购买的作用。Gerlach(2004)采用了博弈论的模型来探究 Apple 是否进行新产品预告和发布新产品预告所带来的影响时发现,新产品预告具有说服延迟购买效应。

然而，新产品预告对消费者的影响并非没有风险，Rao 等(2019)在研究新产品预告的幻影与"奥斯本效应"时指出，新产品预告对消费者的偏好可能存在正面影响，也可能存在负面影响或没有影响。

(2) 对竞争者的影响

新产品预告对竞争者的市场评估及其未来行为选择存在影响，具体包括如下几个方面。

首先，新产品预告为竞争者提供新产品的一些关键信息，从而让竞争者有更多的时间提前进行准备。也就是说，竞争对手可以通过新产品预告来掌握公司未来的动向。因此，许多研究表明，不建议企业过早进行新产品预告(Lilly 等,1997；Kohli,1999；Su 等,2011)。

其次，新产品预告被视为一种敌意信号，迫使竞争对手也引入一个新产品，采用另一个营销策略以及发布一个针锋相对的新产品预告进行对抗(Robertson 等,1995；Mohan,2007)。例如，苹果智能手机和三星智能手机之间的新产品预告内容选择、时间定位以及价格定位总是针锋相对。

此外，新产品预告有时可能达到吓唬竞争对手，让竞争对手知难而退的目的。Ofek 等(2013)的研究表明，当新产品的商业可行性和竞争对手进入的威胁存在不确定性时，在任者在阻止竞争对手进入方面产生了先发制人和虚假预告这两种竞争作用。

(3) 对合作者的影响

新产品预告还将对开发者和供应商等上游企业产生影响。Hartley 等(1997)认为，供应商早期进入的目的之一是希望这些企业能够有足够的时间安排供货和销货，以便保证新产品可以按时研发并向市场销售。对于一类复杂度比较高的产品而言，在寻求联盟或鼓励互补产品设计过程中，新产品预告信息的提前发布可为供应链合作伙伴提供更好的计划机会(David 等, 1996；Dranove 等,2003)。Sun 等(2020)在研究制造商与供应商之间的新产品预告互动关系时指出，供应商对制造商的新产品预告信息会保持一定的警惕性，并非总会按照制造商的意图行事。

此外，在资本市场区域，Schatzel 等(2006)在研究预告行为对新产品发布影响的探索性检验时指出，新产品预告不仅可以给消费者带来更客观的市场预期，同时也能给开发者以及公司股东等利益相关者创造正面的市场预期。先前的研究表明，新产品预告对不同行业的股价具有信号效应，其常被用于激发股票市场的积极反应(Prasad 等,2001)。在双边市场环境下，Chellappa

等(2021)的研究表明,新产品预告将提高开发者对未来市场总体规模的预期,进而提高其对平台 App 的开发意愿和收益。显然,这样的结论在具有网络外部性的行业中尤其普遍(Lee 等,2003)。因为消费者总是非常关注未来技术,并激起媒体炒作,从而反过来又会极大地影响客户的采纳行为(Wind 等,1987)。

(4) 对社会福利的影响

新产品预告是否可以增进社会福利是许多学者共同关注的问题,Landis 等(1985)认为,如果新产品预告信息是真实的,那么显然对社会总福利的增值是有促进作用的。但是如果预告信息是虚假的,只是为了恶性竞争服务,那么它不仅损害消费者利益,也会损害企业品牌声誉以及整体市场竞争秩序(Ofek 等,2013)。Farrell 等(1986)在研究新产品兼容性、安装基础、新产品预告以及市场垄断时发现,预告是一种掠夺性的垄断行为,其将妨碍市场自由竞争,进而导致社会福利的减小。Zhang 等(2016)的研究表明,当新产品预告的反应是内生时,新产品预告对客户是坏的,对低成本企业以及总福利是不确定的。Chellappa 等(2021)在研究双边市场环境下平台类产品预告对社会福利的影响时发现,平台竞争与用户平台归属直接影响到新产品预告对社会福利的影响方向。

1.2.4 新产品预告策略

关于新产品预告策略选择问题,相关学者主要从是否要进行新产品预告、何时进行新产品预告、新产品预告如何选择内容、是否要进行虚假预告以及是否要采用非正式预告等视角出发,进行相关问题的研究。

(1) YES 还是 NO 策略

在新产品预告策略选择研究领域,"是否"进行新产品预告的策略选择研究是早期学者们关注的热点话题之一。例如,Eliashberg 等(1988)和 Robertson 等(1995)基于实证调查方法,研究了平台企业采用新产品预告策略的基本条件。其研究表明,企业是否要进行新产品预告策略需要综合考虑四大要素,分别是市场主导力、公司规模、竞争情况以及消费者的转换成本。尤其在竞争情况下,还须考虑在位竞争者的新产品预告敌意感知以及预告信息可信度的感知问题。Sorescu 等(2007)从预告影响公司股价的角度研究了企业进行新产品预告的基本条件。其研究表明,从长期来看,预告的财务回报显著为正,短期可能出现异常回报,且可信度越高,预告产生的正效应越大。

(2) 预告时间选择策略

关于新产品预告时间或时点选择问题,Lilly 等(1997)的研究表明,竞争者的预期反应、与产品的复杂性和创新性、购买过程的长度以及公司相关的因素(包括产品特征集的最终确定)将影响企业新产品预告时间选择。此外,Kohli(1999)给出新产品预告时间分析框架,认为预告的时间取决于产品采购周期长度、学习要求和转换成本,还取决于新技术预测范围因素以及行业感知竞争弹性。Büschken(2000)基于 Lilly 等(1997)提出的模型,深入研究了个体购买者的技术跨越以及延迟购买对最佳新产品预告时间的影响。其研究表明,最优的预告时间策略选择取决于公司的具体情况及其所处的市场阶段。一般来说,为了在整个产品生命周期内实现利润最大化,具有产品质量优势的主导厂商应提前发布新产品预告,以控制不断变化的市场地位。

此外,Su 等(2010,2011)采用微观博弈模型分析方法,研究了竞争下企业新产品预告最优时间策略的选择条件。其研究表明,当预告能有效地创造被压抑的需求时,企业应该提前预告。如果新产品的质量或利润率较高,则预告应迅速进行,如果现有产品的市场份额较高,则应推迟。同步博弈下,市场领导者应提前预告,但市场跟随者则相反。Han(2018)基于 Facebook 的企业预告案例,从信息方向感知与判断视角研究了新产品预告应该采用远期策略还是近期策略。其研究表明,远期预告时消费者全局判断起更多作用,近期预告时消费者离散判断作用更为显著。此外,Wu 等(2004)利用从计算机硬件、软件和电信行业的管理人员那里收集的数据,研究了企业预告产品推迟策略使用的原因。其研究表明,同类相食效应增加与产品延迟推出的时间超过预先宣布的最后期限有关,新产品表现并不令人满意也是推迟策略使用的一个重要原因。

(3) 预告信息选择策略

关于新产品预告信息内容选择问题的研究成果较为丰富。Popma 等(2006)基于实证方法,研究了 DRAM 内存芯片行业的新产预告内容选择的异同性。其研究表明,领导者、赶超者以及追随者为实现竞争优势最大化,在 DRAM 新芯片的内容选择上存在差异。领导者在内容选择上更倾向于强调自身的创新优势,追随者在内容选择上倾向于选择突出价格优势。而那些在受网络外部性影响的市场中运营的公司往往会发送大量的信息内容。Homburg 等(2009)基于一个跨行业的 151 项新产品预告案例调查研究了新产品预告信息选择问题,其研究表明,新产品预告一味强调自身优势并非总有利于企业。新产品预告信息内容选择策略是新产品预告研究的热点问题。Chen等(2012)研究了新产品预告信息的设计和发布策略,其研究表明,不同实力以及战略目标的企业,其新产品预告信息线索的披露、信息清晰度和完整性存在较大差异。大公司更可能传达更丰富的信息,以市场为导向的公司更有可能传递具有充分线索的一致信息,处于技术动荡环境中的公司不太可能始终如一地发布与新产品相关的信息。

(4) 虚假预告还是真实预告

毫无疑问,在新产品预告过程中,企业并非总会如实披露其新产品的真实信息,企业是否应该如实预告其新产品的真实信息将直接影响到新产品预告的成败。Sorescu等(2007)的研究表明,短期的夸大性新产品预告虽然能够带来一定财务上的收益,但长期而言是得不偿失的。Jung(2011)从信息不对称角度解答了为何要进行虚假预告的原因。Ofek等(2013)从市场不确定性角度研究了企业实施虚假预告和真实预告的决策条件和影响因素。其研究表明,在位者更愿意采用虚假预告策略,目的在于阻止竞争对手的加入,即使其市场预测能力较弱且预告带来的需求方收益较小。Mukherjee(2017)从社会化媒体监督视角研究了企业不能采用虚假新产品预告策略的原因。其研究表明,在社会化媒介时代,网络效应越大,虚假预告成本越大,企业采用真实预告策略的倾向越大。

(5) 其他预告策略选择

除上述新产品预告策略研究问题外,相关学者还从其他视角开展了有趣的研究工作。例如,Kim等(2001)基于265名来自新产品制造商的首席执行官和总裁的样本,研究了新产品预告延迟和退出策略问题,开发并测试了一个可能影响公司发行新产品延迟或退出策略倾向的六个前因模型。Rao等(2019)在考虑新产品预告对消费者偏好存在幻影参考作用和"奥斯本效应"时,研究了企业的新产品预告策略的选择问题。其研究表明,对于产品质量较低的公司来说,预告可能不再是最佳策略,因为其可能导致"奥斯本效应"。Chellappa等(2021)针对新产品预告信息发布渠道的不同,研究了双边市场竞争情况下平台企业新产品预告正式预告策略和非正式预告策略使用的条件及其社会福利问题。

1.2.5 其他相关理论

在新产品预告理论分析框架选择及其模型构建中,双边市场理论、信息不对称理论、理性和非理性预期理论、消费者风险感知理论以及信息框架与信息处理理论这五方面常被涉及和借鉴,具体内容如下。

(1)双边市场理论

平台型新产品面向的是双边或多边市场用户,全面梳理双边市场相关研究成果是平台型新产品预告模型研究的基础工作。

关于双边市场的概念界定研究,Rochet 等(2003,2006)及 Armstrong(2006)等学者较早进行了比较系统的界定。其认为,若一个平台上产品或服务的交易总量能够随着加入平台的数量的变化而变化,且其中一方参与者的收费和数量将影响另一方的收费和数量,就可称为双边市场。国内学者程贵孙等(2006)、徐晋等(2006)、刘启等(2008)以及熊艳(2010)也分别从不同角度对双边市场的概念进行界定与解读。综上不难发现,双边市场的案例在现实中普遍存在,如传统的报纸杂志(Kaiser 等,2006)、银行信用卡网络(Rochet 等,2007)以及当前许多借用网络信息技术形成的网络游戏市场、网络搜索引擎(Luchetta,2014)、个人计算或智能手机操作系统等(Hyrynsalmi 等,2013),都是比较典型的双边市场案例。

在双边市场定价及定价策略研究方面,Rochet 等(2003)以及 Armstrong(2006)较早就进行了富有成效的开拓性工作。相关研究表明,市场竞争结构、用户归属性(Gabszewicz 等,2004;Choi,2010)以及用户的市场需求弹性(Bolt 等,2008)等因素直接影响双边市场不对称定价策略选择。Hagiu(2009)进一步指出,竞争、需求和用户归属综合影响双边市场不对称定价。除不对称定价及其产生原因的研究外,一些学者还对排他性定价(Motta 等,2012)、网络中立性定价以及动态定价(Tong 等,2020)等问题进行研究。此外,国内学者主要研究不同环境下双边市场的定价策略(纪汉霖,2006;胥莉等,2009)。

近年来,研究者开始关注平台之间的非价格竞争问题。在非价格策略研究方面,一些学者还从双边市场的捆绑销售(Chao 等,2013)、排他性协议(Wright,2007)、最优选址(Chang 等,2013)、新产品扩散路径(Bergemann,1997)、网络中立性技术投资激励(Schnur,2013)以及生态治理(Motta,2012)等视角开展了丰富的研究工作。

关于平台竞争的研究,早期主要关注的是平台竞争的影响因素及其策略,并以构建博弈竞争模型为主要工作,最经典的是 Armstrong(2006)的研究成果。此外,国内外学者主要从如下几个方面进行研究,其一主要从不同市场结构(垄断与寡头竞争,用户归属性和用户异质性)与竞争选择策略之间的关系(Schiff,2003;Doganoglu,2006),以及双边市场竞争对平台定价、用户接入平台的市场份额、社会福利的影响等角度进行研究。其二是从不同类型的双边市场竞争现实案例出发,研究广告媒体市场、众筹市场、网络视频市场和游戏市场等双边市场竞争特征问题(Meer,2013;Rietveld 等,2018)。其三是研究平台不同运营策略与双边市场竞争环境之间的关系,包括免费软件策略、开源策略、排他协议策略和捆绑销售策略等(Von Krogh 等,2003;Wright,2007;Chao 等,2013)。

本书中平台型新产品预告所采用的模型构建思路主要综合了以下相关研究成果。例如,Rochet 等(2003,2006)开创性地研究了不同商业模式特点下双边市场平台竞争模型的构建方法。Armstrong(2006)研究了双边用户都是单归属,即双边用户认为两平台是异质平台,必须进行二选一情况下的双边市场竞争模型。Caillaud 等(2001,2003)研究了双边用户都是多归属,即双边用户认为两个平台都是完全同质平台,无须进行二选一情况下的双边市场竞争模型。Wright(2007)在 Armstrong(2006)和 Caillaud 等(2001,2003)的研究基础上,综合研究了双边用户都是单归属、双边用户都是多归属、一边用户单归属一边用户多归属情况下的双边市场竞争模型的构建,并对竞争瓶颈与排他性协议问题进行深入研究。Gabszewicz 等(2004)构建了一个双边用户网络效应纵向差异化下的双边市场竞争模型,研究了中介型双边市场双边用户的多归属存在机理。

(2) 信息不对称理论

在实践中,新产品预告信息通常以信息不对称或信息发送者比接收者拥有更多信息的方式存在。信息不对称理论是研究平台型新产品预告的理论基石之一。本部分将从信息不对称概念、表现形式与相关影响几个方面回顾相关研究。

信息不对称产生的根源首先在于信息的专有性(Connelly 等,2011;Ecker 等,2013)。Connelly 等(2011)认为,由于某些信息是私有的,因此持有该信息的人与那些拥有该信息时可能做出更好决策的人之间会出现信息不对称。其次,源于观察对象的功能、性能以及未来收益与作用的不确定性和难以观测(Spence,1973;Leland,1981;Kai 等,2014),Spence(2002)认为,买方有时很难准确检查和评估卖方所提供信息的可信度和有效性。其中,新产品和服务的不可观察和不确定风险尤为严重(Bhargava 等,2012)。再次,信息传播过程中存在某种障碍,这种障碍可能是自然的,也可能是人为造成的(Duarte等,2006)。例如,Johanson 等(1975)认为,"心理距离"是阻碍或干扰企业与市场之间信息流动的因素。这些"心理距离"包括语言、文化、政治制度、教育水平、工业发展水平等方面的差异。

信息不对称首先将导致道德风险与逆向选择(Akerlof,1970)。在新产品预告领域,Jung(2011)在研究新产品预告的信号质量时指出,在位者不掌握新进入者的私人信息,这种信息不对称将导致其在新产品预告信息质量选择时可能存在夸大其词现象或沉默不语等策略。Mishra 等(2020)在研究新产品预告口碑效应时指出,新产品预告具有口碑效应,能够在一定程度上消除市场各方对新产品相关信息不太了解的状况,进而降低市场各方逆向选择风险。Kai 等(2014)认为,新产品研发相关的不确定性与信息不对称将导致高级管理人员和项目经理之间关于新产品研发的不诚实行为的出现。有趣的是,Yang 等(2018)在研究新产品预告信息量和时间选择差异对公司价值的影响时发现,不同时间范围内提前发布产品信息内容对股价的影响有所不同,在 NPP 期间和长期内为正值,在新产品推出 NPI 期间不显著。过早发布NPP 会对公司价值产生负面影响。

(3) 理性和非理性预期理论

自理性预期理论提出之后,几乎所有的经济与管理问题研究都将理性预期理论作为一个假设进行深入研究。Padnamabhan 等(1997)在研究新产品升级和新发布的产品介绍顺序选择的基本原理时指出,当存在网络外部性时,消费者的期望可能决定新产品的成败。此外,在新产品预告研究中,许多学者常常将理性或非理性预期理论应用到相关问题研究或模型构建中。基于此,本部分将简单回顾一下预期理论。

关于理性与非理性预期相关研究方面,Sargent 等(1976)较早就将理性预期作为经济政策制定的重要假设前提,并给出许多非常有意义且使用价值较高的经济政策方案。Simon(1979)探讨了理性决策在企业组织中的应用条件问题。Michael 等(1978)以及 Blanchard(1982)在研究具有异质预期的股票市场中的投机性投资者行为以及金融泡沫时指出,投机投资行为并非完全理性,即人们的决策常常依靠直觉,而非理性判断,因而理性预期假设并非总是成立的(Tversky 等,1989)。在此之后,许多学者从不同的角度研究了理性预期的影响因素以及模型构建问题。例如,信息不对称下的序贯博弈理性决策问题(Grossman 等,1986),人们是不是经常拒绝理性预期(Michael 等,

1978),战略市场博弈中的信息披露与理性预期批判的关系(Dubey等,1987),学习、估计是否可以提高理性预期的稳定性(Bray,1982),以及局部互动与理性预期之间的关系(Bisin等,2004)。

在新产品预告模型构建研究方面,Rao等(2019)在研究新产品预告幻影和"奥斯本效应"时假设效用最大化的消费者对未来有理性的期望,并可能决定推迟当前的购买。其还假设,即使在没有任何新产品预告的情况下,消费者对第二阶段产品质量的预期也会增加。Chellappa等(2021)在研究平台预告信息战略时,假定新产品预告将提升消费者和开发者对新版本产品的未来市场预期,进而导致消费者和开发者加入平台的总规模翻倍。Nagard-Assayag等(2001)在研究间接网络外部性背景下产品预告的影响建模时指出,新产品参与者在上市前的预期对新产品的长期市场成功有强烈影响。从长远来看,较高的消费者期望总是导致较高的渗透率。

(4) 消费者风险感知理论

在消费者购买行为研究领域,消费者感知风险直接影响到消费者购买意愿与行为。例如,Kaplan等(1974)采用交叉验证的方法,研究了消费者产品购买行为中感知风险的构成内容,评估了与购买产品相关的12种身体、心理、社会、财务、绩效和总体感知风险。Dowling等(1994)在对感知风险概念进行回顾的基础上,建立了风险感知模型并分析了其对消费者风险处理行为的影响。其研究表明,风险处理活动的预期用途随着感知风险水平的提高而增加。当风险水平超过个人可接受的水平后,这种关系更加明显。Grewal等(1994)的研究发现,消费者购买新产品或品牌意愿的一个关键决定因素是与购买相关的感知风险。当信息是负面的或来源的可信度较低时,价格信息对消费者绩效风险感知的影响较大,当信息是正面的时,价格信息对消费者金融风险感知的影响更大。Sweeney等(1999)在研究感知风险在质量价值关系中的作用时指出,感知的产品和服务质量不仅会在服务遭遇中导致感知的金钱价值,而且这些质量成分会降低感知的风险。金钱感知价值也是感知质量、价格、风险和购买意愿的重要中介。

在新产品预告和推广研究领域,感知风险对预告信息内容选择的影响也是学者们关注的重点问题。例如,Sarin等(2003)的研究表明,战略性地使用捆绑销售可以降低消费者购买新产品的感知风险。Zaman等(2014)在研究预告产品特性对顾客购买意愿的影响时也给出相同结论,消费者的感知风险是采用高新技术产品的一大障碍,降低相对优势、兼容性、复杂性、可测试性和可观察性等风险感知,可提高消费者对于高新技术产品的采用。此外,Gürhan-Canli 等(2004)认为,当消费者在产品购买中感知到高风险(相对于低风险)时,与创新和可信度(而非社会责任)相关的企业形象对产品评估的影响更大。Mohan(2007)在研究新产品预告发布中感知敌意和感知信誉对现有竞争公司的实力和响应速度的影响时指出,感知敌意风险的强度影响对手的新产品预告策略选择和响应速度。Homburg 等(2009)研究了降低风险感知和产品相对优势的预告如何影响预告强度与新产品成功问题。其研究表明,对于先驱者来说,旨在降低感知产品风险的信息焦点会对预告有效性产生积极影响。早期追随者在已经建立产品类别的情况下,风险降低对预告有效性有积极影响。除消费者风险感知外,Chen 等(2012)在研究新产品预告信息设计与投递策略时指出,新产品预告信息设计与推送还应关注反垄断和竞争提示等环境风险,因为新产品预告常常伴随着反垄断以及竞争敌意等指控风险(Schatzel 等,2003)。

(5)信息框架与信息处理理论

信息框架与信息处理将影响消费者新产品收益与风险感知,进而影响到新产品采用与预告效果。从信息本身来说,Maheswaran 等(1990)的研究表明,当不强调细节处理时,积极框架的信息可能更有说服力;强调细节处理时,消极框架的信息可能更有说服力。Grewal 等(1994)在研究价格对消费者风险感知的影响时指出,信息框架和来源可信度具有调节作用。Ganzach 等(1995)在研究信息框架对购买行为的影响时指出,丢失帧消息的影响远大于增益帧消息的影响。从用户特征来看,Smith 等(1996)在研究信息框架与说服之间的关系时指出,负面或正面框架消息都可能导致更广泛的处理,关键取决于用户的预期。Keller 等(2003)研究发现积极情绪诱导的参与者更容易被丢失的框架信息说服,而消极情绪诱导的参与者更容易被增益框架信息说服。Kao 等(2013)研究了社交网络环境下,认知要求与知识水平对网络用户消极和积极信息框架的影响,并给出差异性比较分析。从产品本身与消费过程来看,Levin 等 1998)在研究信息框架如何影响消费者评价产品时指出,购前和购后信息框架的影响存在较大差异,消费者的产品体验,特别是正面的体验将稀释信息框架的影响。Shin 等(2014)研究了产品类型(新产品与现有产品)和时间距离(近期与远期)作为信息框架调节变量的影响。研究表明,信息框架方向的主效应、产品类型信息框架方向和时间距离信息框架方向的交互效应对消费者态度有显著影响。

在新产品预告研究领域，Schatzel 等（2006）指出，新产品预告信息通过个人未来预期这个变量影响行为。Su 等（2011）开发了一种针对目标受众和向每个受众发送信号的激励的一般方法。他们认为预告信息的内容需要随着其对象的变化而调整。Chen 等（2012）从线索是否充足的角度将 NPP 信息分为明确信息和不明确信息，发现对于强势品牌的产品而言，平台更有可能通过更多的线索传达更清晰的新产品预告信息。然而，Hagiu 等（2014）表明，在竞争中不告知定价信息是明智的，因为了解更多的信息会增加消费者的不确定性。此外，Chellappa 等（2021）将预告信息分为正式信息和非正式信息，研究表明非正式信息可能更有利于平台规避潜在风险。

从新产品预告信息接收方来看，不同类型的消费者，其信息感知与理解存在差异。大量研究表明，信息和信息不确定性直接影响个人或组织的行为。Lee（2016）及 Lilly 等（1997）的研究表明，预告信息是否清晰、完整，内容是否不同，都会直接影响消息接收者的跟随决策行为。Hoxmeier（2000）以及 Su 等（2010）认为，不同类型决策者的信息感知水平存在显著差异，对不同类型信息的感知会影响决策行为。从信息接收者的信息感知能力出发，设计能引起消费者共鸣的预告信息内容是非常重要的，因为它直接影响到新产品的成本和利润预测。根据 Trope 等（2010）的研究，解释水平是一种心理表征的抽象性指标，随着心理距离的增加而增加。本书将预告信息分为营销信息和技术信息，并通过博弈论研究了信息类型对消费者、开发商和平台的影响，目的是帮助其更好地理解消费者和开发者对平台预告信息的感知和行为反应的差异，为平台的预告信息内容设计提供决定性的参考。

1.2.6 相关研究评述

由 1.2 节文献综述可知，当前单边市场环境下新产品预告研究成果较为丰富，相关研究者从预告动机、效应以及策略选择等方面都展开了一些非常有意义的探索，但鲜有从双边市场环境以及信息接收者的角度进行相关问题研究。

由 1.2.5 小节中的双边市场理论梳理可知，双边市场环境具有自身属性，这种独有的自身属性决定了双边市场环境下平台型新产品预告的复杂性。虽然单边市场环境下新产品预告策略选择研究对双边市场环境下平台型新产品预告具有借鉴意义，然而，这是难以直接照搬到双边市场环境下平台型新产品预告选择研究领域的。

此外,由1.2.5小节相关理论梳理可知,新产品预告的复杂性还源于新产品预告信息不对称、非理性决策因素、新产品风险感知以及新产品信息理解处理等问题。虽然部分学者从信息接收者角度研究了新产品预告策略且具有借鉴意义,然而,显然这也是难以直接照搬到双边市场环境下平台型新产品预告选择研究领域的。

因此,本书将聚焦双边市场环境下平台型新产品预告策略研究,并从平台型新产品预告策略选择系统构成、基本特征和影响因素出发,针对新产品预告努力程度、预告顺序选择、预告内容选择以及竞争环境分析等问题开展相关问题研究,并在1.3节和1.4节中,对平台型新产品预告策略选择研究的具体内容及研究思路进行总体规划。

1.3 内容与结构

本书主要研究内容包括七章,章节内容及其结构具体安排如下:

第二章,研究平台型新产品预告策略选择系统,主要从四个维度完成平台型新产品预告策略选择系统分析研究,为第三章到第六章的研究问题选择及模型构建提供理论支撑。

第三章,基于双边市场基础模型,将平台企业不同程度的新产品预告努力水平带来的潜在收益和风险嵌入平台型新产品预告双边市场竞争模型构建之中,分析预告努力水平因素内生和外生下的平台型新产品定价、消费者和开发者接入意愿、平台企业利润以及社会福利问题。

第四章,依然以双边市场竞争基本模型为基础,将平台企业不同顺序的新产品预告信息发布过程带来的信息不对称因素嵌入平台型新产品预告双边市场竞争模型构建之中,研究新产品预告具有显著市场倍增效应时,求解同步预告、消费者优先预告与开发者优先预告这三种不同策略下各方决策与收益的纳什均衡,然后比较分析不同预告顺序策略的优劣性,进而给出平台企业新产品预告顺序选择基本原理和管理建议。

第五章,继续以双边市场竞争基本模型为基础,将平台企业不同预告信息内容选择带来的消费者锁定和开发者成本节约效应嵌入平台型新产品预告策略选择模型构建之中,比较分析两平台都采用营销型预告信息策略、两平台都采用技术型预告信息策略以及一个平台采用营销型预告信息策略而另一个平台采用技术型预告信息策略这三种预告策略对参与各方决策行为、均衡输出及社会总体福利的影响,最后给出平台企业新产品预告顺序选择基本原理与管理建议。

第六章,同样以双边市场竞争基本模型为基础,将新产品预告的成本节约效应因素内化为模型的关键变量,将消费者归属性的变化以及市场饱和度的设置归纳为市场竞争结构与强度,重点研究弱竞争 $D\text{-}mm$ 情景、强竞争 $D\text{-}sm$ 情景以及一般竞争 $D\text{-}E$ 情景下新产品预告开发者成本节约效应对消费者、开发者以及平台企业决策均衡、效益输出及社会福利的影响。

第七章,基于实证调查方法,以智能手机新产品预告为例,研究消费者对智能手机新产品预告内容的感知及其响应行为的基本特征,为新版本智能手机内容的设计提供决策依据。

第八章,结论与政策建议,总结相关结论,给出系统性的管理建议,并对未来的研究进行展望。

1.4 思路与方法

1.4.1 总体思路

以平台型新产品预告策略选择为研究对象,综合利用文献分析、案例分析、博弈模型构建以及数值分析等方法,总体思路为问题提出、理论研究、决策情景分析、模型构建、均衡策略选择以及管理建议,具体内容如图 1.1 所示。

首先是在第一章中,对双边市场环境下平台型新产品预告策略已有研究成果及其相关理论进行全面梳理,目的是通过相关研究评述提炼出本书的主要研究视角及创新共性。

其次,在第二章中重点对平台型新产品预告系统要素、策略选择基本类型、策略选择影响因素与复杂性进行较为完整的论述,目的是全面提炼和分析双边市场环境下平台型新产品主要策略选择独有的基本特征,为后续第三到第六章的平台型新产品预告双边市场模型构建及其不同类型预告效应的参数化与模型化奠定理论基础。

从第三章到第六章,主要采用的是关键因素模型化、模型构建、模型求解、数值分析、均衡策略选择及其管理启示的分析框架,针对平台型新产品预告主要问题展开相关模型构建及分析,即从预告努力水平、预告信息发布顺序、预告信息发布内容以及预告竞争环境结构这四大维度解答双边市场环境

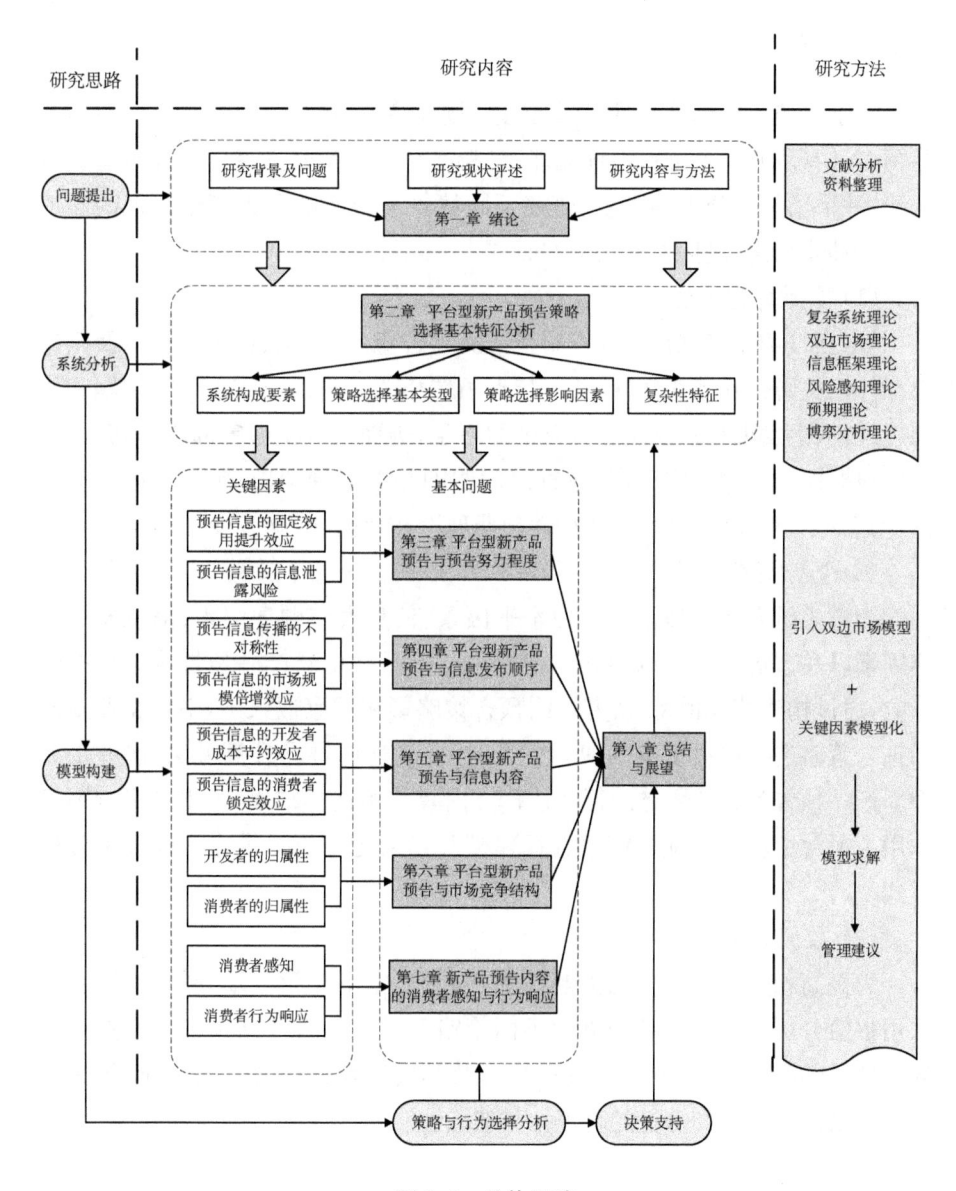

图 1.1　总体思路

下平台企业新产品预告最优努力水平值点选择、预告顺序选择、预告内容选择以及竞争环境选择等问题。第七章基于实证调查方法，以智能手机新产品预告为例，研究了消费者对智能手机新产品预告内容的感知及响应行为的基本特征，为新版本智能手机内容的设计提供决策依据。最后第八章给出研究结论的总结、未来研究方向与内容的展望。

1.4.2 研究方法

基于系统分析理论,采用文献评述、数学建模与数值分析等方法,对新产品预告已有研究成果进行系统梳理,对新产品预告策略选择的博弈模型进行构建,并采用数值分析等手段,研究不同情景下新产品预告策略选择的阈值条件。具体来说,包括如下几个方面。

(1) 文献评述方法

首先通过文献分析方法,查阅新产品预告概念、动机、社会效益以及策略选择等相关研究领域的文献,了解与本领域相关的国内外前沿研究问题和研究进展,从中发现和评述现有研究中的不足,进而提炼出研究问题和切入点。然后根据提出的研究问题,寻找解决问题的相关理论基础,包括双边市场理论、信息不对称理论、理性与非理性预期理论、消费者风险感知理论。

(2) 数学建模方法

为量化研究新产品预告努力水平因素、信息发布顺序因素、信息发布内容因素以及市场竞争结构因素对平台企业的平台型新产品预告策略选择的影响,通过构建博弈模型,研究不同预告策略影响因素嵌入下,平台企业新产品预告策略选择双边市场的博弈模型,并通过逆向推导计算方法,研究平台型新产品预告各利益主体的行为选择方向及均衡选择结果,为不同影响因素作用下平台型新产品预告策略选择建模及其量化分析提供建模框架和分析范式。

(3) 数值分析方法

为提高相关研究结论的直观性和便利性,本书在第三章到第七章中,均采用数值分析方法来生动地展示不同策略下平台型新产品预告策略选择的异同性,探究不同条件下各方决策行为及其决策均衡的变化与性质,提高相关问题结论的说明和分析的直观性与准确性。

1.5 研究创新点

本研究属于双边市场环境下平台型新产品预告策略选择前沿的热点问题。创新点主要体现在如下几个方面:

其一,给出了双边市场环境下的平台型新产品预告策略选择的明确建模。针对新产品预告策略选择的传统文献研究多为单边市场问题及其建模,鲜有双边市场问题及其建模研究。本研究将双边市场环境下平台型新产品预告策略选择普遍面临的影响因素（多元博弈关系、复杂交叉网络效应、用户偏好异质性与不对称预告策略选择）进行建模，构建了一个适用于双边市场环境的平台型新产品预告策略选择博弈模型，给出了相应模型的详细求解过程与方法，为双边市场环境下此类问题的研究提供模型构建参考。

其二，明确建模新产品预告信息的不同效应。针对传统文献的研究多从信息发布方的角度来考虑预告信息发布的成本与收益权衡问题，鲜有从信息接收方（消费者和开发者）角度来考虑新产品预告信息预期撬动效应的差异性与不完全理性，以及这种差异性与不完全理性带来的潜在风险损失与收益权衡问题，本研究分别将新产品预告信息带来的固定效用提升效应、市场规模倍增效应、消费者锁定效应以及开发者成本节约效应进行模型化，并深入研究新产品预告信息效应对平台企业新产品定价、消费者新产品数量采用以及开发者新产品App开发数量的影响，识别新产品预告信息撬动效应的差异性与不完全理性对平台企业、消费者以及开发者策略选择的影响机理。

其三，从预告努力程度的内（外）生性、预告信息的不对称性、平台的异质性以及用户偏好异质性等视角，较为系统地研究了平台型新产品预告最优预告努力水平、预告信息发布顺序以及预告信息内容选择的影响因素、阈值条件等，识别了在平台型新产品预告过程中，一些反直觉现象背后的规律性，诸如平台企业给出的最优预告努力为何总是偏低、平台企业为何偏爱非同步预告策略以及营销型预告信息策略为何总被平台企业所推崇等。相关研究可为复杂双边市场竞争环境下平台型新产品预告策略选择提供管理启示。

第二章

平台型新产品预告策略选择基本特征分析

针对当前平台型新产品预告策略选择基本特征研究鲜有统一的专题性成果,第二章将重点从系统构成、策略类型、影响因素及其复杂性特征这四个方面对平台型新产品预告策略选择的基本特征进行系统阐述,辨析平台型新产品与一般型新产品预告策略选择的异同性。

2.1 预告系统要素分析

平台型新产品,即平台企业推出的,在功能与性能等方面具有一定创新价值且能够满足多边用户多样化需求的新版本平台类产品。其具体类型包括:京东、天猫和苏宁商城等电子商务平台;WeGame、Switch、PS5、Xbox 和 Fever 等网络游戏平台;Windows、macOS、Linux、Chrome OS、iOS 和 Android 等电脑和智能手机操作系统平台;Uber、Lyft、Grab 和 Go-jek 等共享出行网络平台;微博、微信、Facebook 和抖音等社交网络互动平台;支付宝、财付通、PayPal、VISA 和 MasterCard 等第三方交易支付平台。

为提升平台市场活力与竞争力,平台型新产品的预告是其市场竞争的重要手段之一。在新产品预告过程中,平台型新产品预告策略选择系统是一个由平台企业、消费者、开发者、竞争者平台和其他利益相关者以及社会经济与政治环境组成的复杂博弈系统。其具体逻辑关系如图 2.1 所示。

由图 2.1 可知,预告信息的设计、规划与发布是平台企业实现新产品战略目标的具体手段。新产品信息是否发布以及如何发布的策略选择是该具体手段的最核心问题。参与新产品预告博弈的各利益主体的行为响应与选择是平台型新产品预告策略选择需要考虑的最关键变量之一。

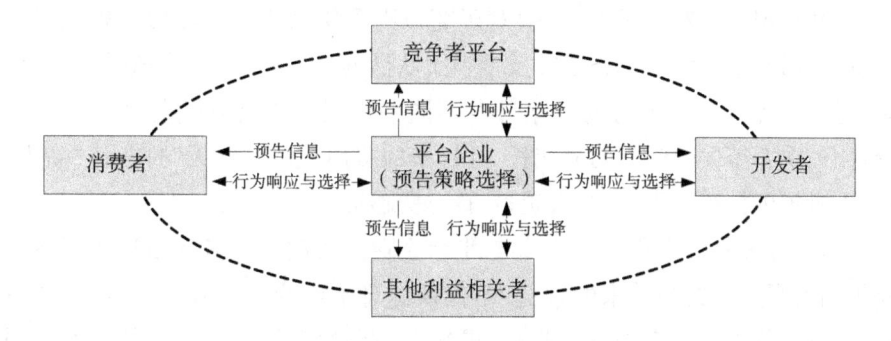

图 2.1 平台型新产品预告策略选择博弈系统

2.1.1 平台产品与企业

在平台型新产品预告策略选择博弈系统中,平台企业是平台型新产品预告策略选择的最终决策者,平台产品是新产品预告的客体。其不同于一般产品的基本特征包括如下几个方面:

(1) 产品利益相关者特征:平台产品与平台企业面向的是多边市场用户,其不仅包括终端消费者用户,还包括平台上相关产品与服务的供应商、App内容开发者、第三方支付机构以及其他技术服务商等用户。例如,苹果在2017年全球开发者发布会上宣布,其开发者人数达1 600万,2016年苹果全球活跃设备用户达10亿户,2018年该数据达到了13亿户。

(2) 核心价值提供:平台产品与平台企业的核心价值在于连接多边市场用户,并为这些多边市场用户提供具有市场竞争力的信息服务、技术服务、中介服务以及资源整合等功能,进而提升这些多边市场用户相互连接的效率,降低交易与资源整合的成本,增强多边市场用户合作带来的价值增值、创新与创造能力。例如,Uber等共享出行平台利用移动互联网,将线上与线下相融合,不仅实现了共享出行中消费者和出租车用户需求精准匹配,还最大限度优化了乘客打车体验,节约司机与乘客沟通成本,降低了空驶率。

(3) 用户定价模式:平台产品与平台企业采用的是非对称差异化定价模式,其将根据多边市场用户的不同实力特征而采用不同的定价方式。为吸引一些稀缺用户加入平台,平台企业不仅仅采用逆向补贴定价方式,甚至采用利益分层的模式来吸引这些关键用户加入。例如,外卖平台"饿了么"在刚推出的时候,采用的是低收费甚至免费服务的方式来吸引提供餐饮服务的商户,对普通消费者用户采用的是满减等补贴手段,但随着平台生态规模不断增长,其对用户依然给予补贴,但对于商户则采用高于用户收费的模式进行定价。例如,复旦大学孙金云教授带领团队做的一项"手机打车软件打车"的调研指出,各类共享出行的专车针对不同手机用户进行差别化和歧视性定价,比如乘客等候的时间明显变长,且打车的费用上涨,"熟人"打车比"新人"贵,手机越贵打车越贵,打车人越多,打车费越贵。

(4) 利润来源模式:平台产品与平台企业的利润来自其为多边市场用户提供相关服务与支持带来的收益,不仅仅源自平台的接入收益、交易提成收益、流量推荐收益和广告投放收益,更来自平台生态构建后带来的具有无限想象力的、其他价值的增值、创新与创造收益。例如,腾讯公司整个互联网生态系统平台2019年的营收由增值服务、金融科技及企业服务、网络广告及其他业务四大板块组成,其中由网络游戏和社交网络两块构成的"增值服务"占比53%。

(5) 平台成本结构:平台产品与平台企业的相关产品与服务成本主要包括一般企业基础运营中的人力、产地、设备与企业运营管理成本,还包括边际成本几乎趋近于零的技术与服务提供成本。更重要的是,由于平台市场启动过程是相对困难的,其初期的生态启动与构建需要巨额投资。

(6) 市场权利结构:一般来说,平台企业通常居于主导地位,通过不同类型的新产品预告策略来协调消费者、开发者以及其他利益相关者之间的利益分配,进而实现其战略目标(如压制竞争对手、实现利润目标、增大市场规模以及提升社会福利等)。

(7) 市场竞争结构:平台产品与平台企业的市场竞争结构包括只有一个平台企业的垄断市场、由几个平台企业组成的寡头垄断竞争市场以及包含较多平台企业的竞争市场。此外,在市场竞争结构分析中,平台企业的竞争实力存在差异,用户的归属类型以及市场饱和程度等因素也是关键变量。

2.1.2 多边市场用户

多边市场用户是平台型新产品预告信息的发布对象,这些多边市场用户的基本特征包括如下几个方面:

(1) 异质性:平台多边市场用户包含终端消费者、App软件开发者、平台内容供应商、平台广告商、平台技术服务提供商以及其互补产品供应商等利益主体。这些利益主体在知识、技术、资源、能力与需求等方面存在异质性。此外,即使都是终端消费者,其在平台产品功能、性能、品牌与款式等需求偏好上也存在异质性。

（2）互补性：平台多边市场用户不仅在知识、技术、资源、能力与需求上存在异质性，而且存在相互关联的互补性。通过平台型新产品相关网络和信息技术与服务支持，这些多边用户之间的知识、技术、资源、能力与需求的互补性得到充分连接与交互，进而提升了多边用户之间相互合作的价值实现能力。

（3）网络性：平台多边市场用户之间的交叉网络效应是平台用户异质性与互补性的产物。正是由于平台多边用户之间知识、技术、资源、能力与需求的异质性与互补性，在平台型新产品信息与网络技术支持下，这些多边用户之间才产生了更为频繁且紧密的产品交易与服务合作关系，进而改变和增强了这些多边用户之间的网络效应结构、规模与质量水平，最终提升了各方价值实现能力以及平台价值实现能力。

（4）平台黏性：平台多边市场用户在平台黏性上存在较大差异，一般来说，消费者长期使用某平台产品后将产生比一般产品更强的平台使用黏性，包括使用习惯的养成和社会关系网络的固化等。因此，消费者要转换新平台或弃用旧平台的转移成本将变得更加高昂。但是，对于开发者、内容供应商以及其他利益相关者，其平台使用黏性虽然也将有一定的提升，但平台使用后的黏性相对较弱。

（5）共生型：这些多边市场交易用户之间以及多边市场用户与平台企业之间形成的是长期的合作关系，极易形成一荣俱荣、一损俱损的生态共生关系，进而改变和影响了平台型新产品预告策略选择利益协调关系与方式。

2.1.3　新产品预告信息

新产品预告信息是平台型新产品预告博弈系统中最关键的考量因素之一，其基本特征包括如下几个方面：

（1）多元多维性：与一般型新产品预告信息内容相似的是，平台型新产品预告信息通常也包括核心功能创新性、产品外观与款式独特性、产品研发进展、未来市场售价以及面市时间等基本信息。但是，平台型新产品面向的是更加多元的利益主体，其预告信息内容需要回应与迎合这种多边市场用户利益诉求，因此，其内容将更加多元且多维。

（2）迭代披露性：由于平台型产品研发更为复杂，其一般采用的是迭代开发模式，因此，新产品预告信息表现出迭代披露的特征，即平台型新产品预告信息披露的详细程度将根据新产品研发进展及其他因素来确定，表现出从榫糊到具体、从部分到整体的迭代披露特征。

（3）更强传播性：由于平台型产品面向的是多边市场用户，其新产品预告信息牵扯的利益主体更为广泛，传播与扩散的速度将更为迅猛。从历次的苹果、谷歌和华为等平台型新产品预告中不难发现，这些平台型新产品预告都引起了相关主流媒体与忠实粉丝的热议。苹果新版本手机预告信息一经披露，手机壳和挂饰等零配件供应商就纷纷研发和推出相关配套产品。

（4）继承拓展性：由于平台型新产品是迭代开发产品，在其新产品信息披露时，平台企业通常会把不同版本新平台系统之间的兼容性和扩展性等迭代信息进行重点披露，其目的不仅仅是要降低用户使用平台企业的学习成本，更在于要做大做强平台生态规模。

（5）预期引导性：大量的新闻报道表明，苹果、华为和谷歌等平台型新产品预告信息通常采用定期（比如一年）隆重发布的方式。其新产品预告信息发布的目的，不仅仅是介绍当前某款新产品未来的销售情况，更深层的目的是引导平台多边用户的未来预期，改变多边用户的需求偏好，影响各方决策行为，实现平台企业战略目标。

2.1.4 行为响应与选择

平台型新产品预告发布策略将直接影响到平台上的消费者、开发者、各类互补产品供应商以及竞争者的行为响应与选择。从影响的具体对象来看，包括如下几个方面：

（1）消费者行为响应与选择：平台型新产品预告信息的发布将直接影响平台终端新老消费者对新产品功能与性能的认知，进而影响其对未来新产品效用的整体性评价与未来的消费行为。表现为平台消费者继续购买还是放弃使用新产品，或改变购买计划等。例如，小米智能手机通过预售与预告模式来延迟小米用户未来购机计划就是其中一个重要案例。

（2）开发者行为响应与选择：平台型新产品预告信息的发布将直接影响平台上各类 App 开发者对新产品技术细节的理解与未来市场的预期，并在不同程度上影响这些开发者 App 开发技术的采用、学习、开发进度与成本组成，进而影响到他们为平台开发 App 的行为选择。这样的预告，甚至可以吸引一些开发者参与到平台型新产品前期研发流程中。苹果公司的各类平台型新产品研发与预告向全球开发者敞开大门就是其中一个重要案例。

（3）竞争者行为响应与选择：新产品预告不仅是一般企业市场竞争的关

键工具,也是平台企业市场竞争的重要手段。当对手竞争平台披露其新产品未来研发与预售相关信息时,平台企业将做出不同类型的行为响应与选择。以往研究表明,其行为响应和选择包括:故意忽略且避开策略、紧密跟随策略、针锋相对策略、另辟蹊径策略以及纯粹报复性策略。

(4) 其他利益相关者行为响应与选择:平台型新产品预告信息的发布还将影响其他利益相关者的行为响应与选择。首先,其将影响到平台企业股东对平台型新产品的未来市场预期与股票估值。例如,苹果公司历次平台型新产品预告信息规划与设计都重点考虑了其股东利益,并在不同程度上改变了股票的市场估值。其次,平台型新产品还可能影响到第三方媒体与政府监管机构的行为响应与选择。例如,微软和谷歌等平台型新产品预告曾被一些主流媒体质疑其是否存在市场垄断嫌疑等。

2.2 策略选择类型分析

平台型新产品预告属于平台企业战略信息提前披露行为,其将产生一系列市场响应后果。大量相关的企业实践案例表明,平台企业新产品预告策略选择最关键的问题包括是否要自愿预告、预告内容如何选择、预告时点如何选择、预告对象选择、预告信息发布顺序选择以及预告努力水平选择等内容。

2.2.1 是否预告策略

众所周知,新产品预告并非总是有利于企业新产品销量的提升与战略目标的实现。因此,企业是否要采用新产品预告不仅是一般产品预告策略选择的一个关键问题,也是平台企业新产品预告需要首先面对的问题之一。解答该问题的关键是,厘清平台企业新产品预告的收益与潜在风险成本的具体构成,并建立相关模型进行量化研究。

平台企业采用新产品预告策略的收益来自多个方面,具体包括:(1)消费者的平台偏好与忠诚度的提高;(2)消费者新旧平台转换时,其新产品学习、使用与适应的成本得以降低;(3)开发者为新平台开发各类 App 软件成本的降低;(4)新产品信息提高了消费者使用新平台的整体体验;(5)新产品具有逼迫竞争对手退出的效果,降低未来市场竞争强度;(6)新产品可以说服企业股东,增强其对新产品研发的资金支持;(7)其他利益相关者加入并给予各类支持。

同理,平台企业采用新产品预告策略的成本也包括多个方面,具体包括:(1)新产品预告活动本身的组织需要相关媒体与广告商的配合,从而带来的各项成本支出;(2)过早进行新产品预告可能导致企业某些关键技术信息的泄露,从而产生的潜在风险损失;(3)新产品预告信息披露后,竞争对手被提前提醒,使得其有更多的时间进行准备甚至赶超时带来的潜在风险损失;(4)某些关键技术研发存在一系列不确定性,可能无法顺利研发成功,预告承诺无法实现可能带来的企业声誉受损成本;(5)过多的新产品预告信息发布,可能带来用户需求的水涨船高,从而降低了未来用户对新产品的新鲜感,进而带来的潜在损失。

2.2.2 预告内容选择

从平台企业用户角度来看,平台型新产品面向的是多元多维的多边市场用户,其用户的利益与偏好异质,希望获得的新产品预告信息的具体内容存在较大差异。平台企业在预告信息内容规划和设计时,不仅需了解什么样的信息可以唤起消费者好奇心和兴趣(Lilly 等,1996),哪些内容预告可以更好地提升客户新产品使用技巧的学习动力(Gatignon 等,1991),哪些内容预告可以更好地降低消费者新旧产品转换阻力,特别是降低因习惯养成而导致的适应性成本(Eliashberg 等,1988)。其还需详细调查和了解,哪些类型的信息内容更容易通过口口相传或网络媒体进行传播(Rabino 等,1989)。此外,对于平台型的新产品而言,平台企业在新产品预告内容设计与规划时,还需了解哪些信息需要提前预告给分销商,其才能更好地提前做好新产品分销与推广(Calantone 等,2000 年)并触发商业联盟,形成利益共同体(Robertson 等,1995 年),其需要为互补产品开发的供应商预告哪些技术细节信息,才能更好地加快互补产品的开发进度(Lilly 等,1997 年;Robertson,1993 年)。

从平台的产品基本特征来看,任意新产品预告内容都会涉及新产品的价格、外观、款式、功能、性能等基本特征描述信息。对于信息类的新产品来说,其新产品预告内容还包括新产品开发语言、API 和模拟器等技术信息。对于平台型产品来说,由于平台型新产品一般是迭代开发的,其功能、性能及其生态构建是一个逐步完善的过程,其消费者和开发者等利益主体包含大量老用户、粉丝用户及其忠诚的合作者。因此,平台型新产品预告内容不仅仅包括一般产品预告的基础内容,其通常还包括新旧系统之间的差异性、传承性、兼容性、创新性和生态性等信息内容。

更为重要的是，由于平台型新产品通常是迭代开发，在不同阶段，其新产品预告在信息内容选择上存在较大差异。例如在 iOS 1.2 版本中，苹果预告时，强调触屏功能及其捏拉缩放滚动等交互功能，在 iOS 2 版本时，苹果强调的是支持 Microsoft Exchange，用于推送邮件、日历和联系人，同时引入了联系人搜索，以及邮件的多选功能，并建立和开放 AppleStore 商店，开始关注生态系统构建。2009 年 3 月 17 日苹果在 iOS 3.0 预告时，除强调技术与功能创新外，突出强调了它为开发者带来了 1000 多个新的 API，100 多个新的用户界面更新。之后一直到 iOS 7，苹果公司的 iOS 新产品发布会都强调其生态系统规模与优势，且在 iOS 8 时，将全面整合和优化 iOS 8 生态系统作为亮点进行全面改造和宣传。近年来，随着云计算、大数据及人工智能技术的快速发展，新版本苹果 iOS 平台产品的预告内容总是超前呼应云计算，大数据及人工智能带来的新技术与新功能。此外，Android 和 WegGame 等平台产品在不同发展阶段也根据市场情况的不同、预告动机与目标的不同、用户及其利益各方需求的差异等因素调整其预告信息的具体内容。

2.2.3 预告时点选择

对于平台企业而言，过早的新产品预告可能存在新产品研发失败风险与技术泄露风险，还可能给竞争对手过多的反应时间，进而导致得不偿失。过晚的新产品预告，可能无法充分调动多边用户兴趣，还可能让竞争对手捷足先登，失去先发优势。因此，何时进行新产品预告信息发布是平台企业新产品预告策略选择的重点与难点问题之一。

按照新产品预告时间与正式销售时间的前置期长短来划分，可将平台型新产品预告阶段与时间策略划分为创意阶段新产品预告、研发阶段新产品预告以及推广阶段新产品预告。

所谓创意阶段新产品预告，特指新产品还停留在创意梳理和筛选阶段，其是否可以顺利开发并面市销售面临较多不确定性。一般来说，此类型新产品的预告，企业动机更多的是向市场表达一种未来创新研发的某种展望，以便凸显企业自身实力以及引领创新的品牌形象。例如，Lars Rasmussen 在 2004 年提出 Google Wave 的设计理念，2007 年付诸行动并进行预告，曾引起相当大的关注，但到了 2010 年就宣布停止开发。此外，微软、谷歌、百度以及苹果公司每年都会定期在其全球开发者大会上发布一些尚处于概念阶段的平台型新产品。

所谓研发阶段新产品预告，特指新产品已完成概念设计并进入具体功能、性能与技术的开发阶段。此时，为攻克某些技术"卡脖子"问题或加快产品研发的速度，供应商早期介入（Early Supplier Involvement，ESI）成为许多平台企业的选择。例如，苹果、华为、飞利浦、通用和丰田等公司为加快其新产品的研发速度，让核心部件或原材料供应商在其新产品研发阶段就参与到新产品设计与开发。又如，苹果公司构建了苹果开发者（Apple Developer）社区网络，苹果公司为他们提供 macOS、tvOS、watchOS 和 iOS 平台软件开发的相关资源，全球开发者为苹果 iOS 平台等新产品研发和生态系统构建做出贡献。据中国经济网报道，2021 年 5 月 31 日苹果公司宣布，其大中华区目前已拥有超过 440 万注册开发者，与两年前的 250 万相比增长了 76%。

所谓推广阶段新产品预告，即产品已完成研发，即将量产和上市销售。此时新产品预告的主要目的是扩大宣传效果，让更多的消费者和利益相关方了解新产品的功能、性能、价格和购买渠道等信息，进而提高新产品的市场销售量。例如，苹果 iPhone 系列智能手机通常是在即将面市销售前几周或一个月就举办盛大的新产品发布会，以便吸引媒体和消费者的注意。又如，2020 年 2 月 13 日，小米举办 2020 年首场纯线上旗舰发布会"小米 10 梦幻之作"发布会，在 2 月 17 日该款手机就开始销售，并在当天 10 时就销售殆尽。

2.2.4 预告对象选择

在平台型新产品预告的对象选择上，其虽然面向的是多边市场用户，但是否应该有所侧重、是否有重点影响的对象等问题，也是平台企业新产品预告决策选择的重要课题之一。

显然，比较粗糙的划分方法是将其划分为无差异化发布对象选择策略和差异化发布对象选择策略。所谓无差异化发布对象选择策略是指，预告信息按照统一规划和设计标准内容进行发布，不考虑多边市场用户异质性利益与需求偏好差异带来的影响，如图 2.2 所示。

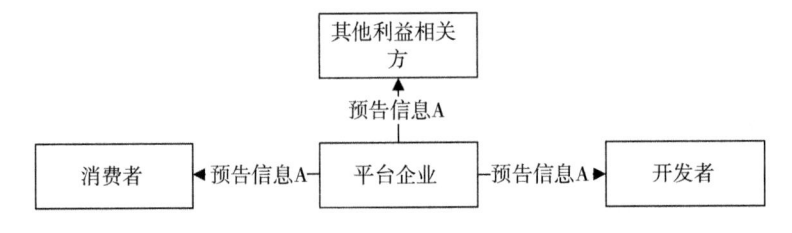

图 2.2　无差异化发布对象选择策略

所谓差异化对象选择策略是指,针对不同利益与需求偏好差异用户,平台企业针对其独有需求与偏好来规划和设计预告内容,以期重点影响此类用户群。具体如图 2.3 所示。

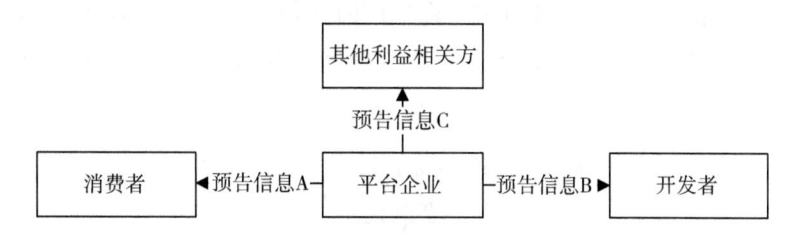

图 2.3　差异化发布对象选择策略

显然,差异化发布对象选择策略还可进一步细分为,面向消费者的新产品预告策略,面向供应商和开发者的新产品预告策略,面向股东及其他利益相关的新产品预告策略。例如,苹果全球开发者大会,简称"WWDC",每年定期由苹果公司(Apple Inc.)在美国举办,主要是面向开发者,其目的是展示和研讨未来技术,并希望与开发者合作。但是,苹果春季和秋季新品发布会,主要面向的对象是消费者,其目的是扩大新品宣传力度,进而提高新品的市场销售业绩、利润和股价。

一般来说,技术创新较低的新产品预告,由于不需要更多的供应商或开发人员技术与资源支持,其新产品预告更多采用的只是面向消费者的新产品预告,例如智能手机的发布多数是面向消费者的。但是,当企业要预告的新产品较为复杂,需要供应商或开发者的技术与资源支持,因此,其新产品预告重点要影响的对象是开发者与供应商。例如,支持苹果或三星等智能手机的新操作系统 iOS 和 Android 发布,都是面向全球开发者的。还有一些企业的新产品预告因缺乏资金支持,希望获得股东和潜在投资者的支持,因此其新产品预告是面向股东与投资者的新产品预告。例如,2020 年苹果官宣 iPhone 12 会延后一到两个月,可是为了挽回市值,苹果在 9 月 16 日召开秋季新品发布会。但秋季发布会后,因各方都不看好,股价就跌了 3%。

2.2.5　预告顺序选择

平台型新产品面向的是多边市场用户,预告信息的发布是同步发布还是按照不同顺序进行发布将直接影响到多边市场用户获得相关信息的先后顺序,进而影响到各方策略选择与行为。深入研究这种信息发布顺序选择的收

35

益与风险,是平台型新产品预告策略选择的重点内容。

根据多边市场用户获得新产品预告信息的先后顺序的不同,将平台型新产品预告信息发布顺序划分为同步发布策略和非同步发布策略。所谓同步发布策略是指所有的平台多边用户都是同时获得新产品预告信息,不存在先后顺序,各方在新产品预告信息上是对称的。其具体逻辑关系,如图 2.4 所示。

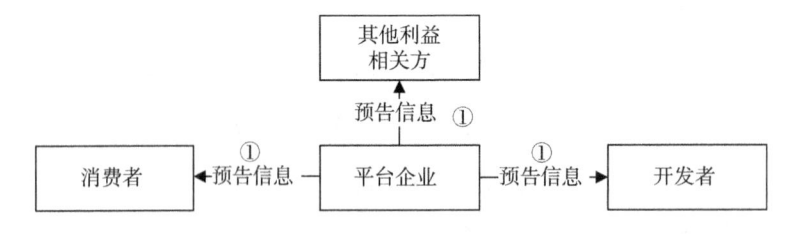

图 2.4　同步发布策略

所谓非同步发布策略是指不同类型的平台多边用户获得新产品预告信息的顺序存在先后。显然,非同步发布策略还可以进一步细分为,一部分平台用户优先获得新产品预告信息,另一部分用户获得新产品预告信息被推迟。其具体逻辑关系,如图 2.5 和 2.6 所示。

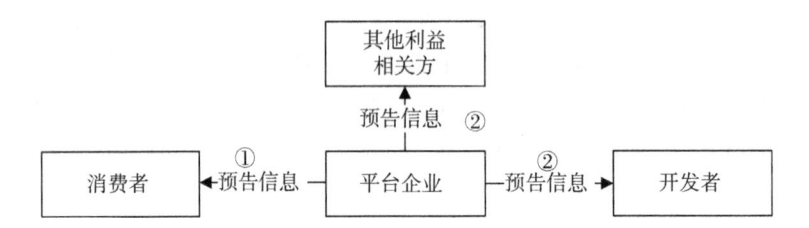

图 2.5　一部分用户优先且其余部分用户同步

由图 2.5 可知,消费者最先获得新产品预告信息,开发者和其他利益相关者被推迟且同步获得新产品预告信息。显然,该模式下,消费者与开发者以

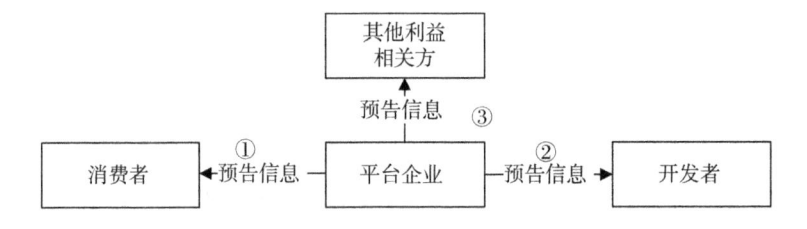

图 2.6　所有类型用户都完全不同步

及其他类型利益相关者之间形成信息不对称，进而影响到各方决策行为选择。需要说明的是，优先获得新产品信息的也可以是开发者或其他利益相关方，其他类型的用户延迟且同步获得新产品预告信息。

由图 2.6 可知，消费者最先获得新产品预告信息，开发者次之，其他利益相关者再次之。显然，该模式下，信息不对称将在不同类型平台用户之间形成，进而影响到各方决策行为的选择。需要说明的是，优先获得新产品信息的可以是任何一类平台用户，相互之间的顺序也存在多种组合。

2.2.6　努力水平选择

新产品预告信息的披露是一把双刃剑，大量文献研究表明，新产品预告可以提高平台上消费者购买意愿，提高消费者对新产品的了解程度，降低消费者新旧产品转换成本，说服消费者等待购买新版本平台产品，降低开发者 App 开发成本，为关键零部件或互补产品供应商预留更多的准备时间。例如，苹果公司为全球开发者构建了一个开发者社区网络，并为他们提供 macOS、tvOS、watchOS 和 iOS 平台软件开发的相关资源。每当苹果公司要研发新版本 iOS 系统，苹果公司总会提前向这些开发者透露未来计划以及一些关键的技术实施方案，以便给予这些小型和独立开发者更多支持。

但是，平台型新产品预告信息的过度披露或不恰当披露可能给企业带来难以挽回的损失。因为新产品技术细节信息公布将使竞争对手有更多的新产品竞争应对和准备时间，或一些关键技术的泄露，给了竞争对手进行逆向工程（即产品设计技术再现过程）的机会，导致创新性技术被竞争对手模仿和赶超。例如，2010 年，前苹果公司员工将 iPhone 4 新产品的预测、计划蓝图、价格和产品特征等信息，泄露给苹果公司的合作伙伴、供应商和代工厂，险些给苹果公司造成巨大经济损失。

值得注意的是，随着市场竞争的加剧以及新产品寿命周期缩短，新智能手机操作系统预告信息爆炸式地充满网络空间。为提高自身品牌手机信息有效传播和用户采用的效率，采用非正式渠道进行受控式的新产品信息泄密成为某些企业的一种只能做不能说的公开秘密。因为能够调动公众胃口的"泄密门"每次总能出现在平台新版本智能手机真正开售的前一年或半年，但最终总是有惊无险，并没有真正给相关公司带来巨大的商业利益损失。因此，一些研究认为，这种受控的信息披露策略并非第一次被应用，而是广泛应用在新产品预告的不同阶段，其本质是新产品营销与推广的一种策略而已。

2.3 策略选择影响因素分析

平台型新产品预告策略选择是平台企业基于自身战略目标,在综合考虑平台型新产品特征、终端消费特征、合作者特征、竞争环境特征以及信息传播特征的基础上做出的策略性选择行为。其策略选择逻辑关系,如图2.7所示。

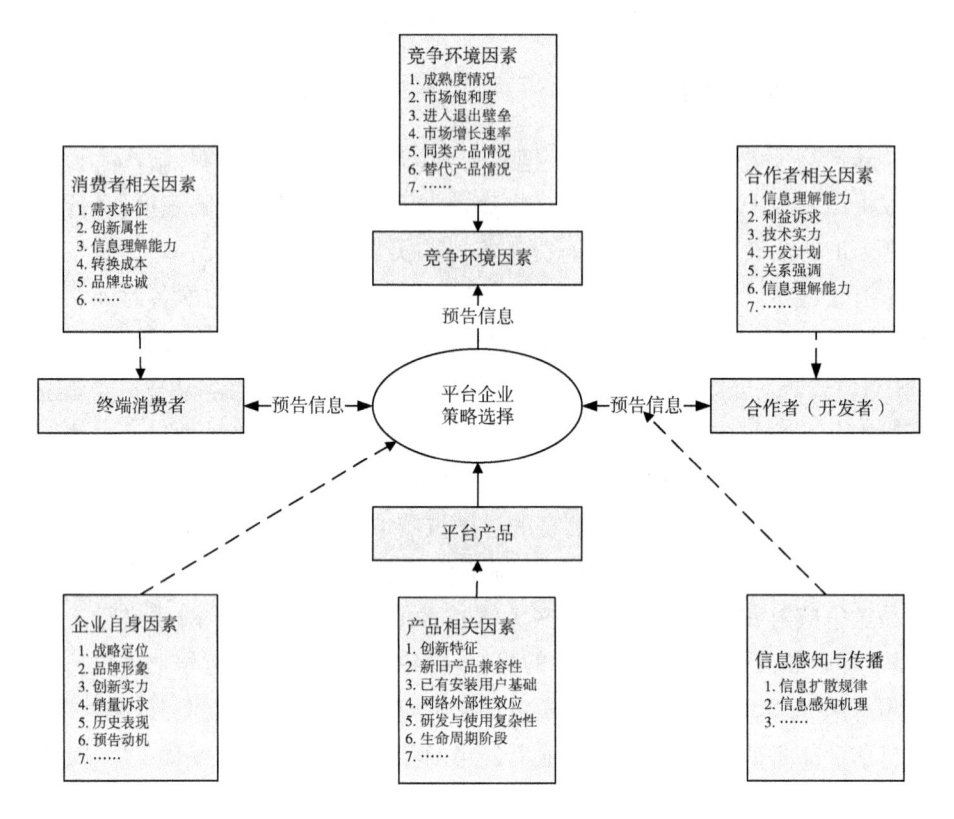

图 2.7 预告策略选择影响因素结构

2.3.1 产品特征因素

预告产品是平台企业连接多边用户的纽带,是新产品预告共同交流与讨论的客体,其本身特征是影响平台企业新产品预告策略选择的关键因素之一。从具体细分因素来看,产品特征因素包括如下几个方面:

首先是,平台产品创新性内容与创新程度。一般来说,创新程度越高的产品,其更容易赢得消费者以及其他利益相关者的青睐。但是,创新是一种相对的概念,其体现为新产品与已有产品以及同类产品在某些具体内容上差异程度的大小。这些具体内容的创新包括:产品功能与性能创新,产品外观与款式创新以及产品配套的相关服务创新。创新的差异性程度可分为,原有功能与性能较小改善的渐进式创新,采用全新技术、材料与工艺后较大程度的突破式创新,还包括商业逻辑根本变化的破坏性创新(克里斯滕森,1997)。

其二是,新产品的兼容性特征。新产品是否可以较友好地连接旧产品或其他配套产品,实现数据互联、功能互用以及系统便捷式迁移等。其将直接影响到用户新旧产品转换使用的成本与便利性,也直接影响到平台上各类App技术开发人员对平台型新产品应用软件的开发的技术门槛。Farrell和Saloner(1986)的研究表明,兼容性越好的新产品越容易被消费者采用。这里的兼容包括技术兼容、数据兼容、业务兼容、功能兼容、习惯兼容与文化价值兼容等方面内容。

其三是,新产品的安装基础特征。即新平台对应的旧平台产品的老用户数量、老用户类型、老用户活跃度、满意度和忠诚度等基本特征。Farrell等(1986)的研究表明,新产品的安装基础将直接影响到新产品策略选择。其研究表明,当市场存在的旧产品的安装基础越大,新产品越难在竞争中获胜成功。但是,Chellappa等(2021)的研究表明,安装基础越大的新产品,平台企业进行新产预告的收益越高,用户单归属时,平台企业进行新产品预告的收益越大。

其四是,新产品的外部性特征。即一个用户连接到新平台后,其可给其他类型的用户带来的网络外部性价值的大小。一般来说,网络外部性由同侧和异侧用户数量、用户异质性和互补性强弱来共同决定。网络外部性越强的平台,其新产品预告产生的效果被放大的威力越强。Delphine等(2013)在研究CD产品预告传播效应时指出,信息类新产品具有较强的网络外部性属性,新产品预告策略在加速新产品预告方面的效果更为明显。

其五是,新产品技术成熟度特征。不同技术成熟度的新产品,其新产品预告承诺中能够被实现的技术与市场风险程度不同,进而影响到其他利益相关方的行为选择。一般来说,创意阶段的新产品,技术成熟度较低,平台在新产品预告内容披露策略的选择中,倾向采用模糊信息策略。推广阶段的新产品,技术成熟度较高,平台在新产品预告内容披露策略的选择中,倾向采用全面信息且明确信息的策略。

其六是,研发与使用复杂性。其包括新产品本身研发的技术创新性难易程度以及不确定性程度带来研发失败的概率性大小,以及新产品功能在使用操作层面是否功能过于繁杂,学习和适应时间的长短。显然,对于普通用户和开发者而言,新产品的研发和使用复杂性越高,新产品被采用的技术壁垒和学习门槛较高。这也是为何技术难度较高的信息类平台型新产品预告时间为何比技术难点较低的日化品新产品预告时间更加靠前的原因之一。

其七是,产品的生命周期特征。即平台型产品从导入市场到退出市场的时间间隔长短、阶段划分及其各阶段特征。平台型新产品因其技术的复杂性、用户理解与采用的过程性以及市场生态形成的递阶性,其新产品开发通常采用迭代开发模式,从而使得平台型新产品预告策略选择不得不考虑产品的生命周期特征。近年来,随着网络信息技术的快速发展,平台型新产品更新换代频率越发频繁,生命周期不断缩短。在平台型新产品预告时间与内容的选择时,平台企业需要考虑更多新旧产品更新换代产生的影响。

2.3.2 企业自身因素

平台企业是新产品预告策略选择的发起者和最终决策者,Lilly 等(1997)在总结对新产品时机选择有重大影响的四组因素时指出,预告公司本身特征是其新产品预告不可忽视关键因素。因此,深入研究平台企业竞争实力、战略定位、预告动机、创新实力和历史表现等细分因素,是剖析平台企业新产品预告策略选择的关键视角之一。

首先是企业竞争实力,即企业通过内外资源的整合和综合利用,打败竞争对手并为多边市场客户创造价值的能力。一般来说,竞争实力较强的平台企业,其新产品预告能力越大且动机越强。特别是面对实力悬殊的竞争对手时,由于面临的竞争威胁较小,其新产品预告策略前置时间通常会更加靠前。然而,当面对实力相当的竞争对手时,其新产品预告策略选择将变得更加谨慎且针锋相对。

其次是战略定位因素,即企业未来长期发展方向的一种选择,其将直接影响到平台企业新产品预告动机与策略选择。一般而言,更多关注对手动态的企业,其新产品预告可能更多是一种报复性新产品预告,而非考虑创造更多用户价值创造的价值创新型新产品预告。基于长远战略目标定位的平台企业,其产品预告策略选择会更加强调风险规避与决策的规范性。突出产品创新能力的平台企业,其新产品预告内容选择,更在乎技术创新内容的披露。

其三是预告动机因素,即企业实施新产品预告的触发因素和主要目标。

其一般包括勾起用户兴趣、显示产品的差异化、说服用户延迟购买、撬动利益合作方的未来预期、阻止竞争对手进入、纯粹的竞争应对响应、树立长期品牌形象以及构建更广泛的合作联盟或生态等。显然,动机是行为触发、指向和选择的原始动力。

其四是创新实力,即有别于竞争对手的、为满足用户需求以及价值创造提供的独特的以及难以模仿的综合实力。一般而言,创新能力越强的企业,其新产品预告信息越容易得到用户、开发者、供应商以及其他利益相关者的认可。然而,实践案例表明,平台在新产品预告过程中常常脱离自身创新实力,并在预告中言过其实。例如,微软 Vista 系统失败的一个重要原因是微软对 Vista 的功能、性能以及未来发行量言过其实。

其五是历史表现,即平台企业以往的新产品预告的历史经历及其市场总体反馈状况,包括企业以往每次新产品预告的创新特点以及是否都实现了新产品预告承诺,有无恶意的虚假预告信息等因素。例如,微软 Vista 系统失败后,迅速通过铺天盖地的 Windows 7 新系统预告和广告来掩盖其 Vista 系统失败带来的影响,但这种行为并未获得全球用户的理解和认同。

除上述因素之外,更为重要的是,平台企业作为服务业务整合者、信息资源整合者以及多方利益协调者,其新产品预告动机及其影响因素更为多元且复杂。如何从中介平台、资源整合平台以及生态构建平台视角研究其新产品预告策略的选择,也是平台企业新产品预告策略选择影响因素分析的重要方向。

2.3.3 消费者因素

消费者是新产品最终的购买者和使用者,其基本特征是影响新产品被关注、使用和传播的关键要素。具体来说,消费者的统计人口特征、消费者需求特征、消费者偏好特征、消费者创新属性、消费者信息理解能力、消费者学习能力以及消费者品牌忠诚度等细分因素将直接影响到新产品的预告策略选择。

首先是消费者统计人口特征,包括消费者年龄、性别、职业、收入和受教育水平等指标。显然,不同年龄、性别或职业的消费者,在新产品预告信息的关注与理解上,在新产品相关信息的搜索和传播方面,以及新产品采用与评论行为方面存在一定差异,进而影响到企业新产品策略的选择。

其二是消费者需求特征,即消费者购买和使用产品所要满足的价值诉求,包括生理需要、安全需要、社交需要、被尊重需要和自我价值实现等具体内容。对于新产品而言,消费者通常不了解新产品,因此消费者对新产品的需求相对于已有成熟产品而言,其更具有模糊性和不确定性,从而影响到新产品预告策略的选择。

其三是消费者风险偏好特征,即消费者为获得相关收益,其对新产品的风险感知和应对的差异性,并集中表现出风险规避、风险追求和风险中立等基本特征。显然,不同风险偏好的消费者,在面对新产品本身的技术不确定性、功能不稳定性以及未来使用风险时,其风险感知、理解和采用态度上存在较大差异,进而影响到平台企业新产品预告策略的选择。Eliashberg等(1999)认为,客户风险规避、绩效感知和不确定性等异质性因素将直接影响新产品预告的效果,且在竞争环境下,这样的效果表现得更为显著。

其四是消费者创新属性特征,即消费对新信息、新观念、新技术与新产品的需求,并集中表现为追求刺激、求新、求变、追求与众不同以及独立决策等基本特征。罗杰斯(1995)认为,市场上创新者和早期采用者比例并不是太高,多数消费者属于创新从众者和后期采用人群。因此,深入研究消费者对创新的理解和接收过程,影响消费者创新行为的因素是平台型新产品预告策略选择的关键问题之一。

其五是消费者信息理解与学习能力,即消费者在新产品关注、购买和使用过程中,获取信息、知识与技能的能力。Johnson等(1984)认为,消费者信息理解与学习能力直接影响到新产品信息本身的理解与应用水平,进而影响到其新产品采用意愿。因此,在平台型新产品预告策略选择影响因素分析中,消费者对新产品的理解与学习能力是关键变量之一。

其六是消费者品牌忠诚度,即消费者对特定品牌产品所保持的一种选择偏好、情感倾向和重复性购买行为,并集中表现为消费者对特定企业产品的信任、承诺、情感维系和依赖等基本特征。一般来说,品牌忠诚有利于消费者对新产品的采用(Kesinro等,2018)。但处理不好新旧产品之间的关系,品牌忠诚度也可能导致的消费者会更愿意继续使用旧产品,而不是使用新产品。例如,微软Vista系统失败的一个重要原因是,其前系统XP系统的突出表现,以及Vista系统操之过急的发布策略选择。因此,在新产品预告过程中,消费者忠诚度是不可忽略的因素之一。

2.3.4 合作者因素

一般来说,普通类型的新产品,其预告对象更多指向的是消费者,对于稍微复杂一点的新产品,其预告对象可能会包括涉及前期参与供应商等主体。但是,对于平台型新产品预告而言,其预告对象通常是同时包含消费者、软件开发、互补产品供应商、同类产品竞争者、企业股东、有广告需求的公司、媒体企业及其他利益相关者。在这些利益相关者中,有一部分主体属于平台产品与服务的提供和合作者。

显然,平台型新产品预告策略选择的预告对象至少包括消费者和合作者这两类用户。这种预告对象的增加给平台企业预告策略选择带来更为复杂的需要进行协调和处理的利益关系,这是平台型新产品预告复杂性的一部分。在新产品预告策略选择因素分析时,除消费者以外,深入研究平台上的开发者、软件开发者、互补产品供应商、广告与媒体宣传合作企业等合作者秉性、属性、行为与关系网络、利益与需求异质性,是平台企业新产品预告信息内容选择与预告时点等策略选择的关键因素。

2.3.5 竞争对手因素

竞争对手分析是企业市场营销与竞争策略选择的关键内容,也是企业新产品预告策略选择影响的重要变量。Robertson 等(1995)基于美国和欧洲等区域企业实证调查分析发现,新产品预告会刺激 40% 以上竞争对手以报复性预告作出回应。例如,2020 年 4 月 24 日,iPhone SE(第二代)正式开售,为应对竞争,2020 年 5 月 15 日华为在欧洲正式发布了 HUAWEI P30 Pro 新版本,并内置谷歌 GMS 应用服务。又如,2001 年 8 月电脑芯片设计生产商英特尔预告其赛扬 1.3 GHz 处理器将于 2002 年 1 月初上市。为应对竞争,AMD 公司在 2001 年 11 月宣布其新的杜伦 1.3 GHz 处理器将于 2002 年 1 月中旬上市。可见,竞争对手对标分析是新产品预告时机和内容选择的重要内容(Su 等,2011;Chen 等,2017)。

此外,在新产品竞争研究中,Eliashberg 等(1988)认为,主导权分析是新产品预告竞争策略选择的关键因素。其研究表明,市场主导地位越高和规模越大的公司,其越不太可能进行新产品预告。竞争环境压力与降低客户的新旧产品转换成本动机才是竞争优势企业进行新产品预告的正向作用力。Mazumdar 等(1996)在研究新产品最佳上市时间的规范框架时指出,新产品预告对公司现有产品具有潜在的同类产品蚕食效应。其研究表明,潜在的蚕食效应越大,新产品的推出应该越晚。Bowman 等(1995)调查了许多影响竞争对手对新产品推出的响应时间的因素,发现市场份额、新产品开发(NPD)时间以及行业内产品变化的频率似乎非常重要。

2.3.6 信息传播因素

平台型新产品预告信息策略选择还与预告信息传播的内容选择、渠道选择和网络结构等因素直接相关。

从预告信息的内容选择来看，当前许多平台型新产品的预告信息的传播通常会综合采用制造话题、跟进意见领袖观点以及给出权威实事报道等方式持续推进某个新产品的预告信息的传播与扩散速度。以华为鸿蒙系统（HUAWEI HarmonyOS）预告为例，其在2019年8月9日于东莞举行华为开发者大会（HDC.2019）上正式发布，在该系统发布之前的6月份，华为公司通过对该系统的芯片短缺、手机生态控制权以及中美贸易战等相关话题的讨论、通过意见领袖与新闻报道传播，其新系统在2019年8月达到较高热度。由于鸿蒙系统属于叠加开发生态系统平台，华为公司在2021年3月份开始又再次通过相关话题来助推其新系统HarmonyOS 2的发布，并在2021年6月达到网络搜索的最高点。在此期间，伴随鸿蒙系统预告信息传播的还有华为的终端手机Mate 30和Mate 40等智能手机的相继推出，以推动更多的消费者加入鸿蒙系统，完成鸿蒙系统的生态系统初步构建、测试与版本迭代更新，如图2.8所示。

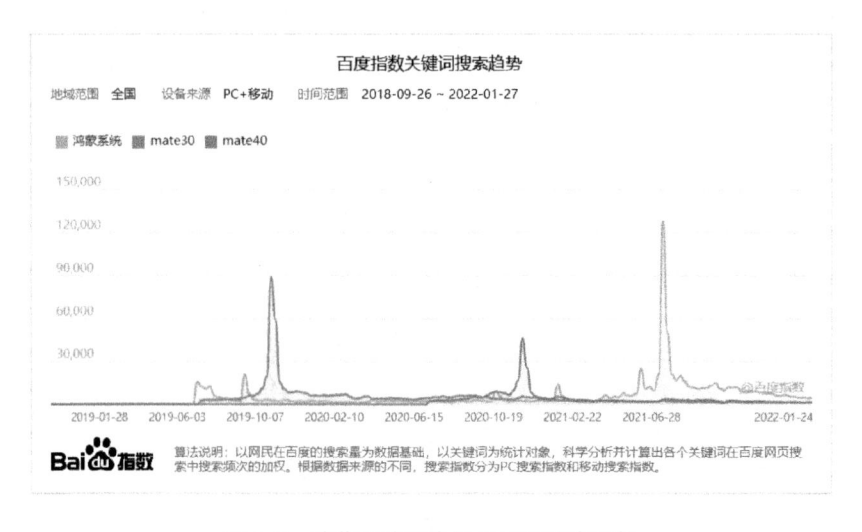

图2.8 鸿蒙系统预告信息百度搜索趋势

此外，从信息传播渠道选择来看，平台型新产品信息预告的渠道主要包括正式渠道和非正式渠道，其中正式渠道通常包括企业自身的官方网站、权威媒体或现场发布会等。例如，苹果公司一般每年都会举办 3 到 5 场新产品发布会，包括 3 月份左右发布新一代 iPad 产品，4 或 5 月份左右发布新一代 iOS 系统，6 或 7 月左右召开 WWDC 大会，通常会发布新一代 iPad 和 macOS（每两年），秋季 9 月左右发布新一代 iPhone 产品。这些新产品的信息都是通过官方渠道进行发布的，且时间相对固定。所谓非正式渠道，其包括各大论坛、微博、微信或一些虚拟社区中相关信息，且这些信息长期发布后企业不进行正面回应和确认等相关点评的行为。例如，一些媒体和专家认为，由于苹果公司的品牌效应较强，且为头部标杆企业，因此，在各类新产品正式预告之前，在各大论坛、微博、微信或一些虚拟社区中，总会提前一年左右就有关于苹果公司未来的新产品的某些"谣言"或"小道消息"，而且这些消息的准确性较高。

从信息的传播网络结构来看，当前鲜有关于平台型新产品的信息传播网络结构相关的研究成果。但是，不同网络虚拟空间下的人际信息传播网络结构研究表明，一般产品新产品信息传播网络结构基本上遵从大众传播、人群传播、人际传播和个体心理传播的基本过程。近年来，随着自媒体行业的快速发展，微博和微信等人际传播成为许多新产品话题传播的起点，然后通过大众传播、人群传播、人际传播和个体心理传播完成互动过程。在个体心理传播层面，正如罗杰斯给出的相关结论，即新产品传播与一般类型新产品传播过程基本类似，其也是要经历了解阶段、兴趣阶段、评估阶段和采纳阶段。

2.3.7 市场环境因素

在新产品市场环境分析中，竞争环境分析和平台生态分析是其中不可或缺的基本内容。

首先是竞争环境分析，波特认为，竞争市场饱和度、进入和退出壁垒、未来的市场增长率、替代品的威胁等因素都是描述市场的关键变量。由产品的生命周期理论可知，产品生命周期可划分为导入期、成长期、成熟期、衰退期。在不同生命周期阶段，预告和引入新版本平台产品时的用户市场的整体饱和度存在较大差异，平台企业新产品预告策略选择的目的和方向也存在较大差异。因此，全面分析平台型新产品所处的产品生命周期阶段及其市场饱和度是分析新产品预告策略选择的重要影响因素。从市场竞争者数量的多寡来看,进入和退出壁垒较低的平台型新产品市场,相互竞争的平台型新产品数量越多,市场竞争呈现的是自由竞争。反之,进入和退出壁垒较高的平台型新产品市场,更容易形成寡头垄断竞争,甚至垄断市场。本书后续研究表明,不同竞争结构下,平台型新产品预告策略的选择存在较大差异。从用户接入和退出壁垒来看,因其直接影响到平台型新产品市场进入的难度,特别是消费者接入的成本,因而,综合分析用户平台接入成本问题是平台型新产品预告策略选择分析的主要内容。包括降低平台 App 使用难度,降低平台 App 操作难度等。从替代品的威胁角度来看。Mohan(2007)的研究表明,感知敌意是驱动竞争性公司及时响应对手新产品预告的关键因素,感知敌意风险的强度直接影响企业新产品预告策略选择方向。Robertson 等(1995)的企业实证调查研究表明,具有高可信度的竞争对手的新产品预告通常会刺激 40% 的企业做出不完全理性的报复性预告行为。显然,深入研究替代品的威胁强度及其影响因素,是新产品预告策略选择分析重要内容之一。

其次是平台生态因素。平台型新产品预告属于多边市场交易结构下生态竞争运营问题,其不仅仅关注传统企业之间单维度和产业链之间的产品、服务和标准竞争,更关注多产业跨行业整合的一体化产品竞争、服务竞争与标准竞争。例如,苹果公司每年都会在春季、夏季和秋季召开隆重的新产品发布会或全球开发者大会,无论是你的 Apple Watch、iPad 还是 Mac 和 Air Pods,所有的设备都与苹果的 iPhone 系列手机构成了一个牢不可破的苹果软件和硬件生态优势,在留存大量老用户的同时,也吸引了大量的新用户加入,为苹果带来源源不断的营收。又如,2019 年 5 月,谷歌为应对其母公司 Alphabet 收入增长不及预期、股票暴跌以及欧盟 17 亿美元的天价罚单的不良影响,一口气在开发者大会上发布和预告了 100 个创新产品。因此,深入研究平台型新产品生态系统要素、结构与功能等因素,是破解平台型新产品预告策略选择的一个重要研究方向。

2.4 策略选择复杂性分析

相比于一般类型新产品预告策略选择的基本特征,平台型产品预告策略选择具有如下四大复杂性特征。

2.4.1 多边利益博弈关系

平台型新产品预告的复杂性首先来自其多边市场交易结构带来的多边用户利益博弈关系,这是平台产品区别于一般单边市场交易结构产品的最关键特征。一般来说,平台企业是平台上相关产品与服务交易的领导者,为实现更高效的交易撮合,平台产品还要对接金融支付机构、物流服务公司、广告投放公司、媒体和政府等监管者。这种多边交易市场结构改变了传统企业市场交易关系单边或低维度的处理模式,取而代之的是对多边和复杂网络结构的市场利益协调与协同。因此,在平台型新产品预告过程中,由于平台多边交易结构上的所有交易主体是利益共同体,平台企业需要关注的利益主体就更加多元,需要协调的新产品预告利益关系也更加复杂。

2.4.2 超强跨边网络效应

平台型新产品预告复杂性的第二个来源是多边用户知识、技术、能力、资源与需求异质性与互补性带来的超强跨边网络效应。这是平台产品区别于一般单边市场产品的基本特征之一。所谓超强跨边网络效应是指,平台型新产品拥有越多的 App 开发者加入,意味着该新平台将吸引更多的消费者加入该平台,并且随着消费者与开发者相互吸引的群体数量的增加,其又将吸引越来越多的广告商、内容制造商、金融支付机构以及其他配套服务提供商的加入。这些不同行业与社会圈层的社会个体、团体、企业和组织之间在需求、能力、知识、技能和资源是异质但互补。这种异质和互补特性在平台技术和服务支撑下,相互联系的频度、广度和深度有了质的飞跃,进而推动了这些跨边跨界异质互补主体之间的超强吸引和相互赋能效应的实现。也正基于此,平台型新产品预告非常关注新产品信息传播及其网络效应的威力。本选题第三章到第五章的相关研究皆表明,这种超强跨边跨界网络效应并非总是有利于平台企业新产品预告策略的落地实施。

2.4.3 多阶段迭代过程特征

平台型新产品预告策略选择复杂性的第三个来源为平台型新产品研发与推广的多阶段迭代过程特征,即平台型新产品存在技术研发和市场培育本身的多阶段迭代过程属性,因此,其新产品的预告策略也具有多阶段迭代过程特征,进而使得平台型新产品预告策略选择要关注不同版本新产品之间替代蚕食效应、连续预告的水涨船高效应，还要注意不同版本之间的兼容性与用户按照基础带来的路径依赖等问题。由于时间和能力限制，虽然本选题尚未对该问题进行系统研究，但其将是本选题未来研究的重要内容之一。

2.4.4 赢者通吃的先发优势

平台型新产品预告复杂性的第四个来源是平台生态壁垒带来的赢者通吃的先发优势。对于一般类产品而言，其新产品预告可能存在后发优势。然而，在平台产品领域，这种后发优势的可能性因平台生态壁垒较高而变得微乎其微。如何抢先一步研发和预告市场各方都满意的新产品成为平台企业市场争夺的关键所在，例如，虽然多年来苹果 iPhone 系列新智能手机操作系统预告都不令人满意，但是庞大的 iPhone 系列新智能手机生态系统，使得消费者及其软件开发者无法轻易离开这样的生态平台，进而保证了苹果生态先发优势与赢者通吃效应。因此，对于微软、苹果、谷歌、华为、阿里巴巴、京东、腾讯和任天堂等互联网头部平台企业而言，只有不断预告、研发和推广其各类平台型新产品，才能抢占先发优势，才能不断提升其平台产品竞争力与平台生态的盈利能力，进而保证自身平台产品赢者通吃的局面。又如，微软高管贝尔福曾谈到 Windows 10 移动版失败原因时表示，起步太晚，用户规模太少了，大部分软件开发企业不愿意在 Windows 10 移动版上开发相关产品是其失败的原因。

2.5 预告策略选择的异同性分析

为进一步辨析一般类型新产品预告与平台型新产品预告策略选择的异同性，现给出这两类新产品预告策略选择基本特征比较分析，具体如表 2.1 所示。

表 2.1 平台型与一般型新产品预告异同性分析

主要指标	一般型新产品预告	平台型新产品预告
预告效应	低网络信息与社会影响效应	超强网络信息与社会影响效应
预告目的	聚焦产品销量竞争	产品销量＋聚焦生态构建竞争
预告对象	主要面向消费者	面向更为多元的利益主体
预告模式	单体型预告	迭代型预告

续表

主要指标	一般型新产品预告	平台型新产品预告
预告频次	低频	较高频
预告时间	一般较晚	一般较早且是分次迭代推进的
预告内容	考虑用户特征，重点回应消费者重点关切问题	考虑所有多边用户特征，回应所有多边用户重点关切问题
预告顺序	视产品复杂度而定	视生态用户能力、偏好与归属性而定

首先可知，相比一般型新产品预告而言，平台型新产品预告因产品本身具有天然的超强跨边网络效应，因而其新产品预告具有更强的网络信息与社会影响效应。其结果是，预告赢者通吃效应被进一步强化。因此，平台型新产品预告目的不仅在乎其某批次产品的销量，还在乎新产品长远生态的构建。也就是说，处理好这种网络效应是平台型新产品预告策略选择的关键变量。相关结论，在第五章中已给出详细证明。

其次，虽然消费者是平台型新产品预告的重点对象，但平台型新产品的繁荣与发展还离不开依附于平台上的各类子产品、子服务和子应用的开发者、供应商和协作者。因此，平台型新产品预告需要面向更为多元的利益主体，而一般型新产品预告对象主要是消费者。如何通过内容选择与顺序选择等方式来处理好新产品预告各方利益关系，是平台型新产品预告策略选择重点内容，相关结论将在第四章到第五章中给出证明。

此外，由于平台型新产品一般属于迭代开发产品，须经历多次开发，其更需要借助消费者、合作者、投资者以及媒体的力量来实现自身产品的快速迭代与市场推广。因此，其通常会在基础功能相对成熟时就向市场进行预告。也就是说，其预告时间相比一般型新产品而言，更为超前且高频次。

最后，由于平台型新产品预告目标是不断推进和发展的新产品生态，因此，其预告内容选择更加全面，须认真回应所有生态用户的核心关切，而不仅仅是消费者。此外，平台型新产品预告顺序选择通常是优先考虑能力更强、偏好更弱与归属性更弱的消费者、开发者或供应商，以便提高这些生态用户的系统黏性。相关结论将在第四章和第六章中给出证明。

2.6 本章小结

为全面剖析平台型新产品预告策略选择基本特征，基于系统分析方法，从平台型新产品预告策略选择的系统要素、策略选择类型、策略选择影响因素以及复杂性特征这四个维度对平台型新产品预告策略选择进行系统解读。在系统要素分析部分，首先从平台产品与企业、多边市场用户、新产品预告信息以及行为响应与选择四大要素，来全面解构平台型新产品预告的系统构成。接着给出平台型新产品预告策略的六大基本类型及其七大影响因素分析，目的是为第三章到第六章中不同预告情景下策略选择分析模型构建及其机理分析提供理论分析基础。最后，通过复杂性特征视角，比较分析了其与一般型新产品预告策略选择的差异性，总结了平台型新产品基本特征。

第三章

平台型新产品预告与预告努力程度

新产品预告努力水平直接影响新产品预告信息披露程度、信息披露时间的早晚以及创新承诺的多寡,但这通常是一把双刃剑。量化研究平台企业新产品预告努力水平对各方决策行为及其收益的影响,是深入说明双边市场环境下平台型新产品预告策略选择的重要依据。

3.1 预告努力程度带来的影响

在平台企业市场竞争过程中,关键信息的披露是一把双刃剑。Xu 等(2020)基于美国 8 个主要城市 Airbnb 的实证数据研究了信息内容、信息来源、信息呈现方式以及信息数量的披露水平对共享经济平台消费者购买行为的影响。其研究表明,平台发布的信息、平台的推荐和供应商的验证信息都对消费者的购买行为有正向影响。然而,Hermalin 等(2012)认为,在公司治理中,信息披露给股东和管理层带来的收益和风险是不对称的,信息披露对管理层而言并非常常有利。显然,正如 Boot 等(2001)研究表明,信息披露具有多面性,关键是披露哪些信息以及披露多少信息。

在新产品预告研究领域,新产品预告可以实现更好的用户沟通,可以给平台企业树立更加良好的创新形象,可以让平台企业获得更多潜在消费者、供应商以及股票投资者的青睐,甚至可以阻止潜在新竞争者的加入(Lilly 等,1997;Schatzel 等,2006;Homburg 等,2009;Han,2018;Rao 等,2019)。然而,这些都是与平台企业新产品的预告信息的努力程度相关。大量的实践案例表明,在新产品预告过程中,更多的细节信息的披露,更早的新产品预告以及更多新产品的创新性承诺常常是危险的,其并非总是有利于平台企业(Sorescu 等,2007;Homburg 等,2009;Jung,2011),尤其是在激烈的市场竞争角逐中,新产品开发核心技术可能被剽窃或被逆向工程(Lee 等,1998)。

其次,过于详细、真实与可信的新产品预告信息可能带来竞争者的强烈响应,并带来相关风险。Darrough 等(1990)以及 Mukherjee 等(2017)认为,在位者为了阻止潜在的竞争对手进入市场,存在自愿披露更多信息,以达到吓唬对手的行为动机。但 Thorbjørnsen 等(2016)认为,新产品预告常常将引发其他品牌产品的竞争敌意。Meng 等(2011)的研究结果表明,较早的预告信息发布更有利于新产品宣传以及确立市场定位,但过早的新产品预告可能会给对手更多反应和准备时间,从而给较早进行预告的平台企业带来潜在风险损失。此外,更多的新产品创新信息的预告,虽然可以撬动更多的消费者、开发者和供应商等的未来购买预期,但是更多的新产品创新预告承诺信息的发布可能无法如期实现(Sorescu 等,2007),因为技术本身存在研发成功或失败的不确定性。这在某些高新技术产品创新领域是普遍存在的问题。例如,Hendricks 等(1997)基于 101 家样本公司的市场价值异常变动数据的调查研究发现,延迟发布新产品公告会使公司市值下降 5.25%。

更为重要的是,平台型新产品预告具有超强的网络放大效应,新产品预告存在正向的网络放大效应和负向的潜在风险成本放大效应(Dranove 等,2003;Choi 等,2019)。这种网络放大效应可以给成功的新产品预告带来丰厚的利润回报,也可能给失败的新产品预告平台企业带来毁灭性的打击。Farrell 等(1986)研究表明,当存在显著的网络外部性时,新产品预告还可以帮助新产品取代现有技术,如果没有新产品预告,旧技术可能会发展出不可阻挡的势头,进而形成"从众效应"。因此,如何权衡新产品预告的努力水平、新产品预告努力水平的收益与风险,是平台企业新产品预告能否成功实施并达到预期效果的关键问题,也是新产品预告策略选择理论研究的重点与难点问题之一。

基于此,第三章以平台型新产品预告双边市场为背景,将平台企业不同程度的新产品预告努力水平带来的潜在收益和风险参数化和模型化,并嵌入平台型新产品预告双边市场模型构建之中,然后分析预告努力水平因素如何影响平台企业平台型新产品定价、消费者和开发者接入意愿、平台企业利润以及社会福利问题。相关研究有助于更好地解答双边市场环境下,平台企业新产品预告策略选择的基本条件,并给出量化分析结果。其可为双边市场环境下平台企业新产品预告策略选择提供决策依据。

3.2 问题描述与基础模型构建

3.2.1 市场结构描述

考虑一个由两个平台企业（$i=1,2$）组成的平台型新产品预告市场，其新产品的双边用户分别是网络游戏消费者（后续简称消费者，用下标 b 标记）和网络游戏应用软件 App 开发者（后续简称开发者，用下标 d 标记）。因此，假定接入平台型新产品 i 的消费者和开发者预期数量分别为 n_{bi} 和 n_{di}，平台型新产品的消费者定价和开发者定价分别 p_{bi} 和 p_{di}。单位消费者接入平台给开发者带来的效用增加值为 $\beta>0$，单位开发者接入平台给消费者带来的效用增加值为 $\alpha>0$。

为提高消费者和开发者接入平台意愿，网络游戏平台企业拟计划发布一款新版本网络游戏平台（后续简称为平台产品），两个新版本平台产品在功能与性能上是类似的，但在具体的外观、款式、品牌、技术框架与开发语言上存在较大差异，且消费者对新版本平台产品外观、款式和品牌存在不同偏好，开发者对新版本平台产品的技术框架与开发语言上存在不同偏好。

本部分中，关于双边市场结构及其平台型新产品预告博弈的基础模型构建，主要参考的是 Rochet 等（2003,2006）以及 Armstrong（2006）给出的基础模型，通过新产品预告效应影响因素的量化和模型进行扩展。其次，关于平台型产品的特点描述，参考了 Chellappa 等（2021）的相关假设。

3.2.2 预告的信息效应

已知新产品预告信息披露存在两种效应，其一是，平台型新产品预告具有消费者固定效用提升效应；其二是，平台型新产品预告具有潜在风险成本与损失效应。

所谓消费者固定效用提升效应是指，平台型新产品预告信息详细程度直接影响到消费者对平台型新产品相关信息的了解程度，进而降低了消费者新产品采用的潜在风险，如，降低新技术和新功能不确定感知风险，提高客户关系质量以及接入平台型新产品的固定效用（Zaman 和 Arslan,2014；Joenssen 和 Michaelis,2018）。因此，第三章假定消费者在没收到新产品预告信息时其接入平台的固定效用值为 v，消费者收到新产品预告信息后其接入平台的固

定效用值为 $v+f(e)$。其意味着，新产品预告信息可为消费者带来的固定效用提升值为 $f(e)=e$，预告努力水平 e 越大，新产品预告消费者固定效用提升效用值越大。

所谓平台型新产品预告的潜在风险成本与损失效应是指，过多和过早的平台型新产品预告信息的提前披露存在一定的关键技术泄露风险、技术研发不确定风险、产品市场营销与推广不成功风险，进而给平台企业带来直接或间接的利益损失（Alina 等，2007；Wu 等，2013）。基于此，假定这种潜在的风险成本为 $c(e)=he^2/2$。也就是说，新产品预告的潜在风险损失是平台型新产品预告努力水平 e 的增函数，且满足 $c(e)'>0$ 和 $c(e)''>0$。其中，h 为新产品预告固定风险成本系数，即单位预告努力水平带来的风险成本。

3.2.3 平台策略集及其利润函数

假定平台企业新产品预告策略选择存在两种方案，其一是，采用新产品预告策略（标记为策略 Y），即在新产品正式的市场销售之前，一般在一周到两周之前，提前向消费者和开发者发布新产品相关信息，包括外观、款式和技术框架等信息（Su 和 Rao，2010）；其二是，不采用新产品预告策略（标记为策略 N），即不向消费者和开发者发布新产品相关信息，消费者和开发者接入平台固定效用没有变化。此外，当平台企业选择采用新产品策略 Y 时，其又存在两种策略可自由选择，其一是，基于自身利润最大化的新产品预告策略（标记为策略 S）；其二是，基于社会福利最大化的新产品预告策略（标记为策略 E）。

显然，为吸引更多的消费者和网络游戏 App 开发者接入平台，两平台企业不仅需要考虑平台产品的消费者定价 p_{bi} 以及开发者定价 p_{di}，还须考虑是否（采用预告策略 Y 和不采用预告策略 N）以及如何选择其新产品预告努力水平值（$e>0$）。

最后，假定平台企业的利润主要来自两个方面，其一是消费者购买网络游戏控制器或一次性注册会员的收入 $p_{bi}n_{bi}$，其二是 App 开发者接入网络游戏平台缴纳的会员注册费 $p_{di}n_{di}$。假设平台企业为消费者和开发者提供的各类信息匹配服务和技术支持服务的成本极小，接近为零。也就是说，当平台企业 i（$i\in\{1,2\}$），采用策略 $j\in\{Y,N\}$ 时，平台企业的利润函数为：

$$\Pi_i^j(p_{bi},p_{di},n_{bi},n_{di})=p_{bi}^j n_{bi}^j+p_{di}^j n_{di}^j-c^j \tag{3.1}$$

其中，第三项 c^j 是策略 $j\in\{Y,N\}$ 下，平台须支付的潜在风险成本，其值

满足 $c^N = 0$ 和 $c^Y = he^2/2$ 的约束。

3.2.4 消费者特征及其效用函数

假定接入平台的消费者数量总体规模是一个单位,消费者市场是不饱和的且消费者可同时使用多个网络游戏平台产品。此外,假定消费者对平台型新产品的品牌、外观和款式等方面存在较强使用偏好,消费者平台型新产品的理想偏好位置为 x 且服从密度为 1 的 $[0,1]$ 均匀分布,假定消费者偏好强度为 $t > 0$,表示消费者接入平台型新产品时其单位距离转移成本为 t。若两平台企业的坐标都为 0,那么消费者要接入的位置为 0 的平台型新产品 1 或 2 须支付的偏好改变转换成本为 tx。此时,当平台企业 i 采用策略 $j \in \{Y, N\}$ 时,消费者接入平台企业 i($i \in \{1,2\}$)的效用函数为:

$$U_{bi}^j(n_{di}, p_{bi}) = v^j + \alpha n_{di}^j - p_{bi}^j - tx \tag{3.2}$$

其中,第一项 v^j 为策略 $j \in \{Y, N\}$ 下消费者接入平台的固定效用,该值用来描述消费者接入平台均可获得的基本功能和服务体验,其值满足 $v^Y = v + e$,$v^N = v$ 和 $v > 0$。第二项 αn_{di}^j 为消费者接入平台获得的网络效用增值,第四项 tx 为消费者接入平台须付出的转移成本。

3.2.5 开发者特征及其效用函数

假定接入平台的开发者数量总体规模是一个单位,开发者市场是不饱和的且开发者可同时为多个网络游戏平台开发 App。此外,开发者对平台型新产品的技术框架与开发语言存在较强使用偏好。假定开发者平台型新产品的理想偏好位置为 y 且服从密度为 1 的 $[0,1]$ 均匀分布。假定开发者的技术偏好强度为 $f > 0$,表示开发者为理想平台开发 App 须支付的单位距离转移成本为 f。若两平台企业的坐标都为 0,那么开发者要接入位置为 0 的平台型新产品 1 或 2,其需支付的技术偏好改变转换成本为 fy。此时,当平台 i 采用策略 $j \in \{Y, N\}$ 时,开发者接入平台 i 的效用函数为:

$$U_{di}^j(n_{bi}, p_{di}) = \beta n_{bi}^j - p_{di}^j - fy \tag{3.3}$$

其中,第一项 βn_{bi}^j 为开发者接入平台获得的网络效用增值。须注意的是,因为较少平台为开发者提供各种免费的试用产品,因此不考虑开发者接入平台可获得的固定效用。

3.2.6 预告博弈顺序及其结构

关于平台企业、消费者以及开发者之间的新产品预告信息发布、响应行为与策略选择逻辑关系设计,将参考现实情况,即在腾讯游戏和育碧娱乐等新版本网络游戏系统预告信息发布过程中,其董事会通常会召集网络游戏研发和市场营销等部门讨论新网络游戏预告信息是否以及如何进行发布,接着市场营销和推广部门拟定相关方案并把预告信息发布给消费者和开发者,消费者和开发者收到相关信息后,其新网络游戏购买、开发偏好与意愿将产生调整。此时,平台企业通常会通过预购或提供开发模拟器等方式来提前锁定部分消费者和开发者。基于此,将网络游戏的新产品预告发布博弈过程归纳为如图 3.1 所示逻辑关系,每阶段具体如下。

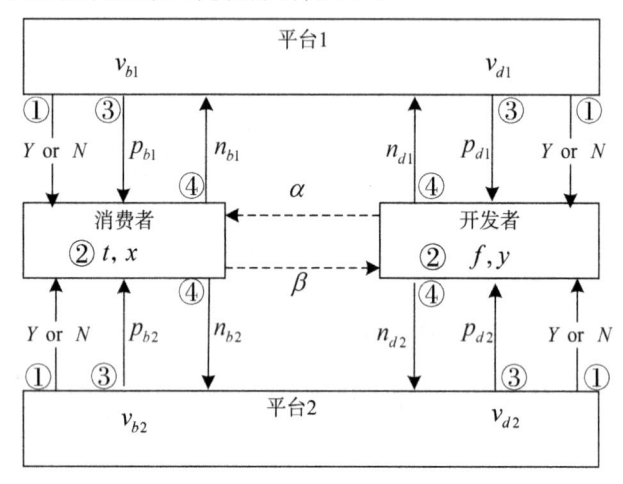

图 3.1 博弈顺序和结构

① 平台企业 i 选择新产品预告策略类型(策略 Y 或 N)及其努力水平 e;
② 消费者和开发者形成其接入平台 i 的固定效用 v^j;
③ 平台企业给出新产品消费者定价 p_{bi}^j 和开发者定价 p_{di}^j 及其预售方案;
④ 消费者和开发者决策加入平台企业 i 的数量分别为 n_{bi}^j 和 n_{di}^j。

3.3 努力水平外生下预告策略选择

3.3 节重点计算努力水平外生下,平台企业采用与不采用新产品预告策略下的消费者、开发者以及平台企业决策变量及其收益的纳什均衡值。为保证各策略下纳什均衡的存在,假定 $4ft > (\alpha+\beta)^2$ 和 $\beta > \alpha$ 总是成立。

3.3.1 策略 N 纳什均衡

策略 N 下,消费者与开发者接入平台 i 的效用函数分别为:

$$\begin{cases} U_{bi}^N(n_{di},p_{bi}) = v + \alpha n_{di}^N - p_{bi}^N - tx \\ U_{di}^N(n_{bi},p_{di}) = \beta n_{bi}^N - p_{di}^N - fy \end{cases}, i \in \{1,2\} \quad (3.4)$$

由于消费者市场不饱和且消费者与平台 i 之间的距离服从区间 $[0,1]$ 上均匀分布,因此,其是否接入平台须满足 $U_{bi}^N(n_{di},p_{bi}) > 0$ 基本条件。显然,基于逆向推导法不难得出,消费者接入平台 i 的距离临界值为 $\hat{x}_i^N = (v+\alpha n_{di}^N - p_{bi}^N)/t$。也就是说,当消费者与平台 i 之间的距离小于 $\hat{x}_i^N$ 时,其接入平台 i 的效用大于不接入平台 i 的效用,故其将接入平台 i。此时计算可得,消费者接入平台 i 的数量为 $n_{bi}^N(n_{di},p_{bi}) = (v+\alpha n_{di}^N - p_{bi}^N)/t$。

同理可知,由于开发者市场不饱和且开发者与平台 i 之间的距离服从区间 $[0,1]$ 上均匀分布,故其是否接入平台须满足 $U_{di}^N(n_{bi},p_{di}) > 0$ 基本条件。因此,开发者接入平台 i 的临界值距离为 $\hat{y}_i^N = (\beta n_{bi}^N - p_{di}^N)/f$。也就是说,当开发者与平台之间的距离小于 $\hat{y}_i^N$ 时,因其接入平台 i 的效用大于其不接入平台 i 的效用,故其将接入平台 i。此时可计算得到,开发者接入平台 i 的数量为 $n_{di}^N(n_{bi},p_{di}) = (\beta n_{bi}^N - p_{di}^N)/f$。

为保证各方存在参与约束,后续计算须满足 $t > \alpha\beta/f$ 且 $t < (\alpha+\beta)^2/(4f)$ 约束条件,也就是 t 取值不宜太大也不宜太小。此外,由于开发者和消费者是否接入平台 1 和平台 2 决策是同步做出的,因此,联立消费者和开发者数量函数可得,消费者和开发者接入平台 i 数量的响应函数分别为:

$$\begin{cases} n_{bi}^N(p_{di},p_{bi}) = (fv - fp_{bi} - \alpha p_{di})/(ft-\alpha\beta) \\ n_{di}^N(p_{di},p_{bi}) = (v\beta - \beta p_{bi} - tp_{di})/(ft-\alpha\beta) \end{cases}, i \in \{1,2\} \quad (3.5)$$

此时,将式(3.5)代入平台企业利润函数 $\Pi_i^N(p_{bi},p_{di},n_{bi},n_{di})$,并更新平台企业利润函数为 $\Pi_i^N(p_{b1},p_{b2},p_{d1},p_{d2})$。

又因为平台对消费者和开发者的定价是同步做出的,故联立如下四个方程组 $\partial\Pi_1^N(p_{b1},p_{b2},p_{d1},p_{d2})/\partial p_{b1} = 0$,$\partial\Pi_2^N(p_{b1},p_{b2},p_{d1},p_{d2})/\partial p_{b2} = 0$,$\partial\Pi_1^N(p_{b1},p_{b2},p_{d1},p_{d2})/\partial p_{d1} = 0$ 和 $\partial\Pi_2^N(p_{b1},p_{b2},p_{d1},p_{d2})/\partial p_{d2} = 0$ 可得,消费者定价均衡值 p_{bi}^N 以及开发者定价均衡值 p_{di}^N 分别如表 3.1 所示。

表 3.1 策略 N 下的均衡解

决策变量			
消费者定价	$p_{bi}^N = \dfrac{v[2ft - \beta(\alpha+\beta)]}{4ft - (\alpha+\beta)^2}$	消费者数量	$n_{bi}^N = \dfrac{2fv}{4ft - (\alpha+\beta)^2}$
开发者定价	$p_{di}^N = \dfrac{fv(\beta-\alpha)}{4ft - (\alpha+\beta)^2}$	开发者数量	$n_{di}^N = \dfrac{v(\alpha+\beta)}{4ft - (\alpha+\beta)^2}$
输出利润/效用			
平台利润	$\Pi_{bi}^N = \dfrac{2fv^2}{8ft - 2(\alpha+\beta)^2}$	消费者效用	$U_{bi}^N = \dfrac{2f^2tv^2}{[4ft - (\alpha+\beta)^2]^2}$
开发者效用	$U_{di}^N = \dfrac{fv^2(\alpha+\beta)^2}{2[4ft - (\alpha+\beta)^2]^2}$	社会总福利	$SW^N = \dfrac{fv^2(\alpha+\beta)^2}{2[4ft - (\alpha+\beta)^2]^2}$

为保证均衡解的存在，还需要验证平台对消费者和开发者定价是否存在最大值，即验证平台企业对消费者和开发者的定价的海塞矩阵（Hessian）是否为负定。具体验证过程如下：

首先可知，消费者和开发者接入平台 i 定价的海塞矩阵为：

$$\boldsymbol{H}_i^N = \begin{bmatrix} \dfrac{-2f}{ft - \alpha\beta} & \dfrac{-(\alpha+\beta)}{ft - \alpha\beta} \\ \dfrac{-(\alpha+\beta)}{ft - \alpha\beta} & \dfrac{-2t}{ft - \alpha\beta} \end{bmatrix} \tag{3.6}$$

显然，海塞矩阵 $\boldsymbol{H}_i^N$ 的一阶主子式和二阶主子式分别为 $Z_{i1}^N = -2f/(ft - \alpha\beta)$ 和 $Z_{i2}^N = [4ft - (\alpha+\beta)^2]/(ft - \alpha\beta)^2$。

由 $t > \dfrac{2f + h\alpha^2 + 2h\alpha\beta + h\beta^2}{4fh}$ 且 $\beta > \alpha$ 可知，$t > (\alpha+\beta)^2/(4f)$ 成立，因此 $Z_{i1}^N < 0$ 和 $Z_{i2}^N > 0$ 成立，即海塞矩阵 $\boldsymbol{H}_i^N$ 为负定。也就是说，此时，平台企业利润函数是凹函数，消费者和开发者定价分别为 p_{bi}^N 和 p_{di}^N 时平台企业可获得最大利润 Π_i^N，具体如表 3.1 所示。

将消费者和开发者定价均衡值代入相关公式，可得消费者接入平台数量均衡值 n_{bi}^N 和开发者接入平台的数量均衡值 n_{di}^N，具体如表 3.1 所示。

最后，因消费者和开发者与平台 i 之间的距离都服从密度为 1 的均匀分布，因此，将上述各均衡值代入 $U_{bi}^N = \int_0^{\hat{x}_i^N} U_{bi}^N(x)\mathrm{d}x$，$U_{di}^N = \int_0^{\hat{y}_i^N} U_{di}^N(y)\mathrm{d}y$ 以及 $SW^N = \sum_{i=1}^2 (U_{bi}^N + U_{di}^N + \Pi_i^N)$，可求得消费者接入平台的效用均衡值，开发

者接入平台的效用均衡值以及社会总福利均衡值,如表 3.1 所示。

显然策略 N 下,因为 $4ft > (\alpha+\beta)^2$ 和 $\beta > \alpha$,容易推论得知,$\frac{\partial p_{bi}^N}{\partial \alpha} = \frac{-v[4ft\beta - \alpha(\alpha+\beta)^2]}{[4ft-(\alpha+\beta)^2]^2} < 0$,和 $\frac{\partial p_{bi}^N}{\partial \beta} = \frac{v[4ft\alpha - \beta(\alpha+\beta)^2]}{[4ft-(\alpha+\beta)^2]^2} > 0$,即消费者定价 p_{bi}^N 是 α 增函数,是 β 的减函数。同理,容易推论得知,(1)开发者定价 p_{di}^N 是 β 的增函数,是 α 的减函数;(2)消费者数量 n_{bi}^N 是 α 和 β 的增函数;(3)开发者数量 n_{di}^N 是 α 和 β 的增函数;(4)消费者效用是 α 和 β 的增函数;开发者效用是 α 和 β 的增函数;(5)平台企业利润是 α 和 β 的增函数。

也就是说,当不采用新产品预告策略时,单位开发者接入平台给消费者带来的交叉网络效应系数的增大在减小消费者定价的同时增大了平台对开发者定价。但总体而言,交叉网络效应系数的增大将减小平台对消费者和开发者二者的总体定价。因此,随着交叉网络效应系数的增大,消费者和开发者总效用增大。同理,单位消费者接入平台给开发者带来的交叉网络效应系数的增大对消费者和开发者的定价而言,总体是减小的。因此,其增大将导致消费者和开发者效用的增大。

需要注意的是,上述结论在消费者和开发者市场都是饱和且都是单归属时是不成立的。其原因在于,当消费者和开发者市场都是饱和且都是单归属时,网络效应的增大将增强两平台竞争激烈程度,且这种竞争激烈程度的增大将导致激烈的价格竞争,并最终导致两平台利润同时受损。但是,如果消费者和开发者市场都是不饱和且消费者和开发者都是多归属时,虽然网络效应的增大在某种程度上也加剧了两平台的竞争程度,但两平台预告努力的目标是吸引那些未加入任何平台的潜在消费者和开发者加入平台,因此,总体而言,交叉网络效应的增大对平台利润增长总体有利。显然这样的结论与已有的双边市场研究相关结论是一致的,其也侧面验证了 3.3 节中基础模型构建的合理性。

3.3.2 策略 Y 纳什均衡

当平台企业采用策略 Y 时,消费者与开发者接入平台 i 效用函数分别为:

$$\begin{cases} U_{bi}^Y(n_{di}, p_{bi}) = e + v + \alpha_{di}^Y - p_{bi}^Y - tx \\ U_{di}^Y(n_{di}, p_{bi}) = \beta n_{bi}^Y - p_{di}^Y - fy \end{cases}, i \in \{1,2\} \quad (3.7)$$

基于 3.3.1 节相同的逆向推导过程,可得消费者、开发者以及平台企业相关决策变量以及利润或效用的均衡值。具体表达式,如表 3.2 所示。

需要注意的是,这里依然需要验证平台对消费者和开发者定价是否存在利润最大均衡,即对应的海塞矩阵是否为负定。具体验证过程如下:

首先可知,消费者和开发者接入平台 i 定价的海塞矩阵为:

$$\boldsymbol{H}_i^Y = \begin{bmatrix} \dfrac{-2f}{ft-\alpha\beta} & \dfrac{-(\alpha+\beta)}{ft-\alpha\beta} \\ \dfrac{-(\alpha+\beta)}{ft-\alpha\beta} & \dfrac{-2t}{ft-\alpha\beta} \end{bmatrix} \tag{3.8}$$

显然,海塞矩阵 $\boldsymbol{H}_i^Y$ 的一阶主子式和二阶主子式分别为 $Z_{i1}^Y = -2f/(ft-\alpha\beta)$ 和 $Z_{i2}^Y = [4ft-(\alpha+\beta)^2]/(ft-\alpha\beta)^2$。由 $t > \dfrac{2f+h\alpha^2+2h\alpha\beta+h\beta^2}{4fh}$ 且 $\beta > \alpha$ 可知,$t > (\alpha+\beta)^2/(4f)$ 成立,容易证明 $Z_{i1}^N < 0$ 和 $Z_{i2}^N > 0$ 成立,即海塞矩阵 $\boldsymbol{H}_i^Y$ 为负定,平台企业利润函数是凹函数。当消费者和开发者接入平台 i 的定价分别为 p_{bi}^Y 和 p_{di}^Y 时,平台将获得最大利润 $\boldsymbol{\Pi}_i^Y$。

表 3.2 策略 Y 下的均衡解

决策变量				
消费者定价	$p_{bi}^Y = \dfrac{(e+v)[2ft-\beta(\alpha+\beta)]}{4ft-(\alpha+\beta)^2}$	消费者数量	$n_{bi}^Y = \dfrac{2f(e+v)}{4ft-(\alpha+\beta)^2}$
开发者定价	$p_{di}^Y = \dfrac{f(e+v)(\beta-\alpha)}{4ft-(\alpha+\beta)^2}$	开发者数量	$n_{di}^Y = \dfrac{(e+v)(\alpha+\beta)}{4ft-(\alpha+\beta)^2}$

显然,由表 3.2 中消费者和开发者接入平台的定价均衡值对预告努力水平的一阶导数可得 $\dfrac{\partial p_{bi}^Y}{\partial e} = \dfrac{2ft-\beta(\alpha+\beta)}{4ft-(\alpha+\beta)^2}$ 和 $\dfrac{\partial p_{di}^Y}{\partial e} = \dfrac{f(\beta-\alpha)}{4ft-(\alpha+\beta)^2}$,显然,由 $4ft > (\alpha+\beta)^2$ 和 $\beta > \alpha$ 假设前提可知 $\dfrac{\partial p_{bi}^Y}{\partial e} > 0$ 和 $\dfrac{\partial p_{di}^Y}{\partial e} > 0$ 成立。故消费者接入平台的定价 p_{bi}^Y 和开发者接入平台的定价 p_{di}^Y 是新产品预告努力水平 e 的增函数。

同理,由表 3.2 中消费者和开发者计入平台的数量对新产品预告努力水平 e 的一阶偏导计算可得 $\dfrac{\partial n_{bi}^Y}{\partial e} = \dfrac{2f}{4ft-(\alpha+\beta)^2}$ 和 $\dfrac{\partial n_{di}^Y}{\partial e} = \dfrac{\alpha+\beta}{4ft-(\alpha+\beta)^2}$。显然,由 $4ft > (\alpha+\beta)^2$ 和 $\beta > \alpha$ 假设前提可知 $\dfrac{\partial n_{bi}^Y}{\partial e} > 0$ 和 $\dfrac{\partial n_{di}^Y}{\partial e} > 0$ 成立。故消费者接入平台的数量和开发者接入平台的数量是新产品预告努力水平 e 的增

函数。

为进一步研究新产品预告努力对各方收益以及社会总福利的影响,现给出引理3.1结论。

引理3.1:在给定策略 Y 下,

(1) 平台的收益均衡值为 $\Pi_i^Y = \dfrac{4efv + 2fv^2 + e^2[f(2-4ht) + h(\alpha+\beta)^2]}{8ft - 2(\alpha+\beta)^2}$;

(2) 消费者效用均衡值为 $U_{bi}^Y = \dfrac{2f^2 t(e+v)^2}{[4ft - (\alpha+\beta)^2]^2}$;

(3) 开发者效用均衡值为 $U_{di}^Y = \dfrac{f(e+v)^2 (\alpha+\beta)^2}{2[4ft - (\alpha+\beta)^2]^2}$;

(4) 社会总体福利均衡值为 $SW^Y = \dfrac{3(e^2 f + 2efv + fv^2)}{4ft - \alpha^2 - 2\alpha\beta - \beta^2} - e^2 h + \dfrac{2f(e+v)^2(\alpha+\beta)^2}{(4ft - \alpha^2 - 2\alpha\beta - \beta^2)^2}$。

证明:相关证明与3.3.1节相同,即采用逆向归纳法,在求得表3.2中各决策均衡值的基础上,将这些决策变量均衡值代入平台企业利润函数 $\Pi_i^Y(p_{bi}, p_{di}, n_{bi}, n_{di})$,并更新平台企业利润函数为 $\Pi_i^Y = \dfrac{4efv + 2fv^2 + e^2[f(2-4t) + (\alpha+\beta)^2]}{8ft - 2(\alpha+\beta)^2}$。故引理3.1子结论(1)成立。同理,因消费者和开发者与平台 i 之间的距离都服从密度为1的均匀分布,因此,将上述各均衡值代入 $U_{bi}^Y = \int_0^{\hat{x}_i^Y} U_{bi}^Y(x)\mathrm{d}x$,$U_{di}^Y = \int_0^{\hat{y}_i^Y} U_{di}^Y(y)\mathrm{d}y$ 以及 $SW^Y = \sum_{i=1}^2 (U_{bi}^Y + U_{di}^Y + \Pi_i^Y)$,可求得消费者接入平台的效用均衡值,开发者接入平台的效用均衡值以及社会总福利均衡值。故引理3.1其他三个子结论也成立。证毕。

由引理3.1消费者和开发者计入平台效用均衡值对新产品预告努力水平 e 的一阶偏导计算可得 $\dfrac{\partial U_{bi}^Y}{\partial e} = \dfrac{4f^2 t(e+v)}{[4ft - (\alpha+\beta)^2]^2}$ 和 $\dfrac{\partial U_{di}^Y}{\partial e} = \dfrac{f(e+v)(\alpha+\beta)^2}{[4ft - (\alpha+\beta)^2]^2}$。由 $4ft > (\alpha+\beta)^2$ 和 $\beta > \alpha$ 假设前提可知 $\dfrac{\partial U_{bi}^Y}{\partial e} > 0$ 和 $\dfrac{\partial U_{di}^Y}{\partial e} > 0$ 成立。也就是说,随着新产品预告努力水平 e 的增大,消费者和开发者的定价将增大。但是,这种增大是新产品预告红利部分让渡和分配给平台企业的一种权衡,且这种权衡以消费者、开发者和平台企业的共赢为基础。因此,新产品预告对消费者和开发者而言是有利的,因此,消费者和开发者接入平台的效用将随预告努力水平 e 的增大而增大。

其次,需要注意的是,新产品预告红利由消费者接入平台固定效用的提升并让渡和分配给开发者和平台企业是交叉网络效应在起作用。此外,还需要注意的是,虽然消费者和开发者效用都是预告努力水平的增函数,但后续的命题表明,由于潜在风险损失的存在,其并非总是平台企业利润增长的增函数,也并非社会总福利的增函数。这也意味着消费者效用、开发者效用、平台企业利润以及社会总福利在新产品预告策略选择中可能存在一定的利益冲突。具体结论如后续的命题3.2所示。

3.3.3 策略 N 和策略 Y 比较

3.3.3 小节重点是比较分析,即通过策略 Y 和策略 N 下平台企业定价均衡值、消费者和开发者接入平台数量均衡值以及各方效用和利润均衡值的比较分析来获得一些管理暗示。

命题 3.1:(1)策略 Y 下消费者定价和开发者定价分别大于策略 N 下消费者定价和开发者定价;

(2) 策略 Y 下消费者数量和开发者数量分别大于策略 N 下消费者数量和开发者数量。

证明:因 $4ft > (\alpha+\beta)^2$ 和 $\beta > \alpha$ 总是成立,由策略 Y 和策略 N 下的消费者定价均衡值之差以及开发者定价均衡值之差计算可知,$p_{bi}^Y - p_{bi}^N = \frac{e[2ft-\beta(\alpha+\beta)]}{4ft-(\alpha+\beta)^2} > 0$ 和 $p_{di}^Y - p_{di}^N = \frac{ef(\beta-\alpha)}{4ft-(\alpha+\beta)^2} > 0$ 总是成立。因此命题 3.1 的子结论(1)成立。同理,由策略 Y 和策略 N 下消费者数量均衡值之差以及开发者数量均衡值之差计算可知,$n_{bi}^Y - n_{bi}^N = \frac{2ef}{4ft-(\alpha+\beta)^2} > 0$ 和 $n_{di}^Y - n_{di}^N = \frac{e(\alpha+\beta)}{4ft-(\alpha+\beta)^2} > 0$ 成立,由策略 Y 和策略 N 下消费者效用均衡值之差以及开发者效用均衡值之差计算可知,$U_{bi}^Y - U_{bi}^N = \frac{2ef^2t(e+2v)}{[4ft-(\alpha+\beta)^2]^2} > 0$ 和 $U_{di}^Y - U_{di}^N = \frac{ef(e+2v)(\alpha+\beta)^2}{2[4ft-(\alpha+\beta)^2]^2} > 0$ 成立。故命题3.1的子结论(2)成立。证毕。

命题 3.1 表明,相比不进行新产品预告的策略 N 而言,当平台企业采用新产品预告策略(策略 Y),新产品预告产生的消费者固定效用的提升红利不仅仅惠及消费者,而且可以通过交叉网络效应传导给开发者。与此同时,平台企业将通过提高消费者和开发者定价的方式来获取新产品预告产生的红利。但是,为获得最优利润,平台只能适度提高消费者和开发者定价,而非不受限制地提高定价。其原因在于适度提高定价,可适度保证消费者和开发者也能分享新产品预告带来的红利,这是平台企业利益最大化的理性选择。但是,需要指出的是,相比策略 N 而言,策略 Y 是消费者和开发者收益增长的占优策略选择,由于存在潜在风险损失,其并非总是平台企业利益增长的占优策略选择。具体结论如命题3.2所示。

命题 3.2:(1)当 $0<e<\hat{e}^{Y1}=\dfrac{4fv}{f(4ht-2)-h(\alpha+\beta)^2}$ 成立时,策略 Y 是平台企业新产品预告策略均衡选择;当 $e>\hat{e}^{Y1}$ 时,策略 N 是平台企业新产品预告策略均衡选择;

(2)当 $0<e<\hat{e}^{Y2}=\dfrac{2fv[12ft-(\alpha+\beta)^2]}{4f^2t(4ht-3)-f(8ht-1)(\alpha+\beta)^2+h(\alpha+\beta)^4}$ 成立时,采用新产品预告的社会总福利大于不采用新产品预告的社会总福利;当 $e>\hat{e}^{Y2}$ 时,不采用新产品预告的社会总福利大于采用新产品预告的社会总福利。

证明:首先由策略 Y 和策略 N 平台企业利润之差计算可得,$\Pi_i^Y-\Pi_i^N=\dfrac{e[ef(2-4ht)+4fv+eh(\alpha+\beta)^2]}{8ft-2(\alpha+\beta)^2}$。显然,当 $0<e<\hat{e}^{Y1}$ 时,$\Pi_i^Y-\Pi_i^N\geq 0$ 成立;反之,当 $e>\hat{e}^{Y1}$ 时,$\Pi_i^Y-\Pi_i^N<0$ 成立,即命题3.2的子结论(1)成立。同理,可证明命题3.2子结论(2)也成立。证毕。

命题3.2表明,采用新产品预告策略并非总是平台企业利润占优策略选择。当且仅当新产品预告努力水平小于某个阈值时,新产品预告给平台企业带来的红利才大于新产品预告带来的潜在风险损失。此时,新产品预告策略才是平台企业利润占优策略选择。反之,一旦平台企业新产品预告努力水平超过某阈值,新产品预告给平台企业带来的潜在风险损失超过相应的红利,平台企业采用新产品预告策略将得不偿失。此时,不采用新产品预告策略将成为平台企业利润占优策略选择。

其次,命题3.2还表明,采用新产品预告策略也并非总是社会总福利占优策略选择。当且仅当新产品预告努力水平小于某个阈值时,新产品预告给整个社会带来的价值才大于新产品预告带来的潜在风险损失。此时,新产品预告策略才是社会总福利占优策略选择。反之,一旦平台企业新产品预告努力水平超过某阈值,新产品预告给整个社会总福利带来的潜在风险损失超过相应的红利,不采用新产品预告策略将成为社会总福利占优策略选择。

更为重要的是,通过 $\hat{e}^{Y1}$ 和 $\hat{e}^{Y2}$ 大小比较不难得出,$\hat{e}^{Y2} > \hat{e}^{Y1}$ 总是成立。其意味着,基于平台企业利润评判的采用新产品策略的预告努力水平阈值点总是小于基于社会总福利评判的采用新产品预告策略的预告努力水平阈值点。显然,这可以在某种程度上解释这样一种现象,即平台若具有更强的社会责任意识,则其预告努力水平可以更高。

为了更加直观地给出策略 Y 和策略 N 下平台企业利润和社会总福利随新产品预告努力水平的变化曲线,给出如下数值解(其中,$h=1;v=3;f=1;t=1.2;\beta=0.4;\alpha=0.3$),具体如图 3.2 所示。

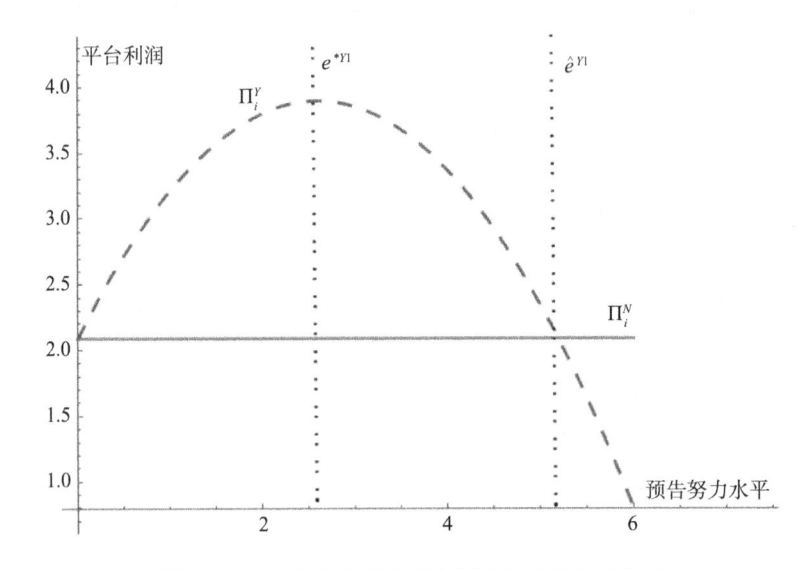

图 3.2 平台企业利润水平与预告努力水平的关系

显然,由图 3.2 可知,随着新产品预告努力水平的增大,平台企业的利润先增大再减小。其中 $e=e^{*Y1}=\dfrac{2fv+e[f(2-4ht)+h(\alpha+\beta)^2]}{4ft-(\alpha+\beta)^2}$ 是平台企业利润最大值点,即 e^{*Y1} 是平台利润为最大值时的预告努力水平阈值点。其中,当 $0<e<e^{*Y1}$ 时,策略 Y 下平台企业利润大于策略 N 下平台企业利润且策略 Y 下平台企业利润是预告努力水平的增函数;当 $e^{*Y1}<e<e^{Y1}$ 时,策略 Y 下平台企业利润大于策略 N 下平台企业利润且策略 Y 下平台企业利润是预告努力水平的减函数;$e^{Y1}<e$ 是策略 Y 下平台企业利润小于于策略 N 下平台企业利润且策略 Y 下平台企业利润是预告努力水平的减函数。也就是说,在 $0<e<\hat{e}^{Y1}$ 区间内,平台企业总是倾向采用策略 Y。

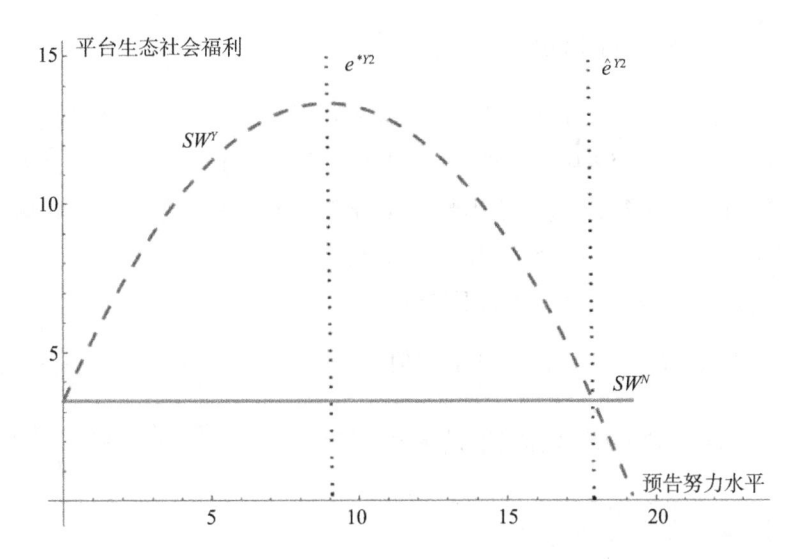

图 3.3 平台生态社会福利与预告努力水平的关系

同理,由图 3.3 可知,随着新产品预告努力水平的增大,生态总福利先增大再减小。其中 $e=e^{*Y2}=\dfrac{6f(e+v)}{4ft-(\alpha+\beta)^2}+\dfrac{4f(e+v)(\alpha+\beta)^2}{[4ft-(\alpha+\beta)^2]^2}-2he$ 是社会总福利最大值点,即最优努力水平下社会总福利。其中,当 $0<e<e^{*Y2}$ 时,策略 Y 下社会总福利大于策略 N 下社会总福利且策略 Y 下社会总福利是预告努力水平的增函数;当 $e^{*Y2}<e<e^{Y2}$ 时,策略 Y 下社会总福利大于策略 N 下社会总福利且策略 Y 下社会总福利是预告努力水平的减函数;$e^{Y2}<e$ 时,策略 Y 下社会总福利小于策略 N 下社会总福利且策略 Y 下社会总福利是预告努力水平的减函数。

3.4 努力水平内生下预告策略

前面将预告努力水平视为外生变量,并通过策略 N 和策略 Y 的比较分析方法回答了平台企业采用策略 Y 的基本条件,得到了不同策略下,消费者、开发者以及平台企业新产品预告决策变量均衡值及其对应的利润和效用均衡值。3.4 节将预告努力水平作为平台企业策略选择内生变量,比较分析平台企业基于自身利润最大化的预告努力水平决策(用上标 S 表示)与平台企业基于生态总福利最大化的预告努力决策(用上标 E 表示)的差异性,并给出相关管理启示。

3.4.1 策略 S 纳什均衡

最优预告努力水平的确定是平台企业新产品预告策略选择的关键,3.4.1 小节将预告努力水平作为内生变量,计算平台企业基于自身利润最大化时最优预告努力水平均衡值,进而给出最优预告努力水平下各方决策及其输出效用或利润均衡值变化,相关结论如命题 3.3。

命题 3.3:策略 S 下,存在如下结论:

(1) 新产品预告存在最优努力水平,其值为 $e_1^{S*} = e_2^{S*} = \dfrac{2fv}{f(4ht-2)-h(\alpha+\beta)^2}$;

(2) 平台对消费者和开发者定价均衡值分别为 $p_{bi}^{S*} = \dfrac{hv[2ft-\beta(\alpha+\beta)]}{f(4ht-2)-h(\alpha+\beta)^2}$ 和 $p_{di}^{S*} = \dfrac{fhv(\beta-\alpha)}{f(4ht-2)-h(\alpha+\beta)^2}$;

(3) 消费者和开发者接入平台数量均衡值分别为 $n_{bi}^{S*} = \dfrac{2fhv}{f(4ht-2)-h(\alpha+\beta)^2}$ 和 $n_{di}^{S*} = \dfrac{hv(\alpha+\beta)}{f(4ht-2)-h(\alpha+\beta)^2}$;

(4) 消费者和开发者接入平台效用均衡值分别为 $U_{bi}^{S*} = \dfrac{2f^2h^2v^2t}{[f(4ht-2)-h(\alpha+\beta)^2]^2}$ 和 $U_{di}^{S*} = \dfrac{fh^2v^2(\alpha+\beta)^2}{2[f(4ht-2)-h(\alpha+\beta)^2]^2}$;

(5) 平台企业利润均衡值为 $\Pi_i^{S*} = \dfrac{fhv^2}{f(4ht-2)-h(\alpha+\beta)^2}$。

证明:首先,令平台 i 预告努力水平为 e_i,并将其代入式(3.7)和式(3.3)可得,$U_{bi}^S(n_{di},p_{bi},e_i) = e_i^S + v + \alpha n_{di}^S - p_{bi}^S - tx$,$\Pi_i^S(p_{bi},p_{di},n_{bi},n_{di},e_i) = p_{bi}^S n_{bi}^S + p_{di}^S n_{di}^S - h(e_i^S)^2/2$ 和 $U_{di}^S(n_{di},p_{bi}) = \beta n_{bi}^S - p_{di}^S - fy$。参照 3.3.1 节中的逆向推导方法可得,消费者和开发者接入平台的数量响应函数分别为 $n_{bi}^S(p_{di},p_{bi},e_i) = \dfrac{fv+fe_i^S-fp_{bi}^S-\alpha p_{di}^S}{ft-\alpha\beta}$ 和 $n_{di}^S(p_{di},p_{bi},e_i) = \dfrac{v\beta+\beta e_i^S-\beta p_{bi}^S-tp_{di}^S}{ft-\alpha\beta}$。将 $n_{bi}^S(p_{di},p_{bi},e_i)$ 和 $n_{di}^S(p_{di},p_{bi},e_i)$ 代入平台利润函数 $\Pi_i^S(p_{bi},p_{di},n_{bi},n_{di},e_i)$ 并更新为 $\Pi_i^S(p_{b1},p_{b2},p_{d1},p_{d2},e_i)$。由于平台企业可以同步决策消费者定价、开发者定价以及最优预告努力水平,因此,联立并求解如下五个方程组成的方程组 $\partial\Pi_1^S(p_{b1},p_{b2},p_{d1},p_{d2},e_i)/\partial p_{b1} = 0$,$\partial\Pi_2^S(p_{b1},p_{b2},p_{d1},p_{d2},e_i)/\partial p_{b2} = 0$,$\partial\Pi_1^S(p_{b1},p_{b2},p_{d1},p_{d2},e_i)/\partial p_{d1} = 0$,$\partial\Pi_1^S(p_{b1},p_{b2},p_{d1},p_{d2},e_i)/\partial e_1 = 0$ 和 $\partial\Pi_2^S(p_{b1},p_{b2},p_{d1},p_{d2},$

$e_i)/\partial e_2 = 0$。可得最优预告努力水平为 $e_1^{S*} = e_2^{S*} = \dfrac{2fv}{f(4ht-2) - h(\alpha+\beta)^2}$，平台对消费者和开发者定价均衡值分别为 $p_{bi}^{S*} = \dfrac{hv(2ft - \beta(\alpha+\beta))}{f(4ht-2) - h(\alpha+\beta)^2}$ 和 $p_{di}^{S*} = \dfrac{fhv(\beta-\alpha)}{f(4ht-2) - h(\alpha+\beta)^2}$。

根据三元函数的海塞矩阵正负定不难得出，当 $t > \dfrac{2f + h\alpha^2 + 2h\alpha\beta + h\beta^2}{4fh}$ 时，其海塞矩阵 $\boldsymbol{H}_i^S = \begin{bmatrix} -\dfrac{2f}{ft-\alpha\beta} & \dfrac{\alpha+\beta}{-ft+\alpha\beta} & \dfrac{f}{ft-\alpha\beta} \\ \dfrac{\alpha+\beta}{-ft+\alpha\beta} & -\dfrac{2t}{ft-\alpha\beta} & \dfrac{\beta}{ft-\alpha\beta} \\ \dfrac{f}{ft-\alpha\beta} & \dfrac{\beta}{ft-\alpha\beta} & -h \end{bmatrix}$ 为负定，因此，当平台企业选择 e_2^{S*}、p_{bi}^{S*} 和 p_{di}^{S*} 时，可获得最大利润值。故命题 3.3 子结论(1)和(2)成立。将上述均衡值代入消费者和开发者接入平台的数量公式和平台利润公式，可得消费者和开发者接入平台数量均衡值，平台企业的利润均衡值，以及消费者和开发者接入平台效用的均衡值。因此，命题 3.3 其他子结论也成立。证毕。

命题 3.3 还表明，当平台企业采用新产品预告策略 S 时，存在最优预告努力水平值点的选择问题。其意味着，新产品预告努力水平的增大并非总是加快平台企业自身利润的增长，而是呈现先增大后减小的发展趋势。其次，比较策略 S 和策略 Y 下各决策均衡值以及各利益主体输出效用和利润均衡值不难发现，当预告努力水平外生时(策略 Y 下)，平台型新产品预告潜在风险成本系数 h 不在各相应的表达式中，而是被预告努力水平 e_i 所替代和掩盖。当预告努力水平内生时(策略 S 下)，平台型新产品预告潜在风险成本系数 h 将传导到各表达式中，且 h 越大，最优预告努力水平阈值点越小，消费者和开发者定价越高，消费者和开发者数量越小，消费者和开发者效用越小，平台的利润也越小。也就是说，当预告努力水平内生时，平台型新产品预告的潜在风险成本将通过平台企业的消费者与开发者的定价调整来传导给消费者和开发者，使得消费者和开发者共同来承担新产品预告的潜在风险成本损失。

命题 3.4 策略 S 下，存在如下结论：

(1) 新产品预告存在最优努力水平 e_i^{S*} 是 f，h 和 t 的减函数；

(2) 新产品预告存在最优努力水平 e_i^{S*} 是 v，α 和 β 的增函数；

证明：容易证明得知，$\frac{\partial e_i^{S*}}{\partial f} = \frac{-2fv(\alpha+\beta)^2}{[f(4ht-2)-h(\alpha+\beta)^2]^2}$，$\frac{\partial e_i^{S*}}{\partial h} = \frac{-2fv[4ft-(\alpha+\beta)^2]}{[f(4ht-2)-h(\alpha+\beta)^2]^2}$ 和 $\frac{\partial e_i^{S*}}{\partial t} = \frac{-8f^2hv}{[f(4ht-2)-h(\alpha+\beta)^2]^2}$。显然，因为 $4ft > (2f+(\alpha+\beta)^2h)/h$ 成立，因此 $\frac{\partial e_i^{S*}}{\partial f} < 0$，$\frac{\partial e_i^{S*}}{\partial h} < 0$ 和 $\frac{\partial e_i^{S*}}{\partial t} < 0$。即命题 3.4 的第(1)子结论成立。同理，容易计算得知 $\frac{\partial e_i^{S*}}{\partial v} = \frac{2f}{f(4ht-2)-h(\alpha+\beta)^2}$ 和 $\frac{\partial e_i^{S*}}{\partial \alpha} = \frac{\partial e_i^{S*}}{\partial \beta} = \frac{4fhv(\alpha+\beta)}{[f(4ht-2)-h(\alpha+\beta)^2]^2}$。因此 $\frac{\partial e_i^{S*}}{\partial v} > 0$，$\frac{\partial e_i^{S*}}{\partial \alpha} = \frac{\partial e_i^{S*}}{\partial \beta} > 0$。即命题 3.4 的第(2)子结论成立。证毕。

由命题 3.4 可知，平台企业最优预告努力水平的大小由 f、h、t、v、α 和 β 共同决定。当交叉网络效应和接入平台的固定效用越大时，新产品预告可产生更多的社会红利。此时平台企业的最优预告努力水平将越大。反之，当消费者以及开发者接入平台的单位成本越大时平台企业的最优预告努力水平将越小。

3.4.2 策略 E 纳什均衡

平台企业新产品预告是否以及如何影响社会总体福利，是平台型新产品预告社会责任研究的重要问题。3.4.2 小节依然将最优预告努力水平作为内生变量，首先计算出平台企业基于社会福利最大化目标下其最优预告努力水平均衡值，然后比较该最优预告努力水平下消费者、开发者以及平台企业效用或利润均衡值的变化，并给出相关结论如命题 3.5 所示。

命题 3.5：策略 E 下，存在如下结论：

（1）平台型新产品预告存在最优努力水平选择均衡，该均衡值为

$$e_1^{E*} = e_2^{E*} = \frac{fv[12ft-(\alpha+\beta)^2]}{4f^2t(4ht-3)-f(8ht-1)(\alpha+\beta)^2+h(\alpha+\beta)^4};$$

（2）开发者和消费者定价均衡值分别为 $\overleftrightarrow{p_{di}^*} = fhv(\beta-\alpha)[4ft-(\alpha+\beta)^2]/W$ 和 $\overleftrightarrow{p_{bi}^*} = hv[2ft-\beta(\alpha+\beta)][4ft-(\alpha+\beta)^2]/W$；

（3）开发者和消费者数量均衡值分别为 $\overleftrightarrow{n_{di}^*} = hv(\alpha+\beta)[4ft-(\alpha+\beta)^2]/W$ 和 $\overleftrightarrow{n_{bi}^*} = 2fhv[4ft-(\alpha+\beta)^2]/W$；

(4) 开发者和消费者效用均衡值分别为 $\overset{\leftrightarrow}{U}{}^{*}_{di} = fhv^2[12ft - (\alpha+\beta)^2]/(2W)$ 和 $\overset{\leftrightarrow}{U}{}^{*}_{bi} = fh^2v^2(\alpha+\beta)^2[4ft-(\alpha+\beta)^2]^2/(2W^2)$;

(5) 平台利润均衡值为 $\overset{\leftrightarrow}{\Pi}{}^{*}_{di} = fhv^2[16f^3t^2(8ht-9) + f(24ht-1)(\alpha+\beta)^4 - 24f^2t(4ht-1)(\alpha+\beta)^2 - 2h(\alpha+\beta)^6]/(2W^2)$。

其中,$W = 4f^2t(4ht-3) - f(8ht-1)(\alpha+\beta)^2 + h(\alpha+\beta)^4$。

证明: 首先,令平台 i 预告努力水平为 e_i,并将其代入式(3.7)和式(3.3)可得, $U^E_{bi}(n_{di}, p_{bi}, e_i) = e^E_i + v + \alpha n^E_{di} - p^E_{bi} - tx$, $\Pi^E_i(p_{bi}, p_{di}, n_{bi}, n_{di}, e_i) = p^E_{bi} n_{bi} + p^E_{di} n^E_{di} - he^E_i{}^2/2$ 和 $U^E_{di}(n_{di}, p_{bi}) = \beta n^E_{bi} - p^E_{di} - fy$。

参照3.3.1节中的逆向推导方法可得,消费者和开发者接入平台的数量响应函数为 $n^E_{bi}(p_{di}, p_{bi}, e_i) = \dfrac{fv + fe^E_i - fp^E_{bi} - \alpha p^E_{di}}{ft - \alpha\beta}$ 和 $n^E_{di}(p_{di}, p_{bi}, e_i) = \dfrac{v\beta + \beta e^E_i - \beta p^E_{bi} - tp^E_{di}}{ft - \alpha\beta}$。将 $n^E_{bi}(p_{di}, p_{bi}, e_i)$ 和 $n^E_{di}(p_{di}, p_{bi}, e_i)$ 代入平台利润函数 $\Pi^E_i(p_{bi}, p_{di}, n_{bi}, n_{di}, e_i)$, 并更新为 $\Pi^E_i(p_{b1}, p_{b2}, p_{d1}, p_{d2})$。由于平台企业可以同步决策消费者定价和开发者定价,因此,联立并求解如下四个方程组成的方程组 $\partial\Pi^E_1(p_{b1}, p_{b2}, p_{d1}, p_{d2}, e_i)/\partial p_{b1} = 0$, $\partial\Pi^E_2(p_{b1}, p_{b2}, p_{d1}, p_{d2}, e_i)/\partial p_{b2} = 0$, $\partial\Pi^E_1(p_{b1}, p_{b2}, p_{d1}, p_{d2}, e_i)/\partial p_{d1} = 0$ 和 $\partial\Pi^E_2(p_{b1}, p_{b2}, p_{d1}, p_{d2}, e_i)/\partial p_{d2} = 0$。

可得消费者和开发者最优定价均衡值分别为 $p^E_{bi}(e_i) = (e^E_i + v)[2ft - \beta(\alpha+\beta)]/[4ft - (\alpha+\beta)^2]$ 和 $p^E_{di}(e_i) = f(e^E_i + v)(\beta - \alpha)/[4ft - (\alpha+\beta)^2]$。将 $p^E_{bi}(e_i)$ 和 $p^E_{di}(e_i)$ 代入各公式更新后,可求解得,平台企业利润函数以及消费者和开发者接入平台的效用函数分别为 $\Pi^E_{bi}(e_i) = \dfrac{4e^E_i fv + 2fv^2 + (e^E_i)^2[f(2-4t) + (\alpha+\beta)^2]}{8ft - 2(\alpha+\beta)^2}$, $U^E_{bi}(e_i) = \dfrac{2f^2t(e^E_i + v)^2}{[4ft - (\alpha+\beta)^2]^2}$ 和 $U^E_{di}(e_i) = \dfrac{f(e^E_i + v)^2(\alpha+\beta)^2}{2[4ft - (\alpha+\beta)^2]^2}$。此时,容易求得平台 i 上总福利为 $SW^E_i(e_i) = \dfrac{3[(e^E_i)^2 f + 2e^E_i fv + fv^2]}{8ft - 2\alpha^2 - 4\alpha\beta - 2\beta^2} - (e^E_i)^2 h/2 + \dfrac{f(e^E_i + v)^2(\alpha+\beta)^2}{(4ft - \alpha^2 - 2\alpha\beta - \beta^2)^2}$。此时,联立并求解方程 $\partial SW^E_1(e_i)/\partial e_1 = 0$ 和 $\partial SW^E_2(e_i)/\partial e_2 = 0$ 可得最优预告努力水平为, $e^{E*}_1 = e^{E*}_2 = \dfrac{fv[12ft - (\alpha+\beta)^2]}{4f^2t(4ht-3) - f(8ht-1)(\alpha+\beta)^2 + h(\alpha+\beta)^4}$。又由于 SW^E_i 是 e_i 的凹函数,因为

$$t > \max\{\dfrac{3f^2v + f[3f + 2h(\alpha+\beta)^2]e_1 + \sqrt{f^3(v+e_1)\{9fv + [9f + 8h(\alpha+\beta)^2]e_1\}}}{8f^2he_1},$$

$$\frac{3f^2+2fh\,(\alpha+\beta)^2+\sqrt{f^3\bigl[9f+8h\,(\alpha+\beta)^2\bigr]}}{8f^2h}\Bigr\}$$ 时，其一阶导数为正，且二阶导数为负，因此命题 3.5 子结论(1)成立。同理，将其代入各公式，可得命题 3.5 其他子结论也成立。证毕。

与命题 3.3 类似的是，当平台企业采用新产品预告策略 E 时，平台型新产品预告也存在最优预告努力水平值点的选择问题。其次，平台型新产品预告努力水平的增大并非总是加快生态总福利的增长，而是呈现先增大后减小的发展趋势。

3.4.3 策略 E 和策略 S 比较

为进一步比较分析策略 E 和 S 对最优预告水平、各方决策及其输出效用和利润均衡值的影响，给出命题 3.6。

命题 3.6：策略 E 和 S 下，

(1) 策略 E 下平台选择的最优预告努力水平大于策略 S 下平台选择的最优预告努力水平；

(2) 策略 E 下消费者和开发者接入平台的效用均衡值大于策略 S 下消费者和开发者接入平台的效用均衡值；

(3) 策略 E 下平台利润均衡值小于策略 S 下平台利润均衡值；

(4) 策略 E 下平台生态社会总福利均衡值大于 S 下平台生态社会总福利均衡值。

证明：比较策略 YE 和 YS 下对应的最优预告水平之差可得 $e_1^{E*}-e_1^{S*}=\dfrac{fhv\bigl[16f^2t^2-(\alpha+\beta)^4\bigr]}{\bigl[f(4ht-2)-h\,(\alpha+\beta)^2\bigr]\bigl[4f^2t(4ht-3)-f(8ht-1)\,(\alpha+\beta)^2+h\,(\alpha+\beta)^4\bigr]}$。

显然，在 $t>\dfrac{2f+h\alpha^2+2h\alpha\beta+h\beta^2}{4fh}$ 时，$e_1^{E*}>e_1^{S*}$ 成立，即子结论(1)成立。同理，由策略 E 和策略 S 下的消费者效用均衡值之差可得 $U_{bi}^{E*}-U_{bi}^{S*}=2f^2h^2tv^2\Bigl(\dfrac{2Wf\bigl[4ft+(\alpha+\beta)^2\bigr]+f^2\bigl[4ft+(\alpha+\beta)^2\bigr]^2}{\bigl[f(4ht-2)-h\,(\alpha+\beta)^2\bigr]^2W^2}\Bigr)$。显然，$U_{bi}^{E*}>U_{bi}^{S*}$ 成立。

由 $U_{di}^{E*}-U_{di}^{S*}=\dfrac{fh^2v^2\,(\alpha+\beta)^2}{2}\Bigl(\dfrac{2Wf\bigl[4ft+(\alpha+\beta)^2\bigr]+f^2\bigl[4ft+(\alpha+\beta)^2\bigr]^2}{\bigl[f(4ht-2)-h\,(\alpha+\beta)^2\bigr]^2W^2}\Bigr)$ 可得，$U_{di}^{E*}>U_{di}^{S*}$ 成立。由 $\Pi_i^{E*}-\Pi_i^{S*}=\dfrac{-f^2h^2v^2\bigl[4ft-(\alpha+\beta)^2\bigr]\bigl[4ft+(\alpha+\beta)^2\bigr]}{2\bigl[f(4ht-2)-h\,(\alpha+\beta)^2\bigr]W^2}$ 可得，$\Pi_i^{E*}<\Pi_i^{S*}$ 成立。由 $SW_i^{E*}-SW_i^{S*}=\dfrac{f^2h^2v^2\bigl[4ft-(\alpha+\beta)^2\bigr]\bigl[4ft+(\alpha+\beta)^2\bigr]}{2\bigl[f(4ht-2)-h\,(\alpha+\beta)^2\bigr]W^2}>$

0可得，$SW_i^{E*} < SW_i^{S*}$ 成立。因此命题 3.6 所有子结论都成立。其中，$W = 4f^2t(4ht-3) - f(8ht-1)(\alpha+\beta)^2 + h(\alpha+\beta)^4$。证毕。

命题 3.6 表明，相比策略 S 而言，策略 E 下消费者和开发者可以从新产品预告中获得更大的剩余效用，且整体的社会总福利也更高，但平台企业利润却受到损坏。其原因在于，当平台企业基于生态总福利最大化来确定其最优预告努力水平时，其需要更多地考虑消费者和开发者的利益，并须通过适度的消费者和开发者定价的减小来让渡新产品预告带来的部分收益给消费者和开发者。因此，相对而言，此时平台企业的利润将受损。

也就是说，平台企业、消费者、开发者以及平台生态社会总福利对该采用什么样的新产品预告存在利益冲突。平台企业最优的预告努力水平总是小于消费者和开发者对最优预告努力水平的要求，总是无法让消费者和开发者满意。且在没有更好的平台良好生态构建激励机制时，平台企业将基于自身利润最大化来确定其最优新产品预告水平，策略 S 是其占优策略。

为了更加直观地给出策略 S 和策略 E 下平台企业利润随消费者接入平台的偏好强度 t 的变化曲线，给出如下数值解（其中，$h=1; v=3; f=1; \beta=0.4; \alpha=0.3$）。具体如图 3.4 和 3.5 所示。

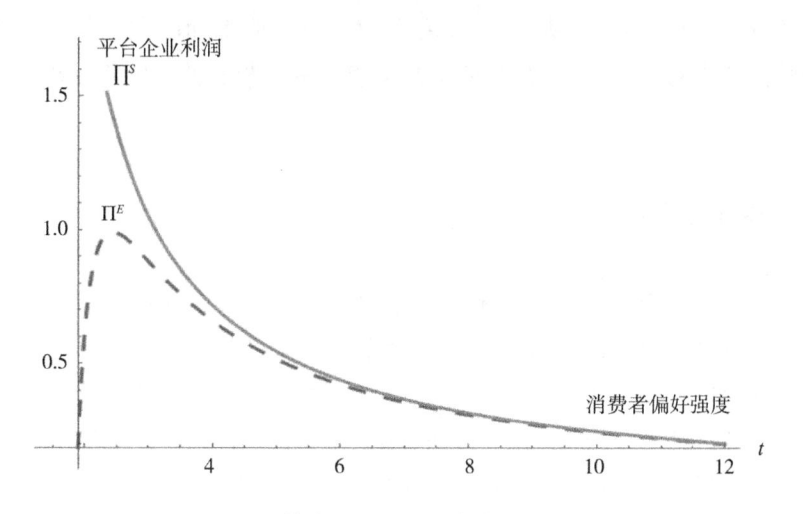

图 3.4　策略 S 和 E 下平台企业利润变化

由图 3.4 可知，策略 S 下平台企业利润总是大于策略 E 下的平台企业利润，但随着消费者接入平台的偏好强度 t 增大，策略 S 和策略 E 下平台企业利润逐渐相同。也就是说，随着消费者接入平台的偏好强度的增大，策略 S 和

策略 E 对平台企业的利润影响逐渐趋向无差异。

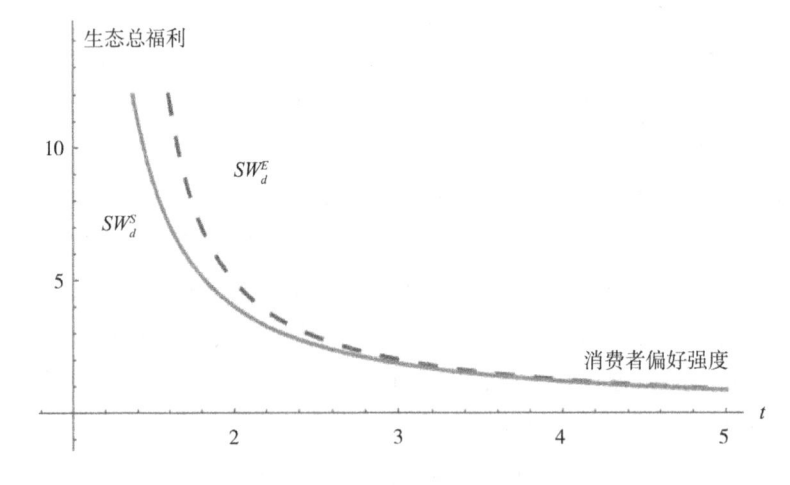

图 3.5 策略 S 和 E 下生态总福利变化

由图 3.5 可知,策略 E 下的生态总福利总是大于策略 S 下的生态总福利,且随着消费者接入平台的偏好强度 t 增大,策略 S 和策略 E 下生态总福利逐渐趋同。也就是说,随着消费者接入平台的偏好强度的增大,消费者接入平台的难度不断增大,消费者、开发者以及平台企业都面临共输且整个生态福利整体减小的局面,策略 S 和策略 E 对整个社会福利的影响将变得没有差异性。

3.5 本章小结

如何选择新产品预告努力水平是平台型新产品预告策略选择的重要内容。第三章基于双边市场基础模型以及平台型新产品预告的消费者固定效用提升效应以及预告的潜在风险成本与损失效应,构建了消费者和开发者市场都不饱和且都为单归属情景下,平台型新产品预告博弈分析模型,深入研究了双边市场环境下,平台型新产品预告努力水平选择对各方决策行为及其收益的影响,相关结论如下。

首先,平台型新产品预告策略选择过程中,消费者、开发者以及平台企业存在利益冲突。平台型新产品预告将总体有利于消费者和开发者效用的增长,但却并非总是有利于平台企业利润的增长。当预告努力水平小于某阈值时,平台型新产品预告潜在风险成本较小且收益较大,策略 Y 是平台企业利润占优策略选择。反之,策略 N 是平台企业利润占优策略选择。

其二,当平台企业确定采用策略 Y 时,平台型新产品预告努力水平选择存在一个最优阈值点。一味地提高预告努力水平并非总是有利于平台企业利润的增长,也并非总有利于整个社会福利的增长。因为一旦预告努力水平超过该阈值点,继续提高预告努力水平将导致潜在风险损失过大,进而减小平台企业利润的增长。

其三,在没有更好的促进平台型新产品预告调节机制时,基于自身利润最大化的新产品预告努力水平选择策略 S 将是平台企业占优策略选择。但是,由于存在潜在风险成本的分摊,此时平台最优新产品预告努力水平总是无法满足消费者和开发者对最优预告努力水平的美好期待。

最后,平台企业存在将新产品预告潜在风险成本分摊给消费者和开发者的可能,但对于消费者市场和开发者市场都是不饱和且为多归属市场格局而言,这是一把双刃剑。正是这把双刃剑使得平台企业只能将较小部分新产品预告风险成本转嫁给消费者和开发者。

第四章

平台型新产品预告与信息发布顺序

平台型新产品预告信息发布顺序选择改变了平台上不同用户获得新产品预告信息的先后顺序,并在一定程度上形成了新产品预告信息的不对称性,影响各方理性预期及其行为决策,并在较大程度上影响平台企业新产品预告策略选择。基于此,第四章将量化和模型化新产品预告信息发布顺序变化因素,并重点研究这种信息发布顺序对各方收益以及平台企业新产品预告策略均衡选择的影响。

4.1 信息发布顺序带来的影响

信息不对称理论表明,博弈各方对信息的掌握程度存在差异,信息是否齐全、信息质量如何以及信息是否存在不对称等问题,这是交易各方利益失衡的一个重要原因(Hayek,1945;Lane 等,1987;Krishnaswami 等,1999)。在信息不完全对称的公共事务贡献序贯博弈中,早期贡献者对后期贡献值存在疑虑,这可能产生不良影响(Bag 等,2011)。在平台型新产品预告信息规划中,相关信息的发布时点、顺序与节奏控制,直接影响博弈各方的信息理解、市场预期构建及其对称选择的充分性(Lilly 等,1997;Kohli,1999;Su 等,2011),进而改变博弈各方未来收益结构及其社会总体福利的变化(Ottum 等,2010;Schatzel 等,2006)。

在全球智能手机操作系统新产品预告市场的竞争环境中,新智能手机操作系统预告信息的发布顺序的选择不是随意为之,而是平台企业一种基于收益与成本权衡后的信息披露的精细安排(Lev,1992;Boot 等,2001;Xu 等,2020),是平台企业基于某种企业战略需要以及洞察用户的一种理性选择(Frishammar,2007)。为了让智能手机 App 开发人员有更多的时间提前做好准备,苹果、华为、三星以及小米等平台企业新版本智能手机未来研发信息通常是先提前通知其平台上各类 App 开发者或关键零部件供应商,消费者往往是最迟知道新产品信息的相关人群。例如,苹果公司的 iOS 13 操作系统是在其新版 iPhone 手机正式开售几个月前就通过全球开发者大会等形式向其相关供应商和 App 开发者披露新产品信息。但是,回顾小米和 vivo 等平台企业的智能手机操作系统及其对应的手机产品预告发布会和新闻通告不难发现,其新产品信息预发布存在多种形式,即包括同时向开发者和消费者发布的同步形式(定义为同步策略,标记为 T),也包括先向开发者后向消费者发布的异步形式(定义为开发者优先策略,标记为 D)。有时,这样的顺序又可能反过来(定义为消费者优先策略,标记为 B)。

不同于一般产品,平台型产品具有更强的传播力、渗入力和网络放大能力,其新产品预告天然具有更为明显的市场预期倍增与赢者通吃效应(Nagard-Assayag 等,2001;Chellappa 等,2021)。因此,互联网信息行业头部平台企业都将其每年定期举办的形式各异的新产品预告发布会作为企业的重大活动。与此同时,政府及其市场监管机构也越来越重视这样活动对社会的影响,因为网络效应加持下平台型新产品预告信息发布的顺序选择不仅关乎新产品预告活动的成败,而且关乎社会总体福利的增长(Landis 等,1985;Schatzel 等,2006;Zhang 等,2016)。

基于此,第四章将以双边市场竞争基本模型为基础,构建平台型新产品预告信息发布顺序选择分析博弈模型,研究新产品预告在显著网络效应与市场倍增效应下两平台企业之间的新产品预告信息发布顺序选择问题。此外,还求解了同步策略 T,开发者优先策略 D 和消费者优先策略 B 这三种不同类型新产品预告信息发布顺序策略选择下各方决策纳什均衡及其输出利润或效用,然后通过不同策略的比较分析研究了新产品预告选择基本条件及其管理启示,相关研究具有较强的理论与应用价值。

4.2 问题描述与基础模型构建

4.2.1 研究问题概况

考虑一个由两个综合实力相当的智能手机操作系统平台企业 $i \in \{1,2\}$

(简称平台)组成的竞争市场,其双边用户是智能手机消费者(简称消费者,用下标 b 表示)和智能手机 App 开发者(简称开发者,用下标 d 表示)。为提升市场竞争能力,两平台企业做好一个关于新版本智能手机操作系统的预告信息发布活动方案。由于这种信息发布顺序的差异可能导致消费者和开发者新产品预告信息的某种不对称,进而导致消费者、开发者和平台企业策略选择差异及其策略选择收益的变化。因此,4.2 节的重点是该智能手机平台预告信息向消费者和开发者发布的顺序该如何选择。

4.2.2 预告的信息效应

假设新版本智能手机操作系统预告能够让更多的潜在消费者和开发者加入平台,具有消费者和开发者总体市场规模倍增效应且倍增系数为 $k>0$。假设平台 i 原有消费者和开发者数量分别为 m_{bi} 和 m_{di},且满足 $m_{b1}+m_{b2}=1$ 和 $m_{d1}+m_{d2}=1$。那么,在新版智能手机信息预告并产生市场倍增效应后,接入平台 i 的消费者和开发者总体数量将增长为 $n_{bi}=(1+k)m_{bi}$ 和 $n_{di}=(1+k)m_{di}$,且满足 $n_{b1}+n_{b2}=1+k$ 和 $n_{d1}+n_{d2}=1+k$。值得注意的是,为提高相关模型对实际情况的描述能力以及问题解释能力,这里的新产品预告市场倍增效应是 Chellappa 等(2021)研究的一种扩展(Chellappa 将预告后的市场规模扩展为 2 倍,即 $k=1$)。

4.2.3 预告策略集与博弈结构

假定智能手机平台企业存在三种类型新产品预告信息策略可供选择,其一是同步预告策略(后续用上标 T 表示),其二是开发者优先预告策略(后续用上标 D 表示),其三是消费者优先预告策略(后续用上标 B 表示)。

所谓策略 T 是指,平台企业同时向消费者和开发者提前发布新产品信息,其具体博弈内容、顺序和结构如图 4.1a 所示。其相关博弈步骤与流程的解释如下:

① 平台企业向消费者和开发者同步发布新产品预告信息;
② 消费者和开发者收到新产品预告信息并形成市场倍增效应预期;
③ 两平台企业向消费者和开发者进行产品定价 p_{bi}^T 和 p_{di}^T;
④ 消费者和开发者决策接入平台数量 n_{bi}^T 和 n_{di}^T。

所谓策略 D 是指,平台企业优先向开发者提前发布新产品预告信息,其具体博弈内容、顺序和结构如图 4.1b 所示。其相关博弈步骤与流程的解释

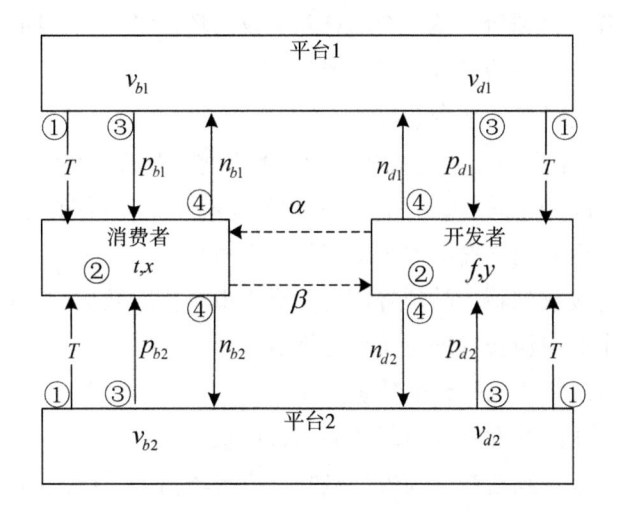

图 4.1a 策略 T 下博弈顺序与内容

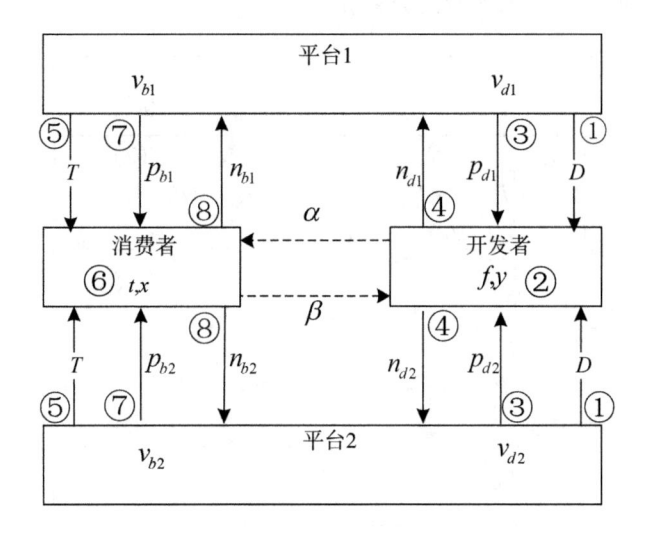

图 4.1b 策略 D 下博弈顺序与内容

如下：
① 两平台企业向开发者发布新产品预告信息；
② 开发者接收到新产品预告信息并形成市场倍增效应预期；
③ 平台企业向开发者进行产品定价 p_{di}^{D}；
④ 开发者决策接入平台的数量 n_{di}^{D}；
⑤ 平台企业向消费者发布新产品预告信息；

⑥ 消费者接收到新产品预告信息并形成市场倍增效应预期；

⑦ 平台企业向消费者进行产品定价 p_{bi}^D；

⑧ 消费者决策接入平台的数量 n_{bi}^D。

所谓策略 B 是指，平台企业优先向消费者提前发布新产品预告信息，其具体博弈内容、顺序和结构如图 4.1c 所示。其相关博弈步骤与流程的解释如下：

① 两平台企业向消费者发布新产品预告信息；

② 消费者接收到新产品预告信息并形成市场倍增效应预期；

③ 平台企业向消费者进行产品定价 p_{bi}^B；

④ 消费者决策接入平台的数量 n_{bi}^B；

⑤ 平台企业向开发者发布新产品预告信息；

⑥ 开发者接收到新产品预告信息并形成市场倍增效应预期；

⑦ 平台企业向开发者进行产品定价 p_{di}^B；

⑧ 开发者决策接入平台的数量 n_{di}^B。

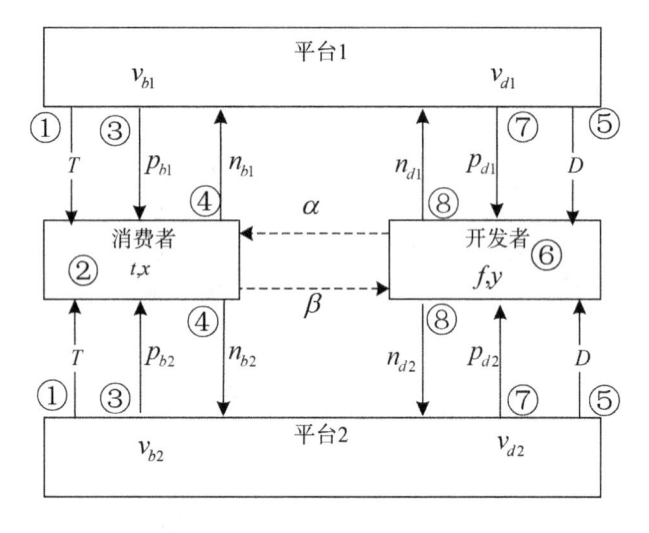

图 4.1c　策略 B 下博弈顺序与内容

4.2.4　消费者和开发者的偏好

假定消费者对不同外观、款式和品牌的智能手机平台存在显著的偏好异质性，其理想偏好坐标为 Hotelling 单位直线上的 $x \in [0,1]$ 点且偏好服从密度为 1 的 $[0,1]$ 区间上均匀分布，偏好强度系数为 $t > 0$。假定开发者对不同编程语言，App 开发环境和数据接口的智能手机平台存在显著偏好异质性。

其偏好服从密度为1的区间[0,1]上均匀分布,理想偏好坐标为 Hotelling 单位直线上的 $y\in[0,1]$ 点,偏好强度系数为 $f>0$。

假定平台1处于 Hotelling 单位直线的0端,平台2处于 Hotelling 单位直线的1端。因此,消费者要接入平台1的适应成本为 tx,消费者要接入平台2的适应成本为 $t(1-x)$。这里的消费者偏好强度系数 $t>0$ 越大,表示消费者要接入平台 i 的单位距离适应成本越大,即理想偏好与平台之间差距形成的内在成本越大。

同理,开发者要接入平台1须向平台1支付的适应成本为 fy,开发者要接入平台2须向平台2支付的适应成本为 $f(1-y)$。这里的开发者偏好强度系数 $f>0$ 越大,表示开发者接入平台 i 的单位距离适应成本越大。

4.2.5 双边市场基本特征

假定消费者和开发者都是单归属,也就是说,在某段时间内,由于预算限制等原因消费者只能购买一个智能手机平台产品,由于平台给定的排他协议的存在一个开发者也只为一个平台开发手机 App 产品。假定在没有新产品研发和市场预先推广活动情景下,消费者和开发者市场当前的总体规模为1且是饱和市场。显然,此处关于消费者和开发者都是单归属的假设与3.2节中消费者与开发者都是多归属假设存在差异。

其次,假定任意消费者和开发者接入新平台都将获得智能手机操作系统提供的基础功能和技术服务,即消费者和开发者接入平台均可获得的固定效用分别为 $v_b>0$ 和 $v_d>0$。显然,这两个假设与3.2节中的开发者接入平台不获得固定效用的假设存在差异。

其三,假定消费者和开发者之间存在相互吸引的正向交叉网络效应,单位消费者加入平台可给开发者带来 $\beta>0$ 的交叉网络效用提升,单位开发者加入平台可给消费者带来 $\alpha>0$ 的交叉网络效用提升,单位消费者接入平台产生的交叉网络效应提升效果比单位开发者接入平台产生的交叉网络效应提升效果更为明显,即满足 $\beta>\alpha>0$ 基本条件。

假定消费者要使用该智能手机平台,须购买相应的智能手机,其售价为 p_b。开发者要使用该智能手机平台来开发相关 App,须成为该智能手机平台的注册会员,且一次性注册费用为 p_d。假设平台的收益主要来自消费者手机销售收益和 App 开发者缴纳的注册费,假定平台企业为消费者和开发者提供各类服务与技术支持的边际成本为0。

4.2.6 用户效用与平台利润函数

当平台 i 采用策略 $j \in \{T, D, B\}$ 时,消费者使用该平台 i($i \in \{1,2\}$)的效用函数为:

$$u_{bi}^j(n_{di}, p_{bi}) = v_b + \alpha n_{di}^j - p_{bi}^j - tx_i \tag{4.1}$$

显然,第二项为消费者接入平台获得的交叉网络效应效用增值,第四项表示消费者接入平台需支付的运输成本。其中,$x_1 = x$ 和 $x_2 = 1 - x$。

当平台 i 采用策略 $j \in \{T, D, B\}$ 时,开发者使用该平台 i($i \in \{1,2\}$)的效用函数为:

$$u_{di}^j(n_{bi}, p_{di}) = v_d + \beta n_{bi}^j - p_{di}^j - fy_i \tag{4.2}$$

显然,第二项为开发者接入平台获得的交叉网络效应效用增值,第四项表示开发者接入平台需支付的运输成本。其中,$y_1 = y$ 和 $y_2 = 1 - y$。

当平台 i 采用策略 $j \in \{T, D, B\}$ 时,平台企业的利润函数为:

$$\Pi_i^j(p_{bi}, n_{bi}, p_{di}, n_{di}) = p_{bi}^j n_{bi}^j + p_{di}^j n_{di}^j \tag{4.3}$$

显然,第一项为手机销售收入 $p_{bi}^j n_{bi}^j$,第二项为开发者接入平台的注册费收入 $p_{di}^j n_{di}^j$。不失一般性,为聚焦预告顺序的影响,假设平台型新产品预告成本为零。

4.3 三种预告策略的纳什均衡

本部分主要是对策略 T、策略 D 和策略 B 下消费者、开发者以及平台企业的决策变量选择的纳什均衡及其输出利润或输出效用纳什均衡的求解,并给出相关管理启示。

4.3.1 同步预告策略 T

本部分将采用的是逆向推导方法来逐一求解各均衡解。为保证平台的消费者定价、开发者定价、平台企业利润、开发者和消费者效用非负,须满足 $t > (1+k)\beta$,$f > (1+k)\alpha$,$t < [2v_b + 2v_d - 2(1+k)(\alpha+2\beta)]/5$ 和 $f < [2v_b + 2v_d - 2(1+k)(\alpha+2\beta)]/5$ 成立。其等价于新产品预告市场规模倍增效应系数须满足 $\underline{k}^T < k < \hat{k}^T$ 基本条件。其中 $\hat{k}^T = \min\{\frac{t}{\beta} - 1, \frac{f}{\alpha} - 1, \frac{f+t}{2\beta} - 1\}$。

$$\underline{k}^T = \max\{\frac{5t-2v_b-2v_d}{2(\alpha+2\beta)}-1, \frac{5f-2v_b-2v_d}{2(2\alpha+\beta)}-1\}。$$

首先，由消费者和开发者参与新产品预告博弈的约束条件 $u_{bi}^T(n_{d1},n_{d2},p_{b1},p_{b2}) \geqslant 0$ 和 $u_{di}^T(n_{b1},n_{b2},p_{d1},p_{d2}) \geqslant 0$ 可知，消费者和开发者使用平台 1 或平台 2 的距离临界值分别为 $\hat{x}^T = (t+\alpha n_{d1}-\alpha n_{d2}-p_{b1}+p_{b2})/(2t)$ 和 $\hat{y}^T = (f+\beta n_{b1}-\beta n_{b2}-p_{d1}+p_{d2})/(2f)$。因此，消费者和开发者的接入平台的数量函数分别为：

$$\begin{cases} n_{b1}^T(n_{d1},n_{d2},p_{b1},p_{b2}) = (1+k)(t+\alpha n_{d1}-\alpha n_{d2}-p_{b1}+p_{b2})/(2t) \\ n_{b2}^T(n_{d1},n_{d2},p_{b1},p_{b2}) = (1+k)(t-\alpha n_{d1}+\alpha n_{d2}+p_{b1}-p_{b2})/(2t) \\ n_{d1}^T(n_{b1},n_{b2},p_{d1},p_{d2}) = (1+k)(f+\beta n_{b1}-\beta n_{b2}-p_{d1}+p_{d2})/(2f) \\ n_{d2}^T(n_{b1},n_{b2},p_{d1},p_{d2}) = (1+k)(f-\beta n_{b1}+\beta n_{b2}+p_{d1}-p_{d2})/(2f) \end{cases} \quad (4.4)$$

由于消费者和开发者同时收到新产品预告价格信息且要同时做出是否加入平台的决策，故联立式(4.4)可得，消费者和开发者接入平台的数量反应函数分别为：

$$\begin{cases} n_{b1}^T(p_{b1},p_{b2},p_{d1},p_{d2}) = (1+k)\{f(t-p_{b1}-p_{b2})+(1+k)\alpha[p_{d2}-p_{d1}-(1+k)\beta]\}/G \\ n_{b2}^T(p_{b1},p_{b2},p_{d1},p_{d2}) = (1+k)\{f(t+p_{b1}-p_{b2})+(1+k)\alpha[p_{d2}-p_{d1}+(1+k)\beta]\}/G \\ n_{d1}^T(p_{b1},p_{b2},p_{d1},p_{d2}) = (1+k)\{t(f-p_{d1}-p_{d2})-(1+k)\beta[(1+k)\alpha+p_{b1}-p_{b2}]\}/G \\ n_{d2}^T(p_{b1},p_{b2},p_{d1},p_{d2}) = (1+k)\{t(f+p_{d1}-p_{d2})-(1+k)\beta[p_{b1}-p_{b2}-(1+k)\alpha]\}/G \end{cases}$$
$$(4.5)$$

其中，$G = 2ft - 2(1+k)^2\alpha\beta$。将式(4.5)代入平台企业利润函数 $\Pi_i^T(p_{bi},p_{di},n_{bi},n_{di})$ 并更新平台企业利润函数为，

$$\begin{cases} \Pi_1^T(p_{b1},p_{b2},p_{d1},p_{d2}) = \\ (1+k)\dfrac{\begin{Bmatrix} p_{d1}[ft-\alpha\beta(1+k)^2+(1+k)\beta p_{b2}-t(p_{d1}-p_{d2})]-fp_{b1}^2+ \\ p_{b1}[ft-\alpha\beta(1+k)^2+fp_{b2}-(1+k)(\alpha+\beta)p_{d1}+\alpha p_{d2}(1+k)] \end{Bmatrix}}{2ft-2(1+k)^2\alpha\beta} \\ \Pi_2^T(p_{b1},p_{b2},p_{d1},p_{d2}) = \\ (1+k)\dfrac{\begin{Bmatrix} p_{d2}[ft-\alpha\beta(1+k)^2+(1+k)\beta p_{b1}-t(p_{d2}-p_{d1})]-fp_{b2}^2+ \\ p_{b2}[ft-\alpha\beta(1+k)^2+fp_{b1}-(1+k)(\alpha+\beta)p_{d2}+\alpha p_{d1}(1+k)] \end{Bmatrix}}{2ft-2(1+k)^2\alpha\beta} \end{cases}$$
$$(4.6)$$

又因平台对消费者和开发者的定价决策是同步做出的,故联立如下四个方程 $\partial \Pi_1^T(p_{b1}, p_{b2}, p_{d1}, p_{d2})/\partial p_{b1} = 0$,$\partial \Pi_2^T(p_{b1}, p_{b2}, p_{d1}, p_{d2})/\partial p_{b2} = 0$,$\partial \Pi_1^T(p_{b1}, p_{b2}, p_{d1}, p_{d2})/\partial p_{d1} = 0$ 和 $\partial \Pi_2^T(p_{b1}, p_{b2}, p_{d1}, p_{d2})/\partial p_{d2} = 0$ 可得,消费者和开发者定价均衡值分别为 p_{bi}^T 和 p_{di}^T,具体表达式如表 4.1 所示。

为验证平台企业是否存在获得利润最大值的消费者和开发者定价纳什均衡,现给出其海塞矩阵的负定判定过程计算过程,其具体判定内容和过程如下所示:

首先可知,消费者和开发者接入平台 i 定价的海塞矩阵为:

$$H_i^T = \begin{bmatrix} \dfrac{-f(1+k)}{ft-(1+k)^2 \alpha \beta} & \dfrac{-(1+k)^2(\alpha+\beta)}{2ft-2(1+k)^2 \alpha \beta} \\ \dfrac{-(1+k)^2(\alpha+\beta)}{2ft-2(1+k)^2 \alpha \beta} & \dfrac{-(1+k)t}{ft-(1+k)^2 \alpha \beta} \end{bmatrix} \quad (4.7)$$

显然,H_i^T 的一阶主子式和二阶主子式分别为 $Z_{i1}^T = \dfrac{-f(1+k)}{ft-(1+k)^2 \alpha \beta}$ 和 $Z_{i2}^T = \dfrac{(1+k)^2 [4ft - (1+k)^2 (\alpha+\beta)^2]}{4[ft-(1+k)^2 \alpha \beta]^2}$。

容易证明得知,当 $0 < k < 2\sqrt{ft}/(\alpha+\beta) - 1$ 时,$Z_{i1}^T < 0$ 和 $Z_{i2}^T > 0$ 成立。也就是说,当 $0 < k < 2\sqrt{ft}/(\alpha+\beta) - 1$ 时,海塞矩阵 H_i^T 为负定的。此时,平台企业利润函数是凹函数,p_{bi}^T 和 p_{di}^T 是平台企业获得最大利润 Π_i^T 的消费者和开发者定价纳什均衡值。将 p_{bi}^T 和 p_{di}^T 代入相关公式,可得消费者和开发者接入平台的数量的纳什均衡值分别为 n_{bi}^T 和 n_{di}^T,具体如表 4.1 所示。

表 4.1 策略 T 下的均衡解

	决策变量		
消费者定价	$p_{bi}^T = t - (1+k)\beta$	消费者数量	$n_{bi}^T = (1+k)/2$
开发者定价	$p_{di}^T = f - (1+k)\alpha$	开发者数量	$n_{di}^T = (1+k)/2$
	输出利润/效用		
平台利润	$\Pi^T = (1+k)[f+t-(1+k)(\alpha+\beta)]/2$		
消费者效用	$U_{bi}^T = [2v_b + 2v_d - 5t + 2(1+k)(\alpha+2\beta)]/8$		
开发者效用	$U_{di}^T = [2v_b + 2v_d - 5f + 2(1+k)(2\alpha+\beta)]/8$		

最后,由于消费者偏好是服从在密度为 1 的区间 $[0,1]$ 上均匀分布,故将上述各均衡值代入 $U_{bi}^T = \int_0^{\hat{x}^T} u_{bi}^T(x) \mathrm{d}x$,$U_{di}^T = \int_0^{\hat{y}^T} u_{di}^T(y) \mathrm{d}y$ 以及 $SW^T =$

$\sum_{i=1}^{2}(U_{bi}^T+U_{di}^T+\Pi_i^T)$ 可求得,消费者接入平台的效用均衡值 U_{bi}^T、开发者接入平台的效用均衡值 U_{di}^T 以及社会总福利均衡值 SW^T。

  为更形象地说明新产品预告策略 T 的纳什均衡解存在的有效定义域分布,现给出用户(消费者和开发者)偏好强度系数强度变化以及用户(消费者和开发者)交叉网络效应系数变化下纳什均衡定义域分布图,分别如图 4.2(相关参数默认取值为 $\alpha=1;\beta=1;v_b=3;v_d=3;k=1$)和图 4.3(相关参数默认取值 $v_b=3;v_d=3;f=3.2;t=3.2;k=1$)所示。

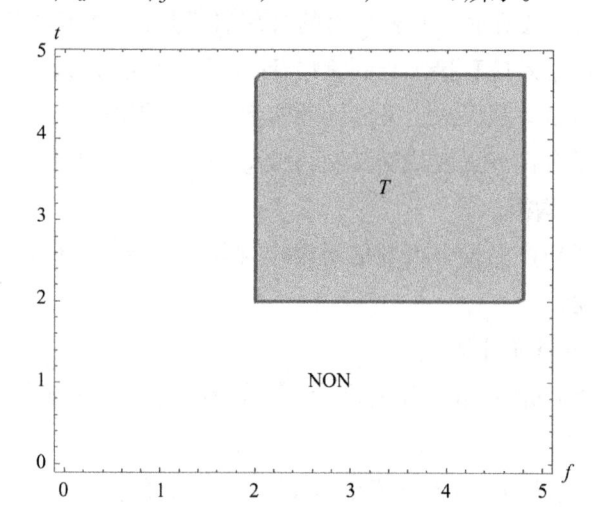

图 4.2 用户偏好影响下策略 T 的定义域分布

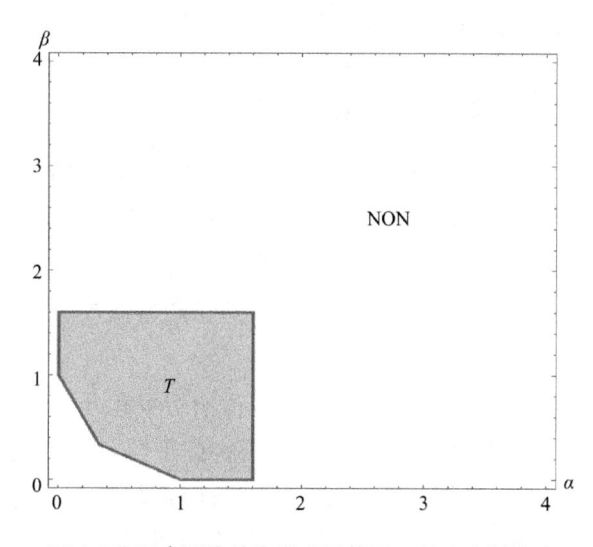

图 4.3 用户网络效应影响下策略 T 的定义域分布

由图 4.2 和图 4.3 可知,策略 T 纳什均衡存在的基本条件是,消费者和开发者偏好强度系数以及交叉网络效应系数都不宜太大且也都不宜太小,具体如图 4.2 和图 4.3 中标记为 T 灰色区所示。其次可知,当消费者和开发者偏好强度太小或交叉网络效应系数太小时,因消费者和开发者效用非正,此时不存在纳什均衡,具体如图 4.2 和图 4.3 中标记为 NON 的空白区所示。最后还可知,当消费者和开发者偏好强度太大或交叉网络效应系数太大时,因平台企业利润非正,故不存纳什均衡,具体如图 4.2 和图 4.3 中右上角标记为 NON 的空白区所示。上述结论的管理启示是,消费者和开发者平台偏好强度或交叉网络效应直接影响到策略 T 是否可被实施,超大或超小的消费者和开发者平台偏好强度或交叉网络效应都不利于策略 T 的实施,只有在消费者和开发者平台偏好强度或交叉网络效应都为适度大小时,新产品预告策略 T 才存在纳什均衡。

为聚焦分析新产品预告市场倍增效应对各方决策均衡值的影响,给出引理 4.1 相关结论。

引理 4.1:策略 T 下,

(1) 消费者定价 p_{bi}^T 和开发者定价 p_{di}^T 是新产品预告市场倍增系数 k 的减函数;

(2) 消费者数量 n_{bi}^T 和开发者数量 n_{di}^T 是新产品预告市场倍增系数 k 的增函数。

证明:易证得,$\dfrac{\partial p_{bi}^T}{\partial k} = \dfrac{-k\beta(3\alpha+\beta)}{2f} < 0$,$\dfrac{\partial p_{di}^T}{\partial k} = \dfrac{(\beta-\alpha)}{4} > 0$ 和 $\dfrac{\partial n_{bi}^T}{\partial k} = \dfrac{\partial n_{di}^T}{\partial k} = \dfrac{1}{2} > 0$ 成立。故引理 4.1 成立。证毕。

引理 4.1 表明,策略 T 下,为提升自身平台的吸引力,两平台将不断压低其消费者和开发者定价,进而吸引更多的消费者和开发者加入其平台。此时,消费者和开发者接入平台定价将随新产品预告市场倍增效应系数的增多而减小,消费者和开发者接入平台的数量将随新产品预告市场倍增效应系数的增大而增大。

需要指出的是,上述这种一味地通过降低消费者和开发者定价来获得竞争优势的方法将难以持续,因其最终势必损害到平台自身的收益。因此,为进一步分析策略 T 下,新产品预告市场倍增效应系数增大对消费者、开发者和平台企业输出效用和输出收益均衡值的影响,给出命题 4.1 相关结论。

命题 4.1:策略 T 下,

(1) 消费者和开发者接入平台的效用是新产品预告市场规模倍增效应系数 k 的增函数;

(2) 当 $0<k<(f+t)/[2(\alpha+\beta)]-1$ 时,平台企业利润是新产品预告市场规模倍增效应系数 k 的增函数;

(3) 当 $\hat{k}^T>k>(f+t)/[2(\alpha+\beta)]-1$ 时,平台企业利润是新产品预告市场规模倍增效应系数 k 的减函数。

证明:首先易证明得知,$\partial U_{bi}^T/\partial k=(\alpha+2\beta)/4$ 和 $\partial U_{di}^T/\partial k=(2\alpha+\beta)/4>0$ 成立。显然,命题 4.1 子结论(1)成立。其次可知,$\partial \Pi_i^T/\partial k=[f+t-2(\alpha+\beta)]/2$。显然,当 $0<k<(f+t)/[2(\alpha+\beta)]-1$ 时,$\partial \Pi_i^T/\partial k>0$ 成立,当 $\hat{k}^T>k>(f+t)/[2(\alpha+\beta)]-1$ 时,$\partial \Pi_i^T/\partial k<0$。故命题 4.1 子结论(2)和(3)成立。证毕。

命题 4.1 表明,当平台企业采用新产品预告策略 T 时,消费者、开发者以及平台企业不仅存在利益一致的合作空间,而且也存在某种利益难以协同的冲突困境。当市场倍增效应系数不是太大时,消费者、开发者以及平台企业都能从策略 T 中受益,三方之间的利益是一致的。当市场倍增效应系数较大时,虽然消费者和开发者可以从策略 T 中获得更多收益,但平台企业却面临较大利益损失,三方之间存在利益冲突。其原因在于,策略 T 的市场倍增效应虽然可以带来额外的潜在消费者和开发者加入的价值红利,但也激化了两平台之间的竞争强度,进而给平台企业带来得不偿失的结果。此时,如果没有更好的协调策略,平台企业将不采用新产品预告策略 T。其结果是,消费者和开发者也都无法享受到新产品预告带来的红利。

需要指出的是,Chellappa 等(2021)的研究直接假设新产品预告带来的市场倍增系数为 2。因此,其并未涉及新产品预告市场倍增效应系数变化对消费者、开发者以及平台企业策略选择的影响。也就是说,Chellappa 等(2021)其研究结论是命题 4.1 结论的一种特殊形式。

4.3.2 开发者优先策略 D

4.3.2 小节依然采用逆向推导方法计算消费者、开发者和平台企业决策变量选择纳什均衡及这种均衡下各方输出利润或输出效用的纳什均衡值。

为保证各方都存在参与激励,假定 $t<2(2v_b+\alpha+k\alpha)/5$,$f>\alpha(1+k)[2t+(1+k)\beta]/(3t)$ 和 $f<2(1+k)[2(1+k)\alpha\beta+t(4\alpha+3\beta)]/(15t)+$

$4v_d/5$ 总是成立。也就是说，规定新产品预告市场规模倍增效应系数须满足基本约束条件 $\underline{k}^D < k < \hat{k}^D$。其中，$\hat{k}^D = (\sqrt{t^2\alpha^2 + 3tf\alpha\beta} - t\alpha)/(\alpha\beta) - 1$ 和 $\underline{k}^D = \max\{(5t - 4v_b)/(2\alpha) - 1, [\sqrt{12t(5f - 4v_d)\alpha\beta + t^2(4\alpha + 3\beta)^2} - 4t\alpha - 3t\beta]/(4\alpha\beta) - 1\}$。

首先由消费者参与约束条件 $u_{bi}^T(n_{d1}, n_{d2}, p_{b1}, p_{b2}) \geq 0$ 可得，消费者接入平台 1 的距离临界值为 $\hat{x}^D = (t + \alpha n_{d1} - \alpha n_{d2} - p_{b1} + p_{b2})/(2t)$。也就是说，当消费者接入平台 1 的距离小于 $\hat{x}^D$ 时，其将接入平台 1。反之，消费者将接入平台 2。

此时可求得，消费者接入平台数量为 $n_{b1}^D(p_{b1}, p_{b2}, n_{d1}, n_{d2}) = (1+k)(t + \alpha n_{d1} - \alpha n_{d2} - p_{b1} + p_{b2})/(2t)$ 和 $n_{b2}^D(p_{b1}, p_{b2}, n_{d1}, n_{d2}) = 1 - n_{b1}^D(p_{b1}, p_{b2}, n_{d1}, n_{d2})$。接着将消费者接入平台 1 和平台 2 的数量响应数量代入平台企业利润函数并更新为 $\Pi_1^D(p_{b1}, p_{b2}, n_{d1}, n_{d2}) = \dfrac{(1+k)p_{b1}(t + \alpha n_{d1} - \alpha n_{d2} - p_{b1} + p_{b2})}{2t} + n_{d1}p_{d1}$ 和 $\Pi_2^D(p_{b1}, p_{b2}, n_{d1}, n_{d2}) = p_{b2}[1 - n_{b1}^D(p_{b1}, p_{b2}, n_{d1}, n_{d2})] + n_{d2}p_{d2}$。

由于两平台是同时向消费者发布新产品定价的，因此，联立方程 $\partial \Pi_1^D(p_{b1}, p_{b2}, n_{d1}, n_{d2})/\partial p_{b1} = 0$ 和 $\partial \Pi_2^D(p_{b1}, p_{b2}, n_{d1}, n_{d2})/\partial p_{b1} = 0$ 可得，消费者接入平台 1 和平台 2 的价格反应函数分别为 $p_{b1}^D(n_{d1}, n_{di2}) = t + \alpha(n_{d1} - n_{d2})/3$ 和 $p_{b2}^D(n_{d1}, n_{di2}) = t - \alpha(n_{d1} - n_{d2})/3$。此时，因平台企业利润对消费者定价的二阶条件满足 $\partial^2 \Pi_i^D(p_{b1}, p_{b2}, n_{d1}, n_{d2})/\partial p_{bi}^2 = -(1+k)/t < 0$。因此，$\Pi_i^D$ 是 p_{bi} 的凹函数。

接下来，将 $p_{b1}^D(n_{d1}, n_{di2})$ 和 $p_{b2}^D(n_{d1}, n_{di2})$ 代入 $n_{b1}^D(p_{b1}, p_{b2}, n_{d1}, n_{d2})$ 和 $n_{b1}^D(p_{b1}, p_{b2}, n_{d1}, n_{d2})$，然后更新开发者接入平台 1 和 2 的效用函数为 $u_{d1}^D(n_{d1}, n_{d2}, p_{d1}) = v_d - fy + (1+k)\beta[t + \alpha(n_{d1} - n_{d2})/3]/(2t) - p_{d1}$ 和 $u_{d2}^D(n_{d1}, n_{d2}, p_{d2}) = v_d - f(1-y) + (1+k)\beta[t - \alpha(n_{d1} - n_{d2})/3]/(2t) - p_{d2}$。

其次，继续采用逆向函数推导法可得，开发者接入平台 1 的距离临界值为 $\hat{y}_1^D = [(1+k)\alpha\beta n_{d1} - (1+k)\alpha\beta n_{d2} + 3t(f - p_{d1} + p_{d2})]/(6ft)$。也就是说，当开发者与平台 1 之间的距离小于 $\hat{y}_i^D$ 时，其将接入平台 1。反之，其将接入平台 2。

由于开发者是同步决策其接入平台 1 和 2 的数量，故联立方程可得开发者接入平台 1 和平台 2 的数量反应分别为：

$$\begin{cases} n_{d1}^D(p_{di},p_{di}) = \dfrac{(1+k)(3ft-\alpha\beta-2k\alpha\beta-k^2\alpha\beta-3tp_{d1}+3tp_{d2})}{6ft-2(1+k)^2\alpha\beta} \\ n_{d2}^D(p_{di},p_{di}) = \dfrac{(1+k)(3ft-\alpha\beta-2k\alpha\beta-k^2\alpha\beta+3tp_{d1}-3tp_{d2})}{6ft-2(1+k)^2\alpha\beta} \end{cases} \quad (4.8)$$

将 $n_{di}^D(p_{di},p_{di})$ 代入平台企业利润函数并更新为 $\Pi_i^p(p_{di},p_{di})$。此时，又因平台企业是同步决策开发者定价，故联立方程 $\partial\Pi_i^p(p_{d1},p_{d1})/\partial p_{d1}=0$ 和 $\partial\Pi_i^p(p_{d1},p_{d1})/\partial p_{d2}=0$ 可得，开发者接入平台的定价纳什均衡值，如表 4.2 所示。

表 4.2 策略 D 下的均衡解

决策变量			
消费者定价	$p_{bi}^D=t$	消费者数量	$n_{bi}^D=(1+k)/2$
开发者定价	$p_{di}^D=f-\alpha(1+k)(2t+\beta+k\beta)/(3t)$	开发者数量	$n_{di}^D=(1+k)/2$
输出利润/效用			
平台利润	$\Pi_i^D=(1+k)[3ft+3t^2-2(1+k)t\alpha-(1+k)^2\alpha\beta]/(6t)$		
消费者效用	$U_{bi}^D=[2(2v_b+\alpha+k\alpha)-5t]/8$		
开发者效用	$U_{di}^D=[12v_d-15f+4(1+k)^2\alpha\beta/t+2(1+k)(4\alpha+3\beta)]/24$		

此时不难得知，$\partial^2\Pi_i^p(p_{di},p_{di})/\partial p_{di}^2=-(1+k)t[9ft-\alpha(1+k)^2(\alpha+3\beta)]/[3ft-(1+k)^2\alpha\beta]^2<0$ 和 $\partial\Pi_i^p(p_{di},p_{di})/\partial p_{di}>0$ 总是成立。也就是说平台企业利润 Π_i^D 是平台企业开发者定价 p_{di} 的凹函数，当开发者定价为 p_{di} 时，平台企业利润 Π_i^D 可获得最大值。

为更形象地说明新产品预告策略 D 存在纳什均衡解的定义域分布情况，现给出用户（消费者和开发者）偏好强度变化以及用户（消费者和开发者）交叉网络效益系数变化下新产品预告策略 D 定义域分布图，分别如图 4.4（相关参数默认取值为 $\alpha=1;\beta=1;v_b=3;v_d=3;k=1$）和图 4.5（相关参数默认取值 $v_b=3;v_d=3;f=3.2;t=3.2;k=1$）所示。

由图 4.4 和图 4.5 可知，相比策略 T 而言，策略 D 下新产品不同步预告策略将造成消费者和开发者接收新产品预告信息存在先后上的信息不对称性，这种信息不对称性直接影响到新产品预告策略纳什均衡解存在的定义域具体分布形态和分布范围。具体表现为，策略 D 下，新产品预告策略选择纳什均衡解的定义域主要分布在消费者偏好相对较小且开发者偏好相对较大区位，如图中标记为 D 的阴影部分所示。而非图 4.2 中，策略 T 纳什均衡定义域主要分布在消费者和开发者偏好都是较大的区域。

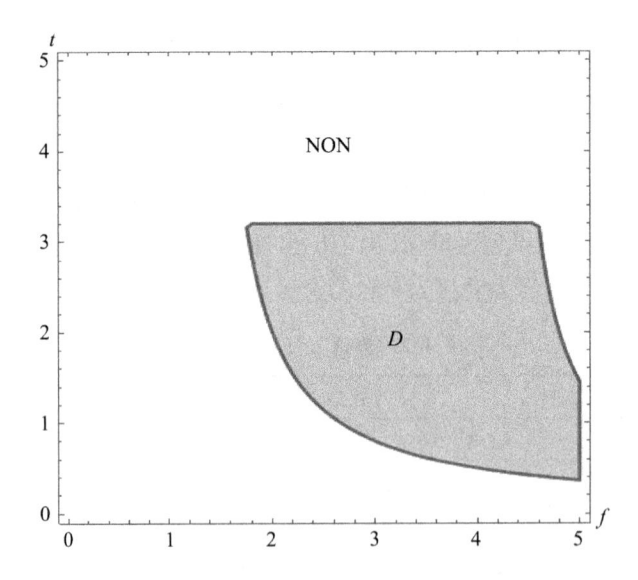

图 4.4　用户偏好影响下策略 D 的定义域分布

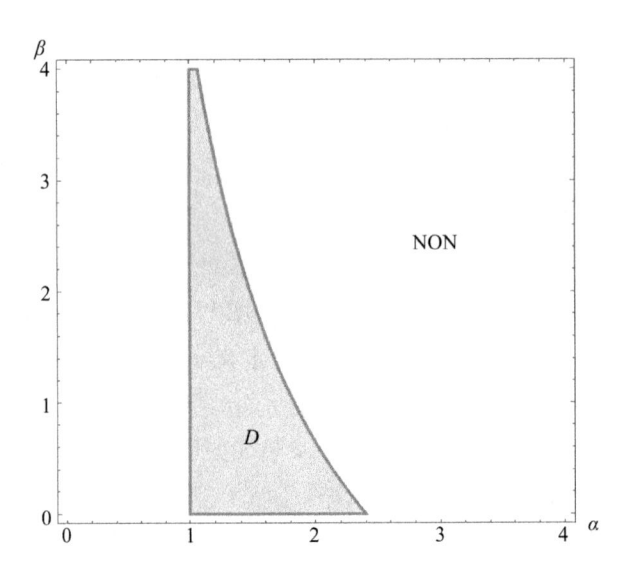

图 4.5　用户网络效应影响下策略 D 的定义域分布

引理 4.2：策略 D 下，

（1）消费者数量 n_{bi}^D 和开发者数量 n_{di}^D 是新产品预告市场倍增系数 k 的增函数；

（2）开发者定价 p_{di}^D 是新产品预告市场规模倍增效应系数 k 的减函数，消

费者定价 p_{bi}^D 与新产品预告市场规模倍增效应系数 k 无关；

证明：易证明 $\frac{\partial p_{bi}^D}{\partial k}=0$，$\frac{\partial p_{di}^D}{\partial k}=-\frac{2\alpha(t+\beta+k\beta)}{3t}<0$ 和 $\frac{\partial n_{bi}^D}{\partial k}=\frac{\partial n_{di}^D}{\partial k}=\frac{1}{2}>0$ 成立。证毕。

引理 4.2 表明，由于无法准确预估平台未来是否要向消费者发送新产品预告信息，因此，优先获得预告信息的开发者只能是基于不存在新产品预告情况下的历史交易数据来综合判断消费者未来接入平台的数量。均衡情况下，平台将利用这种信息不对称来提前锚定其消费者定价，这种提前的消费者定价锚定将使消费者无法从新产品预告中获得任何降价权利。其最终的结果是，消费者的利益将受损。

命题 4.2：策略 D 下，

(1) 消费者和开发者接入平台的效用是新产品预告市场规模倍增效应系数 k 的增函数；

(2) 当 $k<[\sqrt{t\alpha(4t\alpha+9f\beta+9t\beta)}-2t\alpha]/(3\alpha\beta)-1$ 时，平台企业利润 Π_i^D 是市场规模倍增效应系数 k 的增函数；

(3) 当 $\hat{k}^D>k>[\sqrt{t\alpha(4t\alpha+9f\beta+9t\beta)}-2t\alpha]/(3\alpha\beta)-1$ 时，平台企业利润 Π_i^D 是市场规模倍增效应系数 k 的减函数。

证明：首先，易证明得知，$\partial U_{di}^D/\partial k=[4(1+k)\alpha\beta+t(4\alpha+3\beta)]/(12t)>0$ 和 $\partial U_{bi}^D/\partial k=\alpha/4>0$ 成立。也就是说，命题 4.2 子结论(1)成立。又因为 $\partial \Pi_i^D/\partial k=[3ft+3t^2-4(1+k)t\alpha-3(1+k)^2\alpha\beta]/(6t)$ 成立。显然，当 $k<[\sqrt{t\alpha(4t\alpha+9f\beta+9t\beta)}-2t\alpha]/(3\alpha\beta)-1$ 时，平台企业利润是市场规模倍增效应系数 k 的增函数；反之，当 $\hat{k}^D>k>[\sqrt{t\alpha(4t\alpha+9f\beta+9t\beta)}-2t\alpha]/(3\alpha\beta)-1$ 时，平台企业利润是市场规模倍增效应系数 k 的减函数。故命题 4.2 其他子结论成立。证毕。

与命题 4.1 结论类似，命题 4.2 表明，由于两平台竞争关系的存在，新产品预告产生的市场规模倍增效应的增大总是有利于消费者和开发者输出效用均衡值的提高，但其却并非总是有利于平台企业利润的增大。

4.3.3 消费者优先策略 B

首先，为保证策略 B 下消费者、开发者和平台企业之间新产品预告策略选择博弈存在纳什均衡解，假定 $t>(1+k)(2f+\alpha+k\alpha)\beta/(3f)$，$f>4$

$(1+k)^2\alpha\beta/[15t-2(1+k)(3\alpha+4\beta)-12v_b]$ 和 $f<2(\beta+k\beta+2v_d)/5$ 成立。也就是说,假定新产品预告市场规模倍增系数须满足 $\underline{k}^B<k<\hat{k}^B$ 条件。其中,$\underline{k}^B=\max\{(5f-4v_b)/(2\beta)-1,(\sqrt{f[12(5t-4v_d)\alpha\beta+f(3\alpha+4\beta)^2]}-3f\alpha-4f\beta)/(4\alpha\beta)-1\}$ 和 $\hat{k}^B=[\sqrt{f\beta(3t\alpha+f\beta)}-f\beta]/(\alpha\beta)-1$。

4.3.3 小节依然采用逆向推导方法可求得开发者接入平台 1 的距离临界值为 $\hat{y}_i^B=(f+\beta n_{b1}-\beta n_{b2}-p_{d1}+p_{d2})/(2f)$。也就是说,当开发者接入平台 1 的成本小于 $\hat{y}_i^B$ 时,其将接入平台 1。反之,其接入平台 2。此时,不难求得开发者接入平台的数量反应分别为 $n_{d1}^B(n_{b1},n_{b2},p_{d1},p_{d2})=(1+k)(f+\beta n_{b1}-\beta n_{b2}-p_{d1}+p_{d2})/(2f)$ 和 $n_{d2}^B(n_{b1},n_{b2},p_{d1},p_{d2})=1-n_{d1}^B(n_{b1},n_{b2},p_{d1},p_{d2})$。然后将 $n_{d1}^B(n_{b1},n_{b2},p_{d1},p_{d2})$ 和 $n_{d2}^B(n_{b1},n_{b2},p_{d1},p_{d2})$ 代入平台企业利润函数 $\Pi_i^B(p_{bi},p_{di},n_{bi},n_{di})$ 并联立方程 $\partial\Pi_1^B(n_{b1},n_{b2},p_{d1},p_{d2})/\partial p_{d1}=0$ 和 $\partial\Pi_2^B(n_{b1},n_{b2},p_{d1},p_{d2})/\partial p_{d2}=0$ 可得,开发者定价反应函数为 $p_{d1}^B(n_{b1},n_{b2})=f+\beta(n_{b1}-n_{b2})$ 和 $p_{d2}^B(n_{b1},n_{b2})=f-\beta(n_{b1}-n_{b2})$。此时,因为平台企业利润对开发者定价的一阶和二阶条件为 $\partial\Pi_i^B(p_{b1},p_{b2},n_{d1},n_{d2})/\partial p_{di}>0$ 和 $\partial^2\Pi_i^B(p_{b1},p_{b2},n_{d1},n_{d2})/\partial p_{di}^2=-(1+k)/f<0$。因此,$\Pi_i^B$ 是 p_{di} 的凹函数。最后,将 $p_{d1}^B(n_{b1},n_{b2})$ 和 $p_{d2}^B(n_{b1},n_{b2})$ 代入 $n_{d1}^B(n_{b1},n_{b2},p_{d1},p_{d2})$ 和 $n_{d2}^B(n_{b1},n_{b2},p_{d1},p_{d2})$ 可得消费者效用函数 $u_{b1}^B(n_{b1},n_{b2},p_{b1})=\dfrac{(1+k)(3f+\beta n_{b1}-\beta n_{b2})^2}{18f}+n_{b1}p_{b1}$ 和 $u_{b2}^B(n_{b1},n_{b2},p_{b2})=\dfrac{(1+k)(3f-\beta n_{b1}+\beta n_{b2})^2}{18f}+n_{b2}p_{b2}$。

紧接着,继续采用逆向归纳法可得,消费者接入平台 1 和 2 的距离临界值分别为 $\hat{x}^B=[(1+k)\alpha\beta n_{b1}-(1+k)\alpha\beta n_{b2}+3f(t-p_{b1}+p_{b2})]/(6ft)$。也就是说,当消费者与平台 1 之间的距离小于 $\hat{x}_1^B$ 时,其接入平台 1。反之,其接入平台 2。此时,可得消费者接入平台 1 和平台 2 的数量反应分别为 $n_{b1}^B(p_{b1},p_{b2})=(1+k)(3ft-\alpha\beta-2k\alpha\beta-k^2\alpha\beta-3fp_{b1}+3fp_{b2})/[6ft-2(1+k)^2\alpha\beta]$ 和 $n_{b2}^B(p_{b1},p_{b2})=(1+k)(3ft-\alpha\beta-2k\alpha\beta-k^2\alpha\beta+3fp_{b1}-3fp_{b2})/[6ft-2(1+k)^2\alpha\beta]$。接着,将数量反应函数代入平台利润函数并更新得 $\Pi_1^B(n_{b1},n_{b2},p_{b1})=(1+k)(3f+\beta n_{b1}-\beta n_{b2})^2/(18f)+n_{b1}p_{b1}$ 和 $\Pi_2^B(n_{b1},n_{b2},p_{b1})=(1+k)(3f-\beta n_{b1}+\beta n_{b2})^2/(18f)+n_{b2}p_{b2}$,更新为 $\Pi_1^B(p_{b1},p_{b2})$ 和 $\Pi_2^B(p_{b1},p_{b2})$。此时,联立方程 $\partial\Pi_1^B(p_{b1},p_{b2})/\partial p_{b1}=0$ 和 $\partial\Pi_2^B(p_{b1},p_{b2})/\partial p_{b2}=0$ 可得,平台的消费者定价均衡值,如表 4.3 所示。此时,不难证明平台企业利润对消费者定价的二阶和一阶条件分别满足 $\partial^2\Pi_i^B(p_{b1},p_{b2},n_{d1},n_{d2})/\partial p_{bi}^2=-f(1+$

$k)[9ft-(1+k)^2\beta(3\alpha+\beta)]/[3ft-(1+k)^2\alpha\beta]^2<0$ 和 $\partial\Pi_i^B(p_{b1},p_{b2},n_{d1},n_{d2})/\partial p_{bi}>0$。也就是说当消费者定价为 p_{bi} 时，Π_i^B 取得最大利润。继续将相关变量代入，可得各方决策均衡值和输出利润或效用均衡值，如表 4.3 所示。

表 4.3　策略 B 下的均衡解

决策变量			
消费者定价	$p_{bi}^B=t-(1+k)(2f+\alpha+k\alpha)\beta/(3f)$	消费者数量	$n_{bi}^B=(1+k)/2$
开发者定价	$p_{di}^B=f$	开发者数量	$n_{di}^B=(1+k)/2$
输出利润/效用			
平台利润	$\Pi_i^B=(1+k)[3f^2+3ft-2f(1+k)\beta-(1+k)^2\alpha\beta]/(6f)$		
消费者效用	$U_{bi}^B=\{4(1+k)^2\alpha\beta+f[-15t+12v+2(1+k)(3\alpha+4\beta)]\}/(24f)$		
开发者效用	$U_{di}^B=[2(2v-2t+\beta+k\beta)-f]/8$		

同理，为更具体且形象地说明策略 B 存在纳什均衡解的定义域分布情况，现给出用户（消费者和开发者）偏好强度变化以及用户（消费者和开发者）交叉网络效应系数变化下策略 B 纳什均衡解定义域区位分布图，分别如图 4.6（相关参数默认取值为 $\alpha=1,\beta=1,v_b=3,v_d=3,k=1$）和图 4.7（相关参数默认取值 $v_b=3,v_d=3,f=3.2,t=3.2,k=1$）所示。

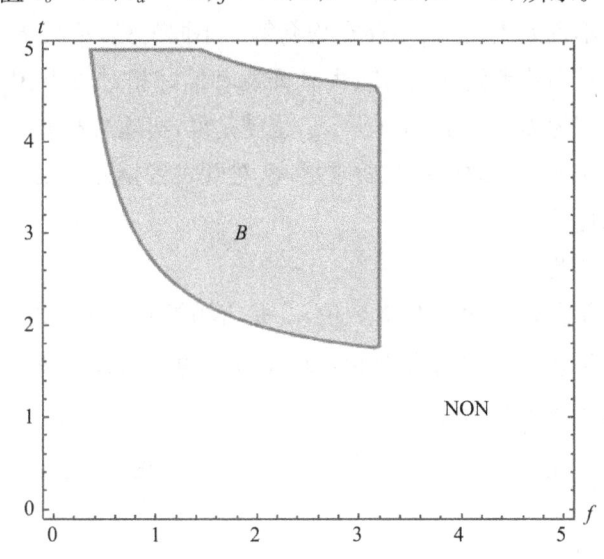

图 4.6　用户偏好影响下策略 B 的定义域分布

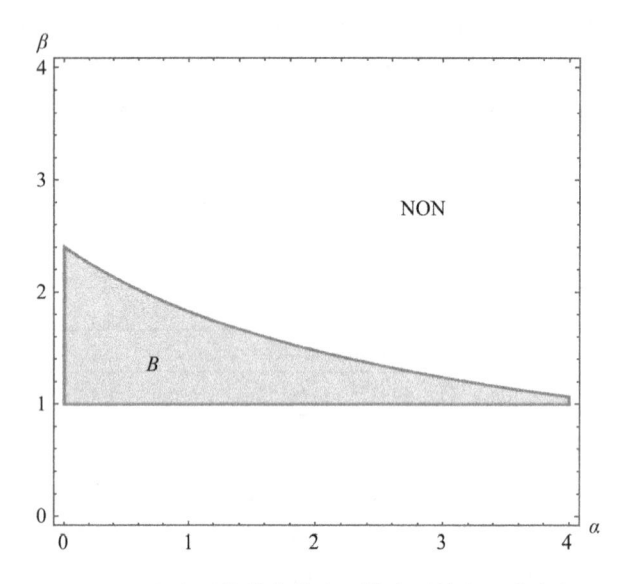

图 4.7　用户网络效应影响下策略 B 的定义域分布

由图 4.5 和图 4.7 可知,策略 B 纳什均衡定义域与策略 D 纳什均衡定义域是对称的。策略 B 和策略 D 纳什均衡解都要求其用户偏好强度以及交叉网络效应系数不宜太大,否则不存在均衡解。不同的是,策略 B 存在均衡的区域主要分布在消费者偏好相对较大且开发者偏好相对较小区位,如图 4.6 和图 4.7 中标记为 B 的阴影部分所示。也就是说,实施策略 B 对消费者偏好强度以及单位交叉网络效应系数要求更高,对开发者偏好强度以及交叉网络效应系数要求更低。

引理 4.3:策略 B 下,

(1) 消费者数量 n_{bi}^B 和开发者数量 n_{di}^B 是市场规模倍增系数 k 的增函数;

(2) 消费者定价 p_{bi}^B 是市场规模倍增系数 k 的减函数,开发者定价 p_{di}^B 与市场规模倍增系数 k 的无关。

证明:容易证明 $\frac{\partial p_{bi}^B}{\partial k} = -\frac{2(f+\alpha+k\alpha)\beta}{3f} < 0$,$\frac{\partial p_{di}^B}{\partial k} = 0$ 和 $\frac{\partial n_{bi}^B}{\partial k} = \frac{\partial n_{di}^B}{\partial k} = \frac{1}{2} > 0$ 立。证毕。

引理 4.3 表明,与引理 4.1 和引理 4.2 的结论类似,具有市场规模倍增效应的新产品预告将提高消费者和开发者接入平台数量,将降低消费者定价。所不同的是,策略 B 下,优先获得预告信息的消费者定价将减小,推迟获得预告信息的开发者的定价被锚定而不做调整,即其不受市场规模倍增系数 k 的影响。由引理 4.3 可进一步推论得知,相比策略 T 而言,策略 B 下开发者获益将更小,但消费者获益将更大。相关结论将在命题 4.5 中阐释。

命题 4.3:策略 B 下,

(1) 消费者和开发者接入平台的效用是新产品预告市场规模倍增效应系数 k 的增函数;

(2) 当 $0 < k < \dfrac{\sqrt{f\beta(9f\alpha + 9t\alpha + 4f\beta)} - 2f\beta}{3\alpha\beta} - 1$ 时,平台企业利润是市场规模倍增效应系数 k 的增函数;

(3) 当 $\hat{k}^B > k > \dfrac{\sqrt{f\beta(9f\alpha + 9t\alpha + 4f\beta)} - 2f\beta}{3\alpha\beta} - 1$ 时,平台企业利润是市场规模倍增效应系数 k 的减函数。

证明:首先易证明得知,$\partial U_{di}^B/\partial k = [(3\alpha + 4\beta)f + 4(1+k)\alpha\beta]/(12f) > 0$ 和 $\partial U_{di}^B/\partial k = \beta/4 > 0$ 成立,即命题 4.3 子结论(1)成立。其次,可求得 $\partial \Pi_i^B/\partial k = [3f^2 + 3ft - 4f(1+k)\beta - 3(1+k)^2\alpha\beta]/(6f)$。显然,当 $0 < k < [\sqrt{f\beta(9f\alpha + 9t\alpha + 4f\beta)} - 2f\beta]/(3\alpha\beta) - 1$ 时,$\partial \Pi_i^B/\partial k > 0$ 成立。反之,当 $\hat{k}^B > k > [\sqrt{f\beta(9f\alpha + 9t\alpha + 4f\beta)} - 2f\beta]/(3\alpha\beta) - 1$ 时,$\partial \Pi_i^B/\partial k < 0$ 成立。即命题 4.3 子结论(2)和(3)成立。证毕。

命题 4.3 表明,与命题 4.1 和命题 4.2 结论类似,新产品预告市场规模倍增效应系数 k 的增大总是有利于消费者和开发者效用增大,但并非总是有利于平台企业利润的增长。过大的新产品预告市场规模倍增效应系数 k 将加剧两平台企业之间的恶性价格竞争,反而不利于平台企业利润的增长。适度的新产品预告市场规模倍增效应系数 k 下,新产品预告将有利于平台企业利润的增长,此时消费者、开发者和平台企业都能从策略 B 中获益。所不同的是,因平台企业新产品预告信息发布顺序不同,命题 4.1、命题 4.2 和命题 4.3 中能够实现三方共赢的新产品预告市场倍增效应系数阈值的大小存在不同。其管理启示是,在实施新产品预告信息发布之前,准确评估新产品预告的市场倍增效应系数,并进行综合分析与比较,是平台企业决定新产品预告信息发布顺序选择策略的关键因素。

4.4 三种预告策略的比较分析

4.4.1 平台企业定价

不对称定价是平台企业协调多边交易主体合作积极性与利益分配重要手段。命题4.4将比较分析策略 B、策略 D 和策略 T 这三种不同类型新产品预告信息发布顺序策略选择下消费者和开发者接入平台的定价大小,并给出相关管理启示。

命题4.4:三种策略下,消费者和开发者定价大小排序为,

(1) 消费者接入平台的定价大小排序为 $p_{bi}^D > p_{bi}^B > p_{bi}^T$;

(2) 开发者接入平台的定价大小排序为 $p_{di}^B > p_{di}^D > p_{di}^T$。

证明:由 $p_{bi}^T = t - (1+k)\beta$、$p_{bi}^D = t$ 和 $p_{bi}^B = t - (1+k)(2f + \alpha + k\alpha)\beta/(3f)$ 容易证明 $p_{bi}^B - p_{bi}^T = \alpha(1+k)[t-(1+k)\beta]/(3t) > 0$ 和 $p_{bi}^D - p_{bi}^B = (1+k)(2f + \alpha + k\alpha)\beta/(3f) > 0$ 成立。因此 $p_{bi}^D > p_{bi}^B > p_{bi}^T$ 成立。同理,易证明 $p_{di}^B > p_{di}^D > p_{di}^T$ 成立。证毕。

命题4.4表明,新产品预告顺序选择直接影响到平台企业对消费者和开发者的定价大小。具体表现为,策略 T 下,因消费者和开发者可同步获得新产品预告信息,并能及时调整其接入平台的预期。因此,策略 T 下消费者和开发者接入平台的定价最小。此外,策略 B 和 D 下,因存在新产品预告信息发布的不对称性,提前获得新产品预告信息的用户(消费者或开发者)因无法准确预测未来另一方用户(消费者或开发者)接入平台的数量预期,进而导致其未来低估另一方用户接入平台的数量预期,最终导致平台可通过不对称定价来提高其与另一方用户定价。因此,策略 B 和策略 D 下消费者和开发者定价都比策略 T 下消费者和开发者定价要高。显然,这样的结论与人们日常见到的新版本智能手机平台发布初期,因存在某种信息不对称性,消费者定价相对较高,开发者定价较低,在新版本智能手机平台发布一段时间后,因信息的日益对称,各大智能手机商都会进行适度降价。

4.4.2 消费者和开发者效用

新产品预告策略将直接影响到消费者、开发者和平台企业利润收益,进而反作用于各方策略选择。命题4.5将给出三种策略选择下,消费者和开发

接入平台可获得效用或收益的大小顺序，并给出相关管理启示。

命题 4.5：三种策略下，消费者和开发者效用大小排序为，

(1) 消费者接入平台的效用大小排序为 $U_{bi}^D < U_{bi}^B < U_{bi}^T$；

(2) 开发者接入平台的效用大小排序为 $U_{di}^B < U_{di}^D < U_{di}^T$。

证明：首先不难计算得到不同策略之间的效用值之差分别满足 $U_{bi}^T - U_{bi}^D = (1+k)\beta/2 > 0$，$U_{bi}^B - U_{bi}^D = (1+k)(2f+\alpha+k\alpha)\beta/(6f) > 0$ 和 $U_{bi}^T - U_{bi}^B = (1+k)[f-\alpha(1+k)]\beta/(6f) > 0$。因此，不同策略之间的消费者效用大小排序为 $U_{bi}^D < U_{bi}^B < U_{bi}^T$。同理，因为 $U_{di}^T - U_{di}^D = (1+k)\alpha[t-\beta(1+k)]/(6t) > 0$，$U_{di}^D - U_{di}^B = (1+k)\alpha(2t+\beta+k\beta)/(6t) > 0$ 和 $U_{di}^T - U_{di}^B = (1+k)\alpha/2 > 0$ 成立。因此，当 $f > t$ 时，$U_{di}^B < U_{di}^D < U_{di}^T$ 成立。证毕。

命题 4.5 表明，新产品预告顺序选择直接影响到消费者与开发者接入平台的效用。同步新产品信息预告策略 T 更加有利于消费者和开发者接入平台效用的增大，采用不同步新产品信息预告策略 D 或 B 将削弱消费者和开发者接入平台的效用。究其原因如命题 4.4 可知，采用不同步新产品信息预告策略 D 或 B 时，平台企业将利用信息的不对称性来抬高消费者和开发者定价。进而获得更多的新产品预告红利。这样的结论表明，当前多数新版本智能手机预告信息的不对称发布对消费者和开发者而言不利。在具体实践中，那些拥有更多技术能力的开发者可以通过各种技术手段来优先获得新产品预告信息，以此降低信息不对称性对其带来的负面影响。对于消费者而言，因其技术能力的限制，其通常是不对称新产品预告信息发布顺序选择的最大利益受损者。

4.4.3 平台企业利润

平台企业是新产品预告信息发布顺序选择的最终决定者，其该如何选择是 4.4.3 小节重点讨论内容。相关分析如命题 4.6 所示。

命题 4.6：三种策略皆存在均衡解时，平台企业利润大小排序为，

(1) 当 $t > f$ 且 $\min\{\hat{k}^T, \hat{k}^D, \hat{k}^B, \frac{f(3\alpha+\beta)}{\alpha\beta} - 1\} > k > \max\{\underline{k}^T, \underline{k}^D, \underline{k}^B\}$ 时，不同策略间的平台企业利润排序为 $\Pi_i^D > \Pi_i^B > \Pi_i^T$ 成立；

(2) 当 $f > t$ 且 $\min\{\hat{k}^T, \hat{k}^D, \hat{k}^B, \frac{2ft(\beta-\alpha)}{\alpha\beta(f-t)} - 1, \frac{t(3\alpha+\beta)}{\alpha\beta} - 1\} > k > \max\{\underline{k}^T, \underline{k}^D, \underline{k}^B\}$ 时，不同策略间的平台企业利润排序为 $\Pi_i^B > \Pi_i^D > \Pi_i^T$ 成立。

证明：首先，容易计算得知不同策略间平台企业利润值之差分别为 $\Pi_i^D - \Pi_i^B = (1+k)^2[2ft(\beta-\alpha)+\alpha\beta(1+k)(t-f)]/(6ft)$，$\Pi_i^B - \Pi_i^T = (1+k)^2[f(3\alpha+\beta)-(1+k)\alpha\beta]/(6ft)$ 和 $\Pi_i^D - \Pi_i^T = (1+k)^2[t(\alpha+3\beta)-(1+k)\alpha\beta]/(6t)$。显然，当 $t>f$ 且 $\frac{f(3\alpha+\beta)}{\alpha\beta}-1>k>0$ 时，$\Pi_i^D-\Pi_i^B>0$ 和 $\Pi_i^B-\Pi_i^T>0$ 成立。则 $\Pi_i^D>\Pi_i^B>\Pi_i^T$ 成立。当 $f>t$ 且 $\min\{\frac{2ft(\beta-\alpha)}{\alpha\beta(f-t)}-1,\frac{t(3\alpha+\beta)}{\alpha\beta}-1\}>k>0$ 时，$\Pi_i^B-\Pi_i^D>0$ 和 $\Pi_i^D-\Pi_i^T>0$ 成立。则 $\Pi_i^B>\Pi_i^D>\Pi_i^T$ 成立。需要注意的是，三种策略均衡共存的条件约束是 $\min\{\hat{k}^T,\hat{k}^D,\hat{k}^B\}>k>\max\{\underline{k}^T,\underline{k}^D,\underline{k}^B\}$。因此，命题 4.6 的其他子结论成立。证毕。

命题 4.6 首先表明，同步预告策略 T 虽然更有利于消费者和开发者效用的提高，但却以损坏平台企业利润为代价，因此，策略 T 总是平台企业利润最劣策略，将不被选择。其次，在非同步预告策略 D 和策略 B 的选择中，消费者平台偏好强度系数与开发者平台偏好强度系数的大小比较是策略选择的关键因素。当消费者平台偏好强度系数大于开发者平台偏好强度系数时，策略 D 是平台利润占优选择。反之，策略 B 是平台利润占优选择。

显然，命题 4.6 子结论（1）相关结论与现实实践中新版本智能手机平台企业较少采用同步发布策略的结论是一致的。此外，命题 4.6 子结论（2）的结论也与新版本智能手机平台企业通常是优先向开发者而非消费者发布新产品预告信息的结论是一致的。其原因不仅在于消费者和开发者的归属性差异，还在于消费者相比开发者而言，其对平台的偏好强度更强，平台转换成本较高。因此，平台企业通常会通过牺牲消费者利益提高开发者接入平台利益的同时来最大化自身收益。此外，平台企业还可能通过与开发者技术封锁或签订各类排他协议的方式来强化开发者接入平台的偏好强度（平台转换门槛）。

4.4.4 社会总体福利

新产品预告是否损坏社会整体福利，是新产品预告企业社会责任研究的重要内容之一。因此，为进一步确定不同类型的新产品预告信息发布顺序对社会总体福利的影响，现给出命题 4.7 相关结论。

命题 4.7：三种策略下，社会总福利大小排序为，

（1）当 $t>f$ 且 $\min\{\hat{k}^T,\hat{k}^D,\hat{k}^B,\frac{f(3\alpha+\beta)}{\alpha\beta}-1\}>k>\max\{\underline{k}^T,\underline{k}^D,\underline{k}^B\}$

时,不同预告策略下社会总体福利排序为 $SW^D > SW^B > SW^T$ 成立;

(2) 当 $f > t$ 且 $\min\{\hat{k}^T, \hat{k}^D, \hat{k}^B, \frac{2ft(\beta-\alpha)}{\alpha\beta(f-t)} - 1, \frac{t(3\alpha+\beta)}{\alpha\beta} - 1\} > k > \max\{\underline{k}^T, \underline{k}^D, \underline{k}^B\}$ 时,不同预告策略下社会总体福利排序为 $SW^B > SW^D > SW^T$ 成立。

证明: 首先不难计算得知 $SW^D - SW^B = k(1+k)[2ft(\beta-\alpha) + (1+k)\alpha\beta(t-f)]/(3ft)$、$SW^D - SW^T = \frac{k(1+k)[t(\alpha+3\beta) - (1+k)\alpha\beta]}{3t}$ 和 $SW^B - SW^T = \frac{k(1+k)[f(3\alpha+\beta) - (1+k)\alpha\beta]}{3f}$ 成立。显然,当 $t > f$ 且 $\min\{\hat{k}^T, \hat{k}^D, \hat{k}^B, \frac{f(3\alpha+\beta)}{\alpha\beta} - 1\} > k > \max\{\underline{k}^T, \underline{k}^D, \underline{k}^B\}$ 时,$SW^D - SW^B > 0$ 和 $SW^D - SW^T > 0$ 成立。故命题 4.7 子结论(1)成立。同理,当 $f > t$ 且 $\min\{\hat{k}^T, \hat{k}^D, \hat{k}^B, \frac{2ft(\beta-\alpha)}{\alpha\beta(f-t)} - 1, \frac{t(3\alpha+\beta)}{\alpha\beta} - 1\} > k > \max\{\underline{k}^T, \underline{k}^D, \underline{k}^B\}$ 时,$SW^D - SW^B < 0$ 和 $SW^B - SW^T > 0$。故命题 4.7 子结论(2)成立。证毕。

命题 4.7 表明,在满足新产品预告倍增系数小于某阈值时,策略 T 下社会总福利最小,策略 D 和策略 B 下的社会总福利水平大小排序主要由消费者平台偏好强度系数 t 和开发者平台偏好强度系数 f 的大小来确定。当消费者平台偏好强度较大时,策略 D 下的社会总体福利最大,当开发者平台偏好强度较大时,策略 B 下社会总体福利最大。其管理启示是,当消费者比开发者更离不开平台时,优先向开发者发布新产品预告信息社会总体福利更大。反之,优先向消费者发布新产品预告信息的社会福利更大。

4.5 全定义域策略选择扩展分析

由于 4.3 和 4.4 节相关结论能够成立的条件是,策略 B、策略 D 和策略 T 同时存在均衡解。但是,现实情况是,这三种策略常常并非都存在均衡解。为更全面分析平台企业利润占优策略选择与开发者和消费者偏好强度系数 f 和 t 以及与开发者和消费者交叉网络效应系数 β 和 α 之间的关系,4.5 节将放松三种策略同时存在纳什均衡解的约束条件,并给出三种策略下平台企业利润占优策略选择全定义域分布的数值分析。具体如图 4.8、图 4.9 和图 4.10 所示。数值分析部分的相关参数默认取值为 $\alpha = 1, \beta = 1, v_b = 3, v_d = 3, k =$

$1, t=3, f=3$。

首先，由图 4.8 可知，消费者和开发者平台偏好强度系数的大小将直接影响到平台企业新产品预告策略类型选择，具体结论如下：

(1) 当 f 和 t 都适度大时，三种预告策略都存在纳什均衡，如图 4.8 中的 3 区和 4 区所示，即 4.8 中的重叠区域，相关结论满足命题 4.7 相关结论。即当满足 $f > t$ 时，策略 B 是平台企业新产品预告利润占优策略选择，如图 4.8 中的 4 区所示；当满足 $f < t$ 时，策略 D 是平台企业新产品预告利润占优策略选择，如图 4.8 中的 3 区所示。

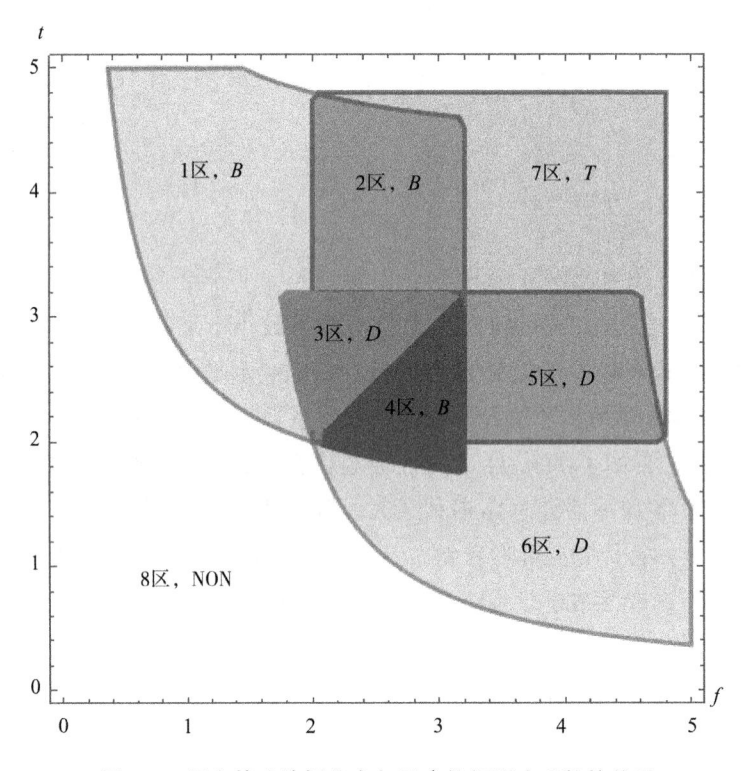

图 4.8　平台策略选择分布与用户偏好强度系数的关系

(2) 当 f 和 t 都非常小或较大时，因消费者效用、开发者效用以及平台企业利润三方无法同时满足非负条件，此时三种预告策略都不存在纳什均衡，平台将不选择任何新产品预告策略，如图 4.8 中的标记为 NON 的 8 区所示。该区域的面积大小主要是受 v_d 和 v_b 决定，当 v_d 和 v_b 较大时，NON 区域将较小。

(3) 当 t 较大且 f 较小时，只有策略 B 存在纳什均衡，因此策略 B 是平台企业新产品预告均衡策略选择,如图 4.8 中的 1 区所示。同理,当 t 较小且 f 较大时,只有策略 D 存在纳什均衡,因此策略 D 是平台企业新产品预告策略均衡选择,如图 4.8 中的 6 区所示。当 t 较大且 f 较大时,只有策略 T 存在纳什均衡,因此策略 T 是平台企业新产品预告策略均衡选择,如图 4.8 中的 7 区所示。

(4) 当 t 较大且 f 适度大时,策略 D 和策略 T 存在纳什均衡,其策略 D 可给平台企业带来更大利润,因此,策略 D 为均衡策略,如图 4.8 中的 5 区所示。当 f 较大且 t 适度大时,策略 B 和策略 T 存在纳什均衡,其策略 B 可给平台企业带来更大利润,因此策略 B 为均衡策略,如图 4.8 中的 2 区所示。

其次,为进一步比较分析交叉网络效应系数大小对平台企业新产品预告顺序选择的影响,现给出 $\beta>\alpha$ 和 $\beta<\alpha$ 下平台企业利润随市场倍增系数 k 变化的曲线图,如图 4.9(注:$\alpha=0.5$)和图 4.10(注:$\beta=0.5$)所示。

由图 4.9 可知,当消费者交叉网络效应系数 β 大于开发者网络效应系数 α 时,策略 D 下平台企业利润最大,策略 B 次之,策略 T 最小。当消费者交叉网络效应系数 β 小于开发者网络效应系数 α 时,策略 B 下平台企业利润最大,策略 D 次之,策略 T 最小,如图 4.10 所示。其管理启示是,在非同步新产品预告策略 D 和 B 的选择中,能够带来更大交叉网络效应的一方通常被延迟预告。这样的结论进一步解释了消费者总是被延迟预告的原因在于,消费者具有更强的交叉网络效应增值能力。

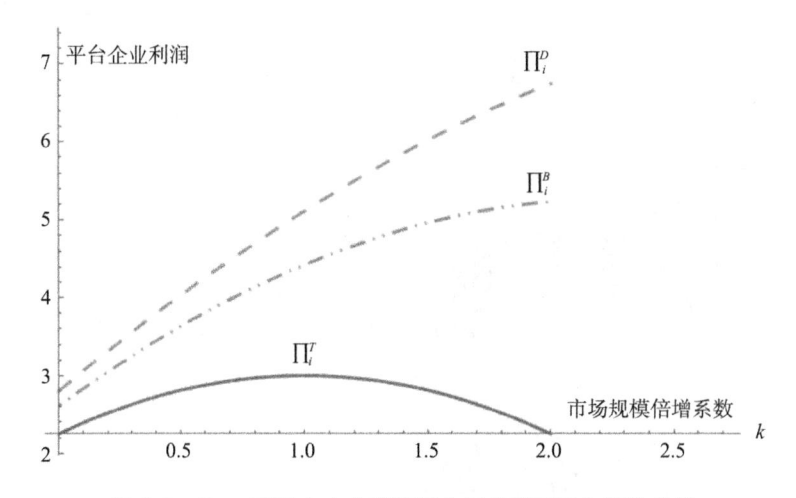

图 4.9 $\beta>\alpha$ 时平台企业利润随市场倍增系数 k 变化曲线

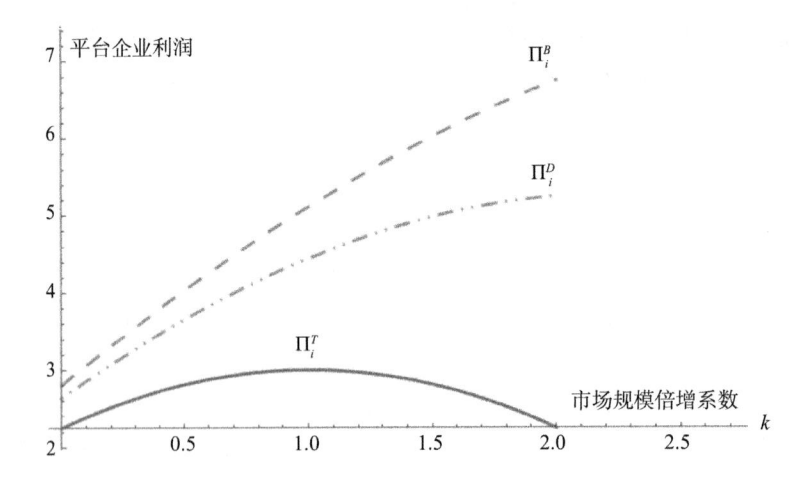

图 4.10 $\beta < \alpha$ 时平台企业利润随市场倍增系数 k 变化曲线

最后,为进一步说明交叉网络效应对平台型新产品预告策略均衡区域的影响,现给出消费者交叉网络效应系数 β 和开发者网络效应系数 α 同时变化情况下,三种策略下平台企业利润占优策略全定义域分布图,如图 4.11 所示。

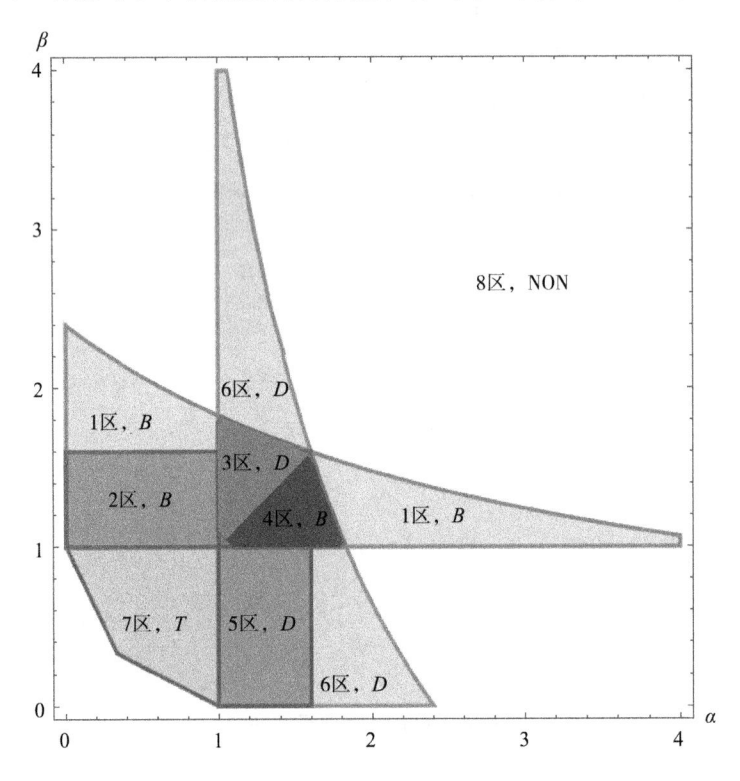

图 4.11 平台策略分布与交叉网络效应系数关系

显然,由图 4.11 可知,消费者和开发者交叉网络效应直接影响到平台企业新产品预告策略选择。相关结论如下:

(1) 当 α 和 β 都适度大时,此时三种预告策略都存在纳什均衡,且满足当 $\beta > \alpha$ 时,策略 D 是平台企业新产品预告利润占优策略选择,如 3 区所示,当 $\alpha > \beta$ 时,策略 B 是平台企业新产品预告利润占优策略选择,如 4 区所示。

(2) 当 α 和 β 都非常小或非常大时,交叉网络效应将破坏新产品预告均衡的存在,导致消费者效用、开发者效用以及平台企业利润三方无法同时满足非负条件,平台将不选择任何新产品预告策略,如 8 区 NON 区域所示。显然,NON 区域的大小主要是受 v_d 和 v_b 决定,v_d 和 v_b 越大,NON 区域越小。

(3) 当 β 较大且 α 较小(如 1 区)时,只有策略 B 存在纳什均衡,因此策略 B 是平台企业新产品预告利润占优策略选择。当 β 较小且 α 较大或 β 较大且 α 较小时(如 6 区),只有策略 D 存在纳什均衡,因此,策略 D 是平台企业新产品预告利润占优策略选择。当 β 和 α 都较小时(如 7 区),只有策略 T 存在纳什均衡,因此,策略 T 是平台企业新产品预告利润占优策略选择。

(4) 图 4.11 中 2 区和 5 区为仅策略 B 或策略 D 与策略 T 两两重合区域,此时策略 B 或策略 D 下平台企业利润总是大于策略 T 下的平台企业利润,因此,策略 B 和策略 D 均是平台企业新产品预告利润占优策略选择。

4.6 本章小结

第四章基于双边市场基准模型,构建了平台企业新产品预告顺序选择分析模型,比较了三种不同预告顺序选择下平台企业消费者和开发者定价,消费者和开发者接入数量及其各方收益或效用均衡解的变化及其策略选择依据。相关结论如下:

(1) 在新产品预告策略选择中,较大的新产品预告产生的市场倍增效应总是有利于消费者和开发者效用的增加,但并非总是有利于平台企业利润以及社会总福利的增大。不超过某阈值的适度大小的市场规模倍增效应才是三种类型平台型新产品预告策略同时被消费者、开发者以及平台企业采用的条件。

(2) 在新产品预告顺序选择中,由于平台间竞争的存在,同步策略将产生最紧迫的两平台竞争压力,因此,其总是消费者与开发者效用占优策略选择,非同步预告策略(策略 B 或策略 D)总是平台企业利润占优策略选择。除非消费者与开发者平台偏好强度都较大时,策略 T 才可能因策略 D 或策略 B

不存在均衡解成为平台企业的一种例外的被迫选择。

（3）在非同步新产品预告策略选择中，延迟向偏好强度系数较大以及交叉网络效应系数较大用户（消费者和开发者）发布预告信息，锚定这类用户的定价，可以为平台企业获得更大的利润收益。因此，优先向用户（消费者和开发者）偏好强度系数较小以及交叉网络效应系数较小的一方发布新产品预告信息是平台企业利润占优策略选择。

第五章

平台型新产品预告与信息内容

新产品预告的对象包括消费者、平台上各类 App 开发者、竞争对手及其他互补产品供应商等主体。这些不同预告对象主体不仅在自身的利益诉求上存在差异,且其对新产品预告信息的理解能力存在多样性与异质性,进而影响平台企业新产品预告信息具体内容的规划与设计。第五章将平台企业新产品预告信息内容划分为营销类信息和技术类信息,深入分析预告信息内容的作用效应及其选择如何影响博弈各方行为决策及未来收益。

5.1 预告信息内容差异带来的影响

新产品预告(简称 NPP)是平台企业营销的重要手段。如何选择 NPP 信息内容(营销或技术信息)已成为平台企业凸显其商业优势与市场竞争利器之一(Bhargava,2014;Sun 等,2020;Villena 等,2019)。然而,以往商业实践表明,NPP 的信息不仅可以给平台企业带来巨大的回报,还可能带来潜在的风险。因为 NPP 的信息可能会影响新产品所有利益相关者的未来市场预期和战略选择(Bayus 等,2001;Su 等,2011;Sun 等,2020)。近年来,在双边市场领域,出现了大量的平台型新产品预告(简称 PNPP)。例如,苹果公司在 2018 年 6 月的全球开发者大会上预告了其新操作系统 iOS 12[①];小米公司在其官方微信上发布了其新版本智能手机营销推广宣言"我们真的是 6",并在 2017 年 4 月 10 日预告了小米 6 新智能手机的一些关键性能[②];华为公司在

[①] https://m.sohu.com/a/234083301_354953.
[②] http://in.c.mi.com/thread-1569818-1-0.html.

2019年8月9日提前披露了其操作系统Harmony OS[①]。类似案例在游戏控制器（如WeGame、任天堂和Xbox）、计算机操作系统（如Windows和Mac OS）和智能手机操作系统（如iOS和Android）等领域大量存在。称上述这类商品的新产品预告为平台型新产品预告（简称PNPP）。

梳理现有文献可知，当前学者们主要关注新产品预告问题研究主要是在单边市场下，并对新产品预告是否、何时以及如何发布等问题开展研究，例如Bayus等（2001）、Lee等（2004）、Lilly等（1997）、Su等（2011）、Zhang等（2016，2018）以及Villena等（2019）。但是，在双边市场情景下，新产品预告问题及其策略研究鲜有相关研究成果（Chellappa等，2021）。这就造成了当前新产品预告研究成果难以满足大量双边市场环境下平台型新产品预告管理问题的需要。第五章后续研究表明，双边市场与单边市场之间存在许多差异，例如，强大的交叉网络可能会扭曲新产品预告策略均衡，并降低平台企业制定新产品预告策略选择的能力。此外，开发者应用开发能力的异质性和平台竞争实力的差异对平台企业预告策略的路径选择也存在直接影响。

此外，作为平台企业和用户（消费者和开发者）之间的信息沟通方式，新产品预告可能会影响一些消费者的消费预算和开发者的App开发计划（Su等，2011，2018）。例如，游戏控制器Xbox项目总监菲尔·斯宾塞（Phil Spencer）曾说："通过今天预告天蝎座项目（Xbox的一款旗舰机），希望让开发者和合作伙伴有足够的时间利用和发挥他们的能力，让应用开发者有更多的时间做出反应，并降低各种应用开发者开发新产品的风险。"也就是说，在做出NPP决策时，相比单边市场而言，平台企业需要考虑更多利益相关方诉求，特别是平台消费者和开发者存在新产品预告相关信息感知差异和兴趣偏好异质性的情况下（Chen等，2012）。

需要注意的是，平台消费者和开发者存在新产品预告相关信息感知差异和兴趣偏好异质性是从消费者和开发者的角度去理解的，而非企业角度的判断。例如，在小米和苹果的竞争过程中，其5系列的智能手机的预告（例如，iPhone 5c和小米5s）更强调智能手机的外观、风格和预售时间等信息，且两平台企业都声称5系列新智能手机产品有很多技术创新。然而，从消费者和开发者的真实感知来看，其对这两款手机都只关注智能手机的外观、风格和预售时间。其仍然属于企业自身营销推广的一部分，较难或根本不能给消费者

---

① http://www.360doc.com/content/19/0816/19/1252353_855348487.shtml.

和开发者带来真正的价值提升。两企业新产品预告的目的是减少消费者向竞争对手平台的迁移,锁定消费者未来的购买计划,而不是创造更多各方共赢的附加值。因此,将此类新产品预告信息定义为营销型信息策略,标记为策略 M。相反,小米和苹果公司的 4 系列智能手机(如 iPhone 4 和小米 4)则更多且更真实地强调的是技术创新信息,包括一些 4G 成熟且独有技术与性能优势,获得了许多技术敏感的消费者和开发者的青睐,其新产品预告的动机专注于创造更多附加值。更为重要的是,该系列新智能手机操作系统预告信息的发布被 App 开发者认为,可以显著节约其 App 开发成本,而不仅仅是一种产品宣传与广告。因此,将此类信息定义为技术型信息,即策略 T。梳理苹果和小米智能手机历次新产品预告信息选择及其影响不难发现,两平台企业都曾受益于良好的新产品预告信息的内容设计,也曾因新产品预告信息内容设置不合理,不满足市场需求而遭受损失,如小米 3,小米 5,小米 9,iPhone 5C,iPhone SE 以及 iPhone 12 mini。

综上所述,以往学者对新产品预告的研究大多采用实证调查的方法(Lee 等,2003;Chen 等,2012),且相关成果更多的是从消息发布者的角度进行分析和研究。关于新产品预告信息发布对信息接收者(消费者和开发者)信息感知异质性,信息接收者的行为响应差异及这种差异对信息发布者的预告策略选择将产生怎样的影响的研究成果依然较少(Su 等,2011;Chen 等,2012)。其次,虽然一些学者使用博弈模型来研究新产品预测的战略选择,但大多集中于单边市场环境下的新产品预测(Gerlach,2004;Ofek 等,2013)。在双边市场博弈模型的背景下,鲜有学者从信息接收者的角度研究新产品预告。基于此,第五章将 NPP 信息分为技术型信息和营销型信息,并从消费者和开发者新产品预告信息感知异质性的角度建立其定量模型。研究结果表明,消费者和开发者对预告信息的感知和响应行为异质性直接影响平台企业新产品预告策略。例如,消费者单归属且市场饱和的情况下,其新产品预告信息响应行为并非总是有利于平台企业,而多归属且市场不饱和的开发者的新产品预告信息响应行为可能对所有参与者都有利。

5.2 问题描述与基本模型构建

考虑一个新产品预告竞争市场,有两个平台(用下标 $i=1,2$ 表示),平台的消费者(用下标 b 表示)和应用程序(App)开发者(下标 d)。这两个平台都向消费者和开发者提供一个平台类型的产品,消费者通过平台购买产品(或服务),开发者为这两个平台提供应用程序。根据 Doganoglu 等(2006)的研究结论,假定消费者对这两个平台有不同的偏好且为单归属,开发人员能力存在差异且是多宿主的。例如,消费者对平台型产品(如智能手机、游戏控制器等)的促销、颜色和风格的偏好不同。类似的,平台另一端的开发人员在应用程序开发能力方面也是异构的,这是因为他们对编程语言、应用程序接口管理和其他软件开发环境的偏好。为了吸引更多的消费者和开发者加入他们的平台,平台需要在新的平台类型产品开始销售之前选择预告策略。

5.2.1 决策变量与参数

为方便起见,现给出第 5.3 节到 5.6 节使用的相关变量及符号说明。

(1) 决策变量

p_{bi}:消费者价格,即消费者在使用平台型产品时需要支付的价格;

p_{di}:开发者价格,指开发者使用平台型产品需要支付的注册费;

n_{bi}:消费者接入或使用新版本平台产品的数量;

n_{di}:开发者接入或使用新版本平台产品的数量。

(2) 相关参数

t:消费者初始偏好,即消费者不受新产品预告信息影响时的产品偏好,满足 $t > 0$;

t_e:平台采用策略 M 时的消费者锁定效应,即消费者收到营销类新产品预告信息后产生的偏好强度提高值,满足 $t_e > 0$;

t_j:当平台采用策略 j 时,消费者的偏好,$j \in \{M, T\}$;

c_d:开发者应用程序 App 开发的平均成本,满足 $c_d > 0$;

ε:开发者应用开发成本的波动,在单位距离内服从均匀分布 $\varepsilon \in [1-g, 1+g]$;

g:开发者应用程序开发能力的差异,满足 $0 < g < 1$;

c_M:平台采用策略 M 时需要支付的潜在风险成本 $c_M \geqslant 0$;

c_T:策略 T 下的潜在风险成本,$c_T \geqslant 0$;

f_j:平台采用策略 j,$j \in \{M, T\}$ 时开发者的应用开发成本;

f_e:平台采用策略 T 时开发人员的成本节约;

β_b:消费者使用平台时对开发者产生的跨网络影响,$\beta_b > 0$;

β_d:开发者使用平台时对消费者产生的跨网络影响,$\beta_d > 0$;

x：消费者的位置，分布在 Hotelling 线段上，$x \in [0,1]$；

x_i：消费者与平台 i 之间的距离；

v_b：消费者使用平台时的基本效用；

v_{di}：开发者使用平台时的基本效用。

5.2.2 预告策略选择及其效应

第五章假设平台的预告策略只有两种：营销信息策略（策略 M）和技术信息策略（策略 T）。

所谓策略 M，即新产品预告信息主要是营销信息，如上市时间、广告、促销和外观风格。这些信息主要用来影响消费者预期与未来的消费计划，但不能帮助开发者降低应用程序开发成本。平台企业进行对应信息预告的目的是减少消费者向竞争对手平台的迁移可能性，锁定消费者未来的购买计划，而不是创造更多附加值。这类信息通常通过宣传和广告等形式进行发布。

所谓策略 T，即新产品预告消息主要是技术细节信息。如，编程语言、应用程序接口、游戏引擎和硬件配置是核心内容。平台企业进行此类信息的发布动机更多的是集中于创造更多附加值。这类消息将有助于开发者降低其 App 开发成本，提高 App 开发效率，但对消费者预期与未来的消费计划没有或较少产生影响。因为，大多数消费者不具有相关的技术知识与能力，其通常较难理解这些深奥的技术细节信息。这类信息通常是通过开发者大会或技术论坛进行发布。

显然，综上可知，平台型新产品预告信息策略选择有四种模式组合：(T,T)，(M,M)，(M,T) 和 (T,M)。例如，(M,T) 表示平台 1 采用策略 M，平台 2 采用策略 T。

假设当收到策略 M 的信息时消费者的锁定效应为 t_e，开发者的应用开发成本节约效应为零。那么，当平台采用策略 M 时消费者的偏好更新为 $t_j = t_M = t + t_e$，开发者的应用开发成本的更新为 $f_j = f_M = c_d \varepsilon$。这意味着策略 M 对消费者是有价值的，它锁定了消费者的购买计划。然而，策略 M 对开发者的应用程序开发价值微乎其微。

假设，策略 T 下开发商的成本节约效应为 f_e，消费者在收到信息时锁定效应不变。那么，其平台采用策略 T 时开发者的应用开发成本更新为 $f_j = f_T = c_d \varepsilon - f_e$，更新后消费者的偏好为 $t_j = t_T = t$。这意味着开发者从策略 T 获得了很多关于应用开发的有用信息，这可以帮助他们不加区别地缩短开发周期和成本。然而,消费者对策略 T 的信息并不敏感,因为他们缺乏知识背景,不关心技术问题。因此,消费者的偏好仍然存在。

值得一提的是,Chellappa 等(2021)将预告信息的影响描述为用户(即消费者和开发者)访问平台数量的两倍增加。与 Chellappa 等(2021)所描述的不同的是,第五章预告信息的影响被描述为消费者锁定效应 t_e 和开发者应用开发成本节约效应 f_e 的增加。显然,模型这样扩展的优点是,它更多地考虑了新产品预感信息的效应及消费者和开发者之间的信息感知差异性。

5.2.3 竞争结构与效用函数

假设消费者一次可以访问一个平台(这意味着消费者是单用户,属于老用户),开发者可以为两个平台开发网络应用产品 App 以获得更多的 App 被使用的交易机会(他们是多用户归属),两个平台之间存在相互替代的竞争关系。按照 Armstrong(2006)和 Rochet 等(2003)的思路,建立一个基本模型,其中消费者和开发者相互享受对方数量增加带来的交叉网络效应增值。不妨使用 β_d 和 β_b 这两个变量来分别表示开发者的跨网络效应和消费者的跨网络效应。这意味着消费者可从更多的开发者那里获得价值,开发者也可从更多的消费者那里获得价值。

与许多相关文献基于霍特林(1929)单位直线模型来描述企业竞争的思路相似,假设两个平台企业位于该单位直线的两端。在这个单位直线上,平台企业 1 位于 0 点,平台企业 2 位于 1 点,消费者均匀分布于 x 点。因此,消费者进入平台 1 和平台 2 的旅途成本分别为 tx 和 $t(1-x)$。这意味着消费者对这两个平台的偏好是不同的。

此外,使用 $c_d\varepsilon$ 表示开发者访问平台的成本,其中开发者的应用程序开发成本的波动 ε 在单位距离内服从 $\varepsilon \in [1-g, 1+g]$ 均匀分布。这意味着开发者开发应用程序的成本是异质的。此外,c_d 为开发者平均开发成本,g 为开发者异质性强度,$g \in (0,1)$。

为确保平台对消费者和开发商的价格不为负值,在不影响结果下,假设该价格满足约束 $\beta_b \geqslant \beta_d > 0$。因此,如果消费者和开发者使用某个平台型新产品,则网络效用值分别为 $\beta_d n_{di}$ 和 $\beta_b n_{bi}$。在这里,使用该平台的消费者和开发人员的预期数量假设为 n_{bi} 和 n_{di}。

因此,策略 j 下,消费者购买平台型新产品的控制器时,其效用函数为:

$$u_{bi}^j = v_b + \beta_d n_{di} - p_{bi} - t_j x_i, \quad j \in (M,T), \quad i \in \{1,2\} \quad (5.1)$$

其中，$i \in \{1,2\}$ 表示平台标签，$j \in (M,T)$ 表示平台型新产品预告信息的类型标签。除此之外，还有 $x_1 = x$，$x_2 = 1-x$，$t_T = t$ 和 $t_M = t + t_e$。显然，式(5.1)表明，在平台提前发布新产品的营销信息(策略 M)后消费者效用 u_{bi}^j 将降低，因为消费者锁定效应从 t_e 增加到 $t + t_e$。这也意味着平台发布的新产品信息对消费者交换平台运输成本 $(t + t_e)x$ 的影响是异质的。此外，式(5.1)还表明，平台向消费者提供的服务水平越高，或者跨网络对消费者的效用越大，消费者的效用 v_b 就会越大。为了确保消费者有购买平台控制器的动机，假设消费者的基本效用 v_b 足够大。

与式(5.1)类似，策略 j 下，开发者使用新版本平台产品，其效用函数为：

$$u_{di}^j = v_{di} + \beta_b n_{bi} - p_{di} - f_j \quad (5.2)$$

其中，当平台采用策略 M 时，开发者的成本为 $f_M = c_d \varepsilon$，当平台采用策略 T 时，开发者的成本为 $f_T = c_d \varepsilon - f_e$。显然，式(5.2)表明，当平台提前发布技术信息(策略 T)时，开发人员将受益，其效用 u_{di}^j 将增加。后续研究还表明，平台和消费者都能从策略 T 中获益。平台向开发者提供的技术支持水平越高，或者开发人员的跨网络能力越强，开发者使用新版本平台产品的效用就越大。为了确保开发者具有使用(注册)新版本平台产品的基本动机，假设开发者的基本效用 v_{di} 足够大。

由于平台的利润主要来自控制器的销售收入和开发者的注册费，将平台为消费者和开发者提供各类服务的成本标准化为零(不影响结论分析)。因此，策略 j 下，其利润函数是：

$$\Pi_i^j = p_{bi} n_{bi} + p_{di} n_{di} - c_j \quad (5.3)$$

式(5.3)表明，平台可以通过提高消费者价格 p_{bi} 和开发者的价格 p_{di} 而受益，但这会导致消费者和开发者数量 n_{bi} 和 n_{di} 减少。特别是存在强有力的竞争对手时，价格调整更应该考虑消费者和开发者对新产品信息预告的响应行为，然后再做出非常谨慎的判断，因为价格调整可能导致消费者和开发者跑到对手平台那边。此外，为了确保这些平台能够获得正利润，假设预告潜在风险成本 c_j 足够小。这是平台在选择策略 j 时需要支付的一次性潜在风险成本。

5.2.4 新产品预告博弈顺序

根据苹果、小米和华为等公司新版本手机的预告流程，给出消费者、开发者以及平台企业之间新产品预告博弈顺序及其关系图,如图 5.1 所示。

具体来说,博弈顺序是:

(1) 平台选择预告策略(策略 T 或 M);

(2) 消费者及开发者观察到新产品预告信息后,其平台偏好 t_j 和开发成本 f_j 得到更新;

(3) 平台通过预售等方式向消费者发布售价 p_{bi},向开发者发布注册费 p_{di};

(4) 消费者和开发者决定是否访问以及访问哪些平台。

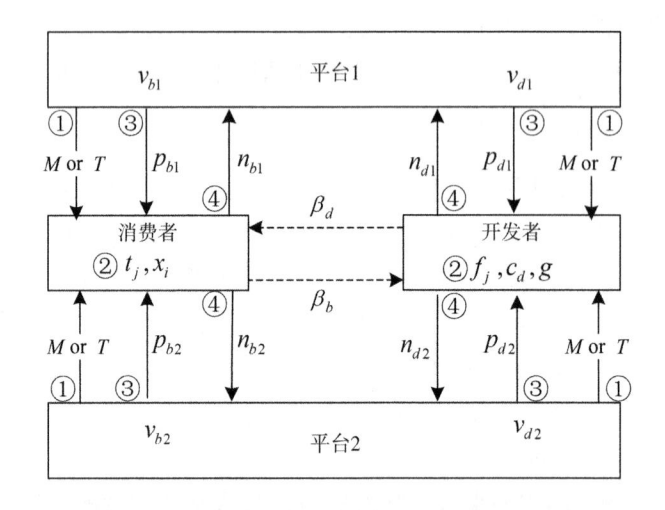

图 5.1 平台型新产品预告各方之间的博弈关系

5.3 同质平台竞争分析

5.3 节将重点讨论两个平台对称且同质竞争时,其新产品预告的子博弈完美纳什均衡(SPNE)的求解及其管理启示说明。

5.3.1 纳什均衡

(1) 双方都采用 M 类型预告信息

首先考虑两个平台采用策略 M 的子博弈 (M,M)。

通过反向归纳法,在表 5.1 中总结了 (M,M) 均衡结果,其中为保障存在最优解,假设 $2(t+t_e) \geqslant \beta_b \beta_d$ 成立。

首先,从表 5.1 可以看出,平台的利润随着消费者的初始偏好 t 和开发者的基本效用 v_d 而增加;平台的利润、消费者和开发者的效用随着应用程序开发成本 $c_d(1-g)$ 的降低而降低;消费者的效用随着消费者的初始偏好 t 而降低。换句话说,如果平台希望获得更高的利润,它们应该投入更多的资源来改善消费者的初始偏好和开发者的基本效用。

表 5.1 策略组合 (M,M) 下的均衡解

决策变量	
消费者定价	$p_{bi}^{MM} = t + t_e + \beta_b(1-g)/(4g) - \beta_b(2v_d + \beta_b + 3\beta_d)/(8gc_d)$
开发者定价	$p_{di}^{MM} = [2v_d - 2c_d(1-g) + \beta_b - \beta_d]/4$
消费者数量	$n_{bi}^{MM} = 1/2$
开发者数量	$n_{di}^{MM} = [2v_d - 2c_d(1-g) + \beta_b + \beta_d]/(8gc_d)$
输出利润/效用	
平台利润	$\Pi_i^{MM} = (t_e + t)/2 + (4V_1^2 - B_0 - 2\beta_b\beta_d)/(32gc_d) - c_M$
消费者效用	$BS_i^{MM} = [4v_b - 5(t + t_e)]/8 + [B_0 + 2(\beta_b + \beta_d)V_1]/(16c_dg)$
开发者效用	$DS_i^{MM} = (2V_1 + \beta_b + \beta_d)^2/(32c_d)$

引理 5.1 讨论了 (M,M) 下消费者锁定效应对均衡结果的影响。

引理 5.1:策略组合 (M,M) 下,

(1) p_{bi}^{MM} 是 t_e、t 和 c_d 增函数,是交叉网络效应系数(β_b,β_d)减函数;

(2) p_{di}^{MM} 是 β_b 增函数,是 β_d 和 c_d 减函数;

(3) n_{di}^{MM} 是 (β_b,β_d) 增函数,是 c_d 的减函数;

(4) Π_i^{MM} 是 t_e 和 t 增函数,是 (β_b,β_d) 和 c_d 减函数;

(5) BS_i^{MM} 是 v_d 和 (β_b,β_d) 增函数,是 t_e、t 和 c_d 减函数;

(6) DS_i^{MM} 是 v_d 和 (β_b,β_d) 增函数,是 c_d 减函数。

引理 5.1 意味着更高的跨网络效应 (β_b,β_d) 增加了开发者的数量,但降低了消费者的价格。跨网络效应对开发者价格的影响是不对称的,因为开发者的价格随 β_d 而降低,随 β_b 而升高。因此,更强的跨网络效应会增加用户的效用。然而,这降低了平台的利润。

引理 5.1 还表明,当消费者的锁定效应 t_e 增加时,两个平台的利润都会增加,但消费者的效用会降低。原因是消费者锁定效应的增加推动平台提高消费者的价格,此时消费者需要支付更多的费用才能进入理想的平台,最后导致消费者的效用在下降。然而,由于对称平台竞争带来的隔离效应,消费者的锁定效应无法传递给开发者。因此,开发者的价格、数量和效用与策略 M

引理 5.1 表明,所有参与者的利益随着应用程序开发平均成本的增加而降低,因为应用程序开发平均成本的增加将导致消费者价格的增加和开发者数量的减少。最后,其将导致所有用户的平台和公司的利润下降。也就是说,降低应用程序开发成本是各方的共同目标。

也就是说,平台可以采用 M 战略来提高自身利润,但这是以牺牲消费者利益为代价的。更准确地说,这是以牺牲平台的忠实消费者为代价的。目前,苹果的智能手机已经有许多版本被消费者认为没有进行更好的技术创新,遭到许多中国用户质疑。苹果公司每年的智能手机操作系统预告策略都是策略 M 下的信息。

(2) 双方都采用 T 类型预告信息

这一部分属于 (T,T) 场景,即两个平台都采用了策略 T。通过反向归纳法,得到了表 5.2 中的均衡结果。需要注意的是,当满足条件 $2t \geqslant \beta_b \beta_d$ 时,平台的利润函数是凹函数。在这种情况下,平台可以在均衡状态下获得最大利润。显然,与 (M,M) 情景相比,(T,T) 的均衡需要更大的消费者初始偏好值。

表 5.2　策略组合 (T,T) 下的均衡解

决策变量	
消费者定价	$p_{bi}^{TT} = t + \beta_b(1-g)/(4g) - \beta_b[2(v_d + f_e) + \beta_b + 3\beta_d]/(8gc_d)$
开发者定价	$p_{di}^{TT} = (2v_d - 2c_d + 2gc_d + 2f_e + \beta_b - \beta_d)/4$
消费者数量	$n_{bi}^{TT} = 1/2$
开发者数量	$n_{di}^{TT} = [2v_d + 2f_e + \beta_b + \beta_d - 2c_d(1-g)]/(8gc_d)$
输出利润/效用	
平台利润	$\Pi_i^{TT} = t/2 + [4(V_1 + f_e)^2 - B_0 - 2\beta_b\beta_d]/(32g\theta) - c_T$
消费者效用	$BS_i^{TT} = (4v_b - 5t)/8 + [B_0 + 2(\beta_b + \beta_d)(V_1 + f_e)]/(16c_d g)$
开发者效用	$DS_i^{TT} = [2(V_1 + f_e) + \beta_b + \beta_d]^2/(32c_d)$

引理 5.2 讨论了开发者的成本节约效应如何影响 (T,T) 下的均衡结果。

引理 5.2:在策略组合 (T,T) 下,

(1) p_{di}^{TT} 随 f_e 的增大而增大,但 p_{bi}^{TT} 随 f_e 的增大而减小;

(2) n_{di}^{TT} 随 f_e 增大而增大,但 n_{bi}^{TT} 不受 f_e 的影响;

(3) Π_i^{TT}、BS_i^{TT} 和 DS_i^{TT} 随 f_e 增大而增大。

引理 5.2 表明,开发人员的数量和效用随着成本节约效应的增加而增加。这意味着策略 T 降低了开发人员的应用程序 App 开发成本。因此,开发者是

受益者,即使他们的价格略有上涨,但其总收入是上升。同时,由于消费者价格的下降,消费者也可以从策略 T 中受益。因为当他们从新产品预告信息中可预计到开发者数量将增加时,消费者将会利用这个机会压低消费者价格。同时,开发者数量的增加本身也能让消费者受益。作为领导者和利益协调者,平台企业的利润增加是因为他们能够平衡所有利益冲突并能从中受益,即提高开发者价格的同时,降低消费者的价格,最终使得其收益大于损失。

总之,由于开发者的成本节约,(T,T) 下消费者、开发者和平台的利益都增加了。这意味着,如果平台型新产品在技术上很复杂,它们将更愿意与开发者密切合作,以降低应用软件 App 开发成本,加快应用开发速度,进而提高所有参与者的利益。例如,在小米智能手机的早期开发中,它充分利用了小米社区数千名开发者的智力贡献,并取得了成功。最后,对命题 5.1 中 (T,T) 和 (M,M) 的均衡决策和结果进行了比较分析。

命题 5.1:比较 (T,T) 和 (M,M) 策略均衡结果,可得如下结论,

(1) $p_{bi}^{MM} > p_{bi}^{TT}$ 和 $p_{di}^{TT} > p_{di}^{MM}$;

(2) $n_{bi}^{TT} = n_{bi}^{MM}$ 和 $n_{di}^{TT} > n_{di}^{MM}$;

(3) $BS_i^{TT} > BS_i^{MM}$ 和 $DS_i^{TT} > DS_i^{MM}$。

命题 5.1 表明,与 (M,M) 相比,(T,T) 下消费者向平台支付的费用更少,但 (T,T) 下开发者向的平台支付的费用更多。这意味着 (T,T) 比 (M,M) 对消费者和开发者更具吸引力。然而,即使 (T,T) 吸引了更多的开发者访问平台,在 (T,T) 下平台的利润并不总是大于 (M,M),即根据所有参与者的利益,消费者和开发者倾向于选择 (T,T),但平台并不总是倾向于选择 (T,T)。即在预告策略选择上,平台企业存在一些利益冲突需要进行协调。

从长期战略目标来看,平台用户数量的增长和平台效益的增长同样至关重要。众所周知,小米 5c 和 iPhone 5s 销量不佳的原因在于,两大平台都过于关注自身的短期利益,最终未能平衡用户利益与自身利益之间的关系。

(3) 双方采用不同类型预告信息

考虑到非对称策略组合 (M,T) 和 (T,M) 的对称性,5.3.1 小节仅对 (M,T) 情形进行了分析。

同样,基于反向归纳法,可以得到表 5.3 中的均衡结果。基于同样的方法,当满足条件 $2t + t_e \geq \beta_b \beta_d$ 时,平台的利润函数为凹函数。在这种情况下,平台可以获得最大的利润。为了确保每个策略模式下的均衡决策都存在,假设 $t \geq \beta_b \beta_d / 2$ 总是正确的。

表 5.3　策略组合 (M,T) 下的均衡解

决策变量	
消费者定价	$p_{b1}^{MT} = p_{bi}^{TT} + (4gc_dt_e + 2f_e\beta_b - f_e\beta_d)/(12gc_d) + R_1R_2/(24c_dgW_3)$ $p_{b2}^{MT} = p_{bi}^{MM} - (4gc_dt_e + 2f_e\beta_b - f_e\beta_d)/(12gc_d) - R_1R_2/(24c_dgW_3)$
开发者定价	$p_{d1}^{MT} = p_{di}^{MM} - (\beta_b - \beta_d)R_2/(4W_3)$ $p_{d2}^{MT} = p_{di}^{TT} + (\beta_b - \beta_d)R_2/(4W_3)$
消费者数量	$n_{b1}^{MT} = n_{bi}^{MM} - R_2/(2W_3)$ $n_{b2}^{MT} = n_{bi}^{TT} + R_2/(2W_3)$
开发者数量	$n_{d1}^{MT} = n_{di}^{MM} - (\beta_b + \beta_d)R_2/(8c_dgW_3)$ $n_{d2}^{MT} = n_{di}^{TT} + (\beta_b + \beta_d)R_2/(8c_dgW_3)$
输出利润/效用	
平台利润	$\Pi_1^{MT} = \Pi_i^{TT} + R_3/(12gc_d) + (\beta_b - \beta_d)2R_2^2/(96gc_dW_3^2) + R_2[2R_2 - (\beta_b - \beta_d)2]/(48gc_dW_3)$ $\Pi_2^{MT} = \Pi_i^{TT} + R_4/(12gc_d) + (\beta_b - \beta_d)2R_2^2/(96gc_dW_3^2) + R_2[2R_2 + (\beta_b - \beta_d)2]/(48gc_dW_3)$
消费者效用	$BS_1^{MT} = BS_i^{TT} - R_2(R_5 - R_2)/(96gc_dW_3) - R_7/(48gc_d) - R_2^2(6gc_dt_e + B_0)/(96gc_dW_3^2)$ $BS_2^{MT} = BS_i^{MM} + R_2(R_5 + R_2)/(96gc_dW_3) + R_7/(48gc_d) + R_2^2(6gc_dt_e + B_0)/(96gc_dW_3^2)$
开发者效用	$DS_1^{MT} = DS_i^{TT} - f_eR_6/(8c_d) + (\beta_b + \beta_d)2R_2^2/(32c_dW_3^2) - (\beta_b+\beta_d)R_6R_2/(16c_dW_3)$ $DS_2^{MT} = DS_i^{MM} + f_eR_6/(8c_d) + (\beta_b + \beta_d)2R_2^2/(32c_dW_3^2) + (\beta_b+\beta_d)R_6R_2/(16c_dW_3)$

此外，从表 5.3 很容易推断 $n_{b2}^{MT} \geqslant n_{b1}^{MT}$、$n_{d2}^{MT} \geqslant n_{d1}^{MT}$、$BS_2^{MT} \geqslant BS_1^{MT}$、$DS_2^{MT} \geqslant DS_1^{MT}$ 和 $\Pi_2^{MT} \geqslant \Pi_1^{MT}$ 是正确的。这意味着与采用策略 M 的平台相比，采用策略 T 的平台更具吸引力，因为其平台上有更多的消费者和开发者。因此，采用策略 T 的平台的效用大于采用策略 M 的平台。

引理 5.3：策略组合 (M,T) 下，

(1) 两平台消费者定价以及平台 1 的开发者定价随 f_e 增大而减小，但平台 2 的开发者定价随 f_e 的增大而增大；

(2) 平台 2 的消费者和开发者数量随 f_e 增大而增大，但平台 1 的消费者和开发者数量随 f_e 增大而减小；

(3) 平台 2 的利润、消费者和开发者效用随 f_e 增大而增大。

首先，引理 5.3 意味着当平台 1 采用策略 M，平台 2 采用策略 T 时，消费者和开发者更愿意加入平台 2。因此，平台 2 的消费者效用和开发者效用随 f_e 的增大而增加。这反过来又导致平台 2 的消费者数量和开发者数量增加。最后的结果是，平台 2 的利润增加，平台 1 的利润减少。与此同时，由于消费者和开发者的数量减少，平台 1 中消费者和开发者的价格下降。然而，由于平

台1中消费者和开发者的数量增加,平台2中消费者价格下降,因此,平台2中开发者价格将上升。

总之,不对称的新产品预告策略组合将使得平台型新产品信息预告决策更加复杂。需要注意的是,非对称策略组合一般出现在两个平台实力匹配比较均衡、策略 M 和策略 T 优势不存在显著差异的情况下。

5.3.2 子博弈完美纳什均衡分析

5.3.2小节将对平台企业新产品预告策略组合的子博弈完美纳什均衡SPNE进行分析。

命题 5.2:在同质且对称平台竞争下,

(1) 当 $c_T - c_M < \Delta c_1$ 时,(T,T) 是一个 SPNE;当 $c_T - c_M > \Delta c_2$ 时,(M,M) 是一个 SPNE;当 $\Delta c_1 \leqslant c_T - c_M \leqslant \Delta c_2$ 时,(M,T) 和 (T,M) 是 SPNE;

(2) 当 $f_e > \hat{f}_{e2}$ 时,(T,T) 是一个 SPNE;当 $f_e < \hat{f}_{e1}$ 时,(M,M) 是一个 SPNE;当 $\hat{f}_{e1} \leqslant f_e \leqslant \hat{f}_{e2}$ 时,(M,T) 和 (T,M) 是 SPNE;

(3) 当 $t_e < \hat{t}_{e1}$ 时,(T,T) 是一个 SPNE;当 $t_e > \hat{t}_{e2}$ 时,(M,M) 是一个 SPNE;当 $\hat{t}_{e1} \leqslant t_e \leqslant \hat{t}_{e2}$ 时,(M,T) 和 (T,M) 是 SPNE。

命题 5.2 子结论(1)表明,当策略 T 的潜在风险成本大于策略 M 下的潜在风险成本且高于某阈值时,(M,M) 是 SPNE。由于策略 T 和策略 M 的潜在风险成本是沉没成本,平台无法将其从自身转移给消费者和开发者,因此平台必须自行承担相应的成本。其次,命题 5.2 子结论(2)表示,当开发人员的成本节约值大于某阈值时,(T,T) 是 SPNE。因为策略 T 可以从开发者的价格和数量增加中为平台带来更多的好处。值得注意的是,如果策略 T 和策略 M 的潜在风险成本没有显著差异,(T,T) 将始终是 SPNE。此外,命题 5.2 子结论(3)建议,当消费者的锁定效应值大于某阈值时,(M,M) 是 SPNE。因为,在这种情况下,策略 (M,M) 比 (T,T) 更能从消费者价格的上涨中为平台带来好处。最后,当 t_e、f_e 和 $c_T - c_M$ 为一个中间值时,发现非对称策略组合是一个 SPNE。这意味着,当一项预告战略并非绝对优于另一项战略时,非对称战略可能是一项 SPNE。

命题 5.2 还表明,平台不仅要考虑信息预告引起的潜在风险成本,而且要考虑消费者和开发者在选择策略时感知效果强度的变化。当营销信息能够产生强大的消费者锁定效应时,平台倾向于选择策略 M;当技术信息预告产生强大的成本节约效应时,平台倾向于选择策略 T。

为了更具体地解释不同策略组合的转换逻辑,并提供一些分析中未研究的结果,给出一个数值分析。为了更清晰地描述不同策略组合下平台的利润差异,给出曲线图,如图 5.2 和图 5.3(其中, $\Delta\Pi_1^{MM-TM} = \Pi_1^{MM} - \Pi_1^{TM}$)所示。默认值为 $v_d = 10$, $v_b = 10$, $c_d = 1$, $g = 0.99$, $\beta_b = 1.01$, $\beta_d = 1$, $c_T = 0.11$ 和 $c_M = 0.1$。

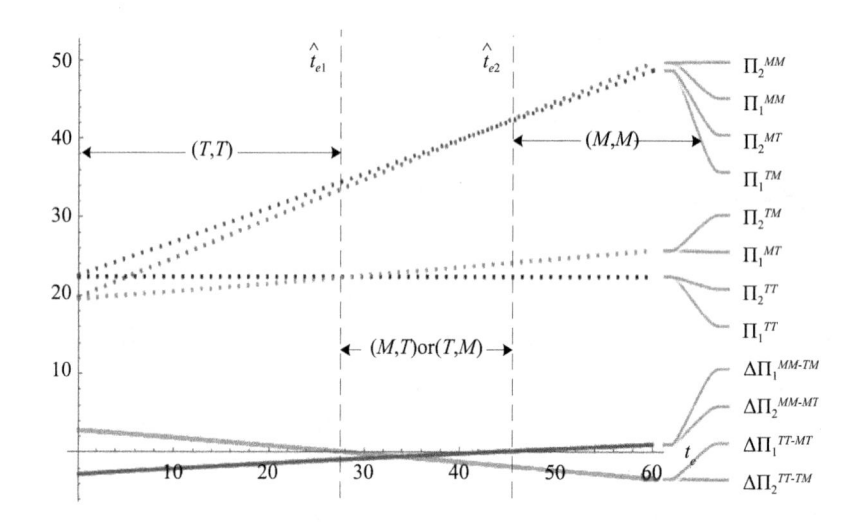

图 5.2 当 $t=15$ 和 $f_e=1$ 时,SPNE 随 t_e 变化曲线

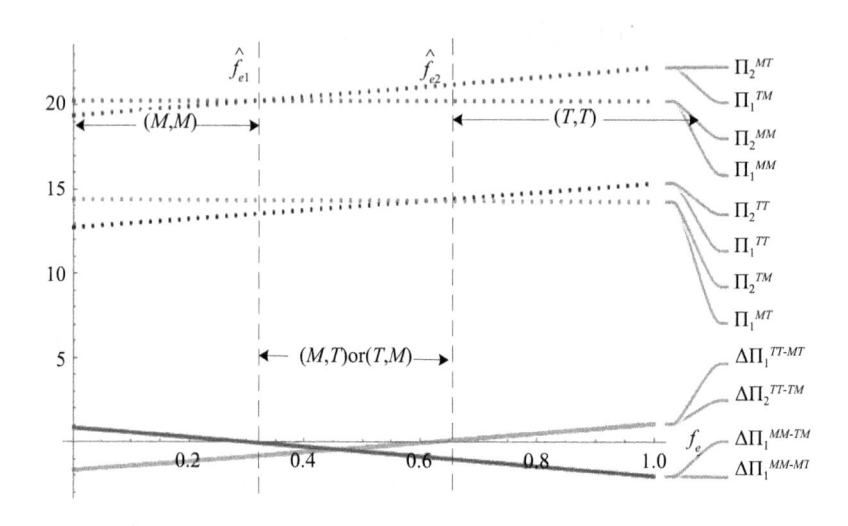

图 5.3 当 $t=1$ 和 $t_e=15$ 时,SPNE 随 f_e 变化曲线

从图 5.2 中,可以看出当 $t > \hat{t}_{e2}$ 时,(M,M) 是一个 SPNE。这意味着当

锁定效应足够大时,策略 M 的吸引力较强。同理,在 $\hat{t}_{e1}<t<\hat{t}_{e2}$ 情况下,(T,M) 或 (M,T) 可以是 SPNE。即如果一个平台选择策略 T,另一个平台选择策略 M 可能是一个均衡选择。然而,对于两个同质对称平台而言,非对称策略组合成为主导策略不存在任何可能性。有趣的是,(T,T) 是一个 SPNE,即便 (T,T) 是一个双输困境。产生这种违反直觉的结果的原因是,两个相同平台之间的竞争是一场自利的非合作博弈。

类似的,从图 5.3 中可以看到,随着 f_e 逐渐增加,(T,T) 将逐渐取代 (M,M) 成为一个 SPNE。在这个替换过程中,当 $f<\hat{f}_{e1}$ 时,(M,M) 是一个 SPNE;当 $\hat{f}_{e1}<f<\hat{f}_{e2}$ 是,(T,M) 和 (M,T) 是 SPNE;当 $f>\hat{f}_{e2}$ 时,(T,T) 是一个 SPNE。

为了深入分析 f_e 和 t_e 共同作用下平台预告策略 SPNE 的分布特征,给出数值分析,如图 5.4 和图 5.5 所示。

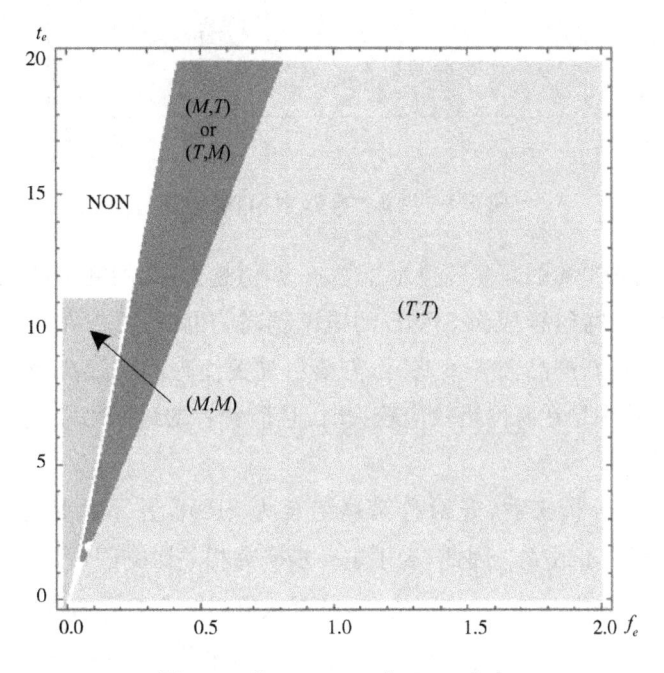

图 5.4 当 $\beta_b=1.01$ 时 SPNE 分布

图 5.4 和图 5.5 显示,f_e 和 t_e 的值越大,非对称策略组合越可能是 SPNE。这是因为策略 T 和策略 M 的效果越显著,平台选择非对称策略组合的利润回旋空间就越大。

此外,从图 5.4 和图 5.5 可以看出,交叉网络效应可能会扭曲 SPNE 的分布结构。例如,无平衡区间面积(如白色区间面积增加)随交叉网络效应增加而增加,即在某些情况下不存在非对称策略组合均衡解。

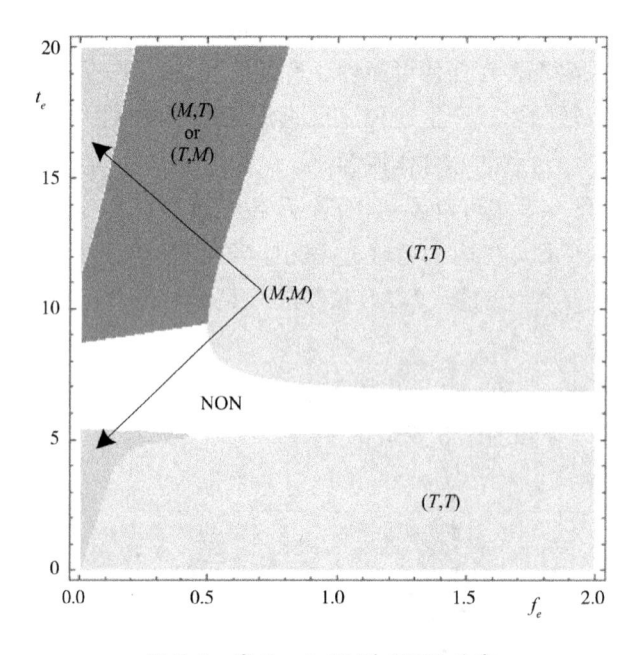

图 5.5　当 $\beta_b = 5.01$ 时 SPNE 分布

最后,图 5.4 和图 5.5 还显示了 $\beta_b - \beta_d$ 值越大,无均衡解的区间面积越大,即非对称策略组合成为 SPNE 的概率越高。也就是说,在双边市场环境下,平台在选择新产品预告策略时,需要更加关注跨网络效应带来的非线性扭曲效应。特别是在跨网络效应较大时,且消费者的跨网络效应大于开发者的跨网络效应。

从上面的分析来看,非对称策略组合为 SPNE 并不总是存在的,因为 $\hat{f}_{e2} > \hat{f}_{e1}$ 可能不成立。因此,为了进一步研究相关影响因素,表 5.4 中给出了对应的数值分析。除 $t_e = 15$ 之外,其默认值与图 5.2 中的值相同。

从表 5.4 中,可以看到,$\hat{f}_{e2} - \hat{f}_{e1}$ 随 App 平均开发平均成本 c_d 增加而增加,却随着消费者的初始偏好增大而减少。这意味着 (M,T) 或 (T,M) 是 SPNE 的可能性随着开发者的 App 平均开发成本增大而增加,但随着消费者的初始偏好增大而减少。具体而言,即 App 平均开发成本的增加导致平台之间的竞争压力增加。因此,这将导致两平台选择非对称策略组合的可能性增大。此外,因消费者初始偏好越高,消费者在平台之间的切换成本就越大,故平台间的竞争压力越低,因此,非对称策略组合成为均衡的可能性就越小。

表 5.4 非对称策略组合成为 SPNE 的影响因素

	$t=1$				$c_d=1$		
c_d	$\hat{f}_{e1}$	$\hat{f}_{e2}$	$\hat{f}_{e2}-\hat{f}_{e1}$	t	$\hat{f}_{e1}$	$\hat{f}_{e2}$	$\hat{f}_{e2}-\hat{f}_{e1}$
1	0.31	0.61	0.30	1	0.31	0.61	0.30
3	0.93	1.72	0.79	3	0.34	0.58	0.24
5	1.52	2.74	1.22	5	0.36	0.56	0.20
7	2.08	3.69	1.61	7	0.37	0.54	0.17
9	2.62	4.59	1.96	9	0.38	0.53	0.15

值得注意的是,命题 5.2 忽略了一些非常重要的因素,即一些参数限制的基本市场条件。例如,跨网络效应、消费者的初始偏好、应用开发的平均成本、消费者和开发者的基本效用以及开发者能力的异质性。为了简化分析,只考虑开发者能力的异质性。具体内容见命题 5.3。

命题 5.3: 同质对称平台竞争下,

(1) 如果 $\hat{g}_0 < \hat{g}_1$ 成立,当 $g \in (0, \hat{g}_0) \bigcup (\hat{g}_0, \hat{g}_1)$ 时,(M, M) 是一个 SPNE;当 $g \in (\hat{g}_1, \hat{g}_2)$ 时,(M, T) 和 (T, M) 是 SPNE;当 $g \in (\hat{g}_2, 1)$ 时,(T, T) 是一个 SPNE;

(2) 如果 $\hat{g}_1 < \hat{g}_0 < \hat{g}_2$ 成立,当 $g \in (0, \hat{g}_1)$ 时,(M, M) 是一个 SPNE;当 $g \in (\hat{g}_1, \hat{g}_0) \bigcup (\hat{g}_0, \hat{g}_2)$ 时,(M, T) 和 (T, M) 是 SPNE;当 $g \in (\hat{g}_2, 1)$ 时,(T, T) 是一个 SPNE;

(3) 如果 $\hat{g}_0 > \hat{g}_2$ 成立,当 $g \in (0, \hat{g}_1)$ 时,(M, M) 是一个 SPNE;当 $g \in (\hat{g}_1, \hat{g}_2)$ 时,(M, T) 和 (T, M) 是 SPNE;当 $g \in (\hat{g}_2, \hat{g}_0) \bigcup (\hat{g}_0, 1)$ 时,(T, T) 是一个 SPNE。

命题 5.3 表明,当开发者能力的异质性小于某阈值时,(M, M) 是一个 SPNE,因为平台无法从 (T, T) 中获得足够的收益来弥补 (T, T) 实施的潜在风险成本损失。此外,命题 5.3 表明,当开发能力的异质性增加到一定程度时,平台将采用策略 T。因为在这种情况下,开发人员没有足够的动力加入平台,采用策略 T 对平台利润的好处大于坏处。当开发者能力的异质性既不太大也不太小时,(M, T) 和 (T, M) 是一个均衡。

也就是说,当开发者能力的异质性较大时,平台倾向于采用策略 T。反之,他们倾向于采用策略 M。需要注意的是,影响开发者能力异质性的因素很多,包括个人能力异质性、开发经验以及平台产品的技术复杂性。因此,在进行新产品预告的战略选择之前,有必要对开发能力的异质性进行市场调查。

5.4 异质平台竞争下扩展分析

没有人否认的是,由于技术实力的不同,在向开发人员提供技术服务时,平台企业的服务能力也有所不同。此外,适度放松平台的同质性假设可以使结果更加实用。因此,5.4 节将考虑这样的扩展的情况,即平台 1 在开发人员的基本效用服务提供方面比平台 2 更有优势,也就是说,假设 $v_{d1} = v_d + \delta$,$v_{d2} = v_d - \delta$ 和 $\delta \geqslant 0$ 成立。使用下标 E 来表示扩展模型。

5.4.1 纳什均衡

根据 5.3.1 小节的类似推理过程,表 5.5 给出了两平台为非同质平台时的三种给定的预告策略组合下的均衡结果,其中 $F(i) = \begin{cases} 1, & \text{当 } i = 1 \text{ 时} \\ -1, & \text{当 } i = 2 \text{ 时} \end{cases}$。

通过比较同质对称平台和非同质平台,可以得出一些基本的结果。具体内容如下:

首先,从表 5.5 中可以得到,当 $k \in \{(M,M),(M,T),(T,T)\}$ 时,$p_{b1,E}^k \leqslant p_{b2,E}^k$、$p_{d1,E}^k \geqslant p_{d2,E}^k$、$n_{b1,E}^k \geqslant n_{b2,E}^k$、$n_{d1,E}^k \geqslant n_{d2,E}^k$ 和 $\Pi_{1,E}^k \geqslant \Pi_{2,E}^k$ 成立。这意味着,一个能够提供更大开发者基础效用的平台,其消费者定价将更低。那些只能提供较小开发者基本效用的平台,其消费者售价更高、开发者价格、消费者数量、开发者数量以及平台利润都更小。

此外,平台异质性将改变策略 T 和策略 M 对平台利润的影响,具体内容如命题 5.4 所示。

命题 5.4:(1) 策略组合 (T,T) 下,$\dfrac{\partial \Pi_{1,E}^{TT}}{\partial f_e} \geqslant \dfrac{\partial \Pi^{TT}}{\partial f_e} \geqslant \dfrac{\partial \Pi_{2,E}^{TT}}{\partial f_e}$ 成立;

(2) 策略组合 (M,M) 下,$\dfrac{\partial \Pi_{1}^{MM}}{\partial t_e} \geqslant \dfrac{\partial \Pi_{2,E}^{MM}}{\partial t_e} \geqslant \dfrac{\partial \Pi_{1,E}^{MM}}{\partial t_e}$ 成立。

命题 5.4 子结论(1)表明,在 (T,T) 下,当平台 1 采用策略 T 时,平台异质性将导致平台 1 利润的增加,而当平台 2 采用策略 T 时,平台 2 利润减少。换言之,平台异质性只是增加了优势平台 1 采用策略 T 的激励。与此同时,平台异质性也降低了无优势平台 2 采用策略 T 的激励。命题 5.4 子结论(2)表明,在 (M,M) 下,当平台 1 和平台 2 都采用策略 M 时,平台异质性将导致两平台的利润都相应下降。换句话说,此时,平台异质性削弱了两平台都采用策略 M 的动机。

表 5.5 非同质平台下的均衡解

(M,M)	(T,T)
$p_{bi,E}^{MM} = p_{bi}^{MM} - 3\beta_b(v_{di} - v_d)/(12c_dg)$ $- F(i)[(\beta_b + 2\beta_d)E_2/(24c_dgW_1) - E_3/(12c_dg)]$	$p_{bi,E}^{TT} = p_{b1}^{TT} - 3\beta_b(v_{di} - v_d)/(12c_dg)$ $- F(i)[(\beta_b + 2\beta_d)E_2/(24c_dgW_2) - E_3/(12c_dg)]$
$p_{di,E}^{MM} = p_{di}^{MM} + F(i)E_2/W_1 + (v_{di} - v_d)/2$	$p_{di,E}^{TT} = p_{di}^{TT} + F(i)E_2/(4W_2) + (v_{di} - v_d)/2$
$n_{bi,E}^{MM} = n_{bi}^{MM} + F(i)E_3/W_1$	$n_{bi,E}^{TT} = n_{bi}^{TT} + F(i)E_3/W_2$
$n_{di,E}^{MM} = n_{d1}^{MM} + F(i)E_4/W_1 + (v_{di} - v_d)/(4gc_d)$	$n_{di,E}^{TT} = n_{di}^{TT} + F(i)E_4/W_2 + (v_{di} - v_d)/(4gc_d)$
$\Pi_{i,E}^{MM} = \Pi_1^{MM} + E_2^2/(96c_dgW_1^2) + E_3^2/(24c_dgW_1)$ $+ F(i)E_3(\beta_b - \beta_d)^2/(48c_dgW_1) + E_3/(12c_dg)$ $+ [(v_{di} + v_d) - 2c_d + 2c_dg](v_{di} - v_d)(8c_dg)$	$\Pi_{i,E}^{TT} = \Pi_i^{TT} + E_2^2/(96c_dgW_1^2) + E_3^2/(24c_dgW_1)$ $+ F(i)E_3(\beta_b + \beta_d)^2/(48c_dgW_1) + E_3/(12c_dg)$ $+ [(v_{di} + v_d) - 2c_d + 2c_dg](v_{di} - v_d)/(8c_dg)$

(M,T)
$p_{bi,E}^{MT} = p_{bi}^{MT} - \beta_b(v_{di} - v_d)/(4c_dg) - F(i)[B_2E_3/(24c_dgW_3) - E_3/(12c_dg)]$
$p_{di,E}^{MT} = p_{di}^{MT} + F(i)E_2/(4W_3) + (v_{di} - v_d)/2$
$n_{bi,E}^{MT} = n_{bi}^{MT} + F(i)E_3/(2W_3)$
$n_{d1,E}^{MT} = n_{di}^{MT} + F(i)E_4/W_3 + (v_{di} - v_d)/(4c_dg)$
$\Pi_{1,E}^{MT} = \Pi_1^{MT} + (\beta_b - \beta_d)^2 E_3(E_3 - 2R_2)/(96c_dgW_3^2) + [8E_3 + 12(2v_d + \delta - 2\varphi)\delta]/(96c_dg)$ $- (\beta_b + \beta_d)\delta[8c_dgt_e + 4f_e(\beta_b + \beta_d) - (\beta_b - \beta_d)^2 - 2E_3]/(48c_dgW_3)$
$\Pi_{2,E}^{MT} = \Pi_2^{MT} + (\beta_b - \beta_d)^2 E_3(E_3 - 2R_2)/(96c_dgW_3^2) + [8E_3 + 12(2v_d - \delta - 2\varphi + 2f_e)\delta]/(96c_dg)$ $+ (\beta_b + \beta_d)\delta[8c_dgt_e + 4f_e(\beta_b + \beta_d) + (\beta_b - \beta_d)^2 - 2E_3]/(48c_dgW_3)$

(T,M)
$\Pi_{1,E}^{TM} = \Pi_{1,E}^{MT} + [3f_e^2 + 8gc_dt_e + f_e(6\delta + 6V_1 + 4\beta_b + 4\beta_d)]/(24gc_d)$ $+ (\beta_b - \beta_d)R_2E_4/(3W_3^2) + R_2[8\delta(\beta_b + \beta_d) + (\beta_b^2 - \beta_d)2]/(24gc_dW_3)$
$\Pi_{2,E}^{TM} = \Pi_{2,E}^{MT} - [3f_e^2 + 8gc_dt_e + f_e(6\delta + 6V_1 + 4\beta_b + 4\beta_d)]/(24gc_d)$ $+ (\beta_b - \beta_d)R_2E_4/(3W_3^2) + R_2[(\beta_b^2 - \beta_d)^2 - 8\delta(\beta_b + \beta_d)]/(24gc_dW_3)$

命题 5.4 还表明,劣势平台 2 更难采用策略 T,更难赢得更多消费者和开发者访问平台 2。如果平台 2 想扭转局面,可能需要做出更大的牺牲。此外,尽管优势平台 1 采用策略 T 的动机更强,但现实情况是,平台 1 经常会受到短期利益的诱惑,错误地采用策略 M。

最后,为了进一步研究平台异质性对消费者和开发者定价的影响,给出数值分析,如图5.6和图5.7所示。除 $v_d = 2.5, f_e = 1, t_e = 8$ 和 $t = 2$ 之外,其他默认值设置与图5.2中的相同。

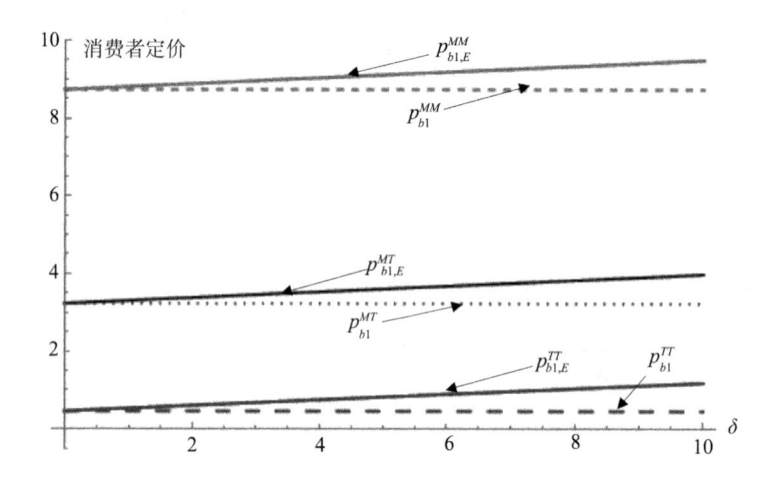

图5.6 消费者定价随 δ 变化曲线

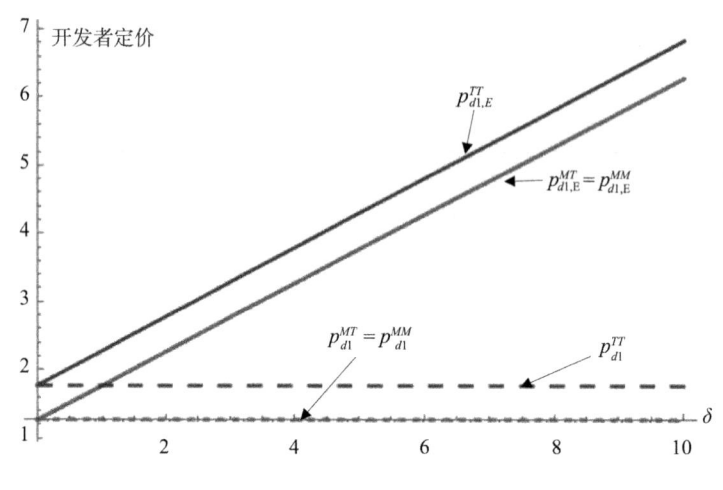

图5.7 开发者定价随 δ 变化曲线

从图5.6和图5.7可以看出,平台1的消费者价格和平台1的开发者价格在所有场景下都会随着平台的异质性增大而逐渐上升,因为平台异质性赋予平台1更多的权力来攫取更多的利润。也就是说,平台的异质性越高对平台1越有利,平台1中开发者和消费者的价格都会上涨且平台1中开发者的价格上涨更明显。如果做进一步的推理可知,平台的异质性将降低平台2中消费者和开发者的价格,而平台2中开发者的价格将降低得更明显。正因为平台企业是一个各方利益协调者,它需要通过非对称定价策略来不断协调双边用户的利益,以确保所有用户都有加入平台的基本利润激励。

5.4.2 子博弈完美纳什均衡分析

在不同的平台和相同的场景之间存在一些不同的结果,其具体内容如下。

命题 5.5:

(1)当平台异构性较小且满足 $\hat{f}_{e3} > \hat{f}_{e4} > \hat{f}_{e5} > \hat{f}_{e6}$ 和 $\hat{t}_{e3} > \hat{t}_{e4} > \hat{t}_{e5} > \hat{t}_{e6}$ 时,有

如果 $f_{e,E} \geq \hat{f}_{e3}$,$(T,T)$ 是 SPNE;如果 $\hat{f}_{e3} > f_{e,E} > \hat{f}_{e4}$,$(M,T)$ 是 SPNE;如果 $\hat{f}_{e4} > f_{e,E} > \hat{f}_{e5}$,$(T,M)$ 或 (M,T) 是 SPNE;如果 $\hat{f}_{e5} > f_{e,E} > \hat{f}_{e6}$,$(T,M)$ 是 SPNE;当 $f_{e,E} < \hat{f}_{e6}$ 时,(M,M) 是 SPNE;

(2)当平台异构性较小且满足 $\hat{f}_{e3} > \hat{f}_{e4} = \hat{f}_{e5} > \hat{f}_{e6}$ 且 $\hat{t}_{e3} > \hat{t}_{e4} = \hat{t}_{e5} > \hat{t}_{e6}$ 时,有

①如果 $f_{e,E} \geq \hat{f}_{e3}$,$(T,T)$ 是 SPNE;如果 $\hat{f}_{e3} > f_{e,E} > \hat{f}_{e4}$,$(M,T)$ 是 SPNE;如果 $\hat{f}_{e5} > f_{e,E} > \hat{f}_{e6}$,$(T,M)$ 是 SPNE;如果 $f_{e,E} < \hat{f}_{e6}$,(M,M) 是 SPNE;

②如果 $t_{e,E} > \hat{t}_{e3}$,(M,M) 是 SPNE;如果 $\hat{t}_{e3} > t_{e,E} > \hat{t}_{e4}$,$(T,M)$ 是 SPNE;如果 $\hat{t}_{e5} > t_{e,E} > \hat{t}_{e6}$,$(M,T)$ 是 SPNE;如果 $t_{e,E} < \hat{t}_{e6}$,(T,T) 是 SPNE。

命题 5.5 表明,随着策略 T 带来的成本节约的增加,预告策略的 SPNE 将从 (M,M) 变为 (T,M),从 (T,M) 变为 (M,T),然后从 (M,T) 变为 (T,T)。随着策略 M 带来的消费者锁定效应的增加,预告策略的 SPNE 将从 (T,T) 变为 (M,T),从 (M,T) 变为 (T,M),再从 (T,M) 变为 (M,M)。也就是说,平台异质性是 (M,T) 和 (T,M) 从不稳定的策略组合变为 SPNE 的主要原因。然而,值得注意的是,只有当平台异质性适度大时,命题 5.5 是有效的。不难推断,当平台异质性较小时,扩展的 SPNE 分布的结果与非扩展的 SPNE 分布的结果相同。有趣的是,当平台异质性非常大时,由于两个平台之间的巨大差异,相互替代的竞争风险很小,那么 (T,T) 将始终是一个 SPNE。

总体而言,虽然平台异质性在一定程度上改变了两个平台的新产品预测策略均衡,然而,总体结果与命题 5.2 相似。更重要的是,异质性使得非对称新产品预告策略组合成为一种均衡策略,即不同实力的平台将选择不同类型

的新产品预告策略。

为了进一步研究 f_e 和 δ 如何影响平台企业的策略选择,给出数值分析,如图5.8和图5.9所示。此处,除 δ 外,其他值设置与图5.2中的值相同。

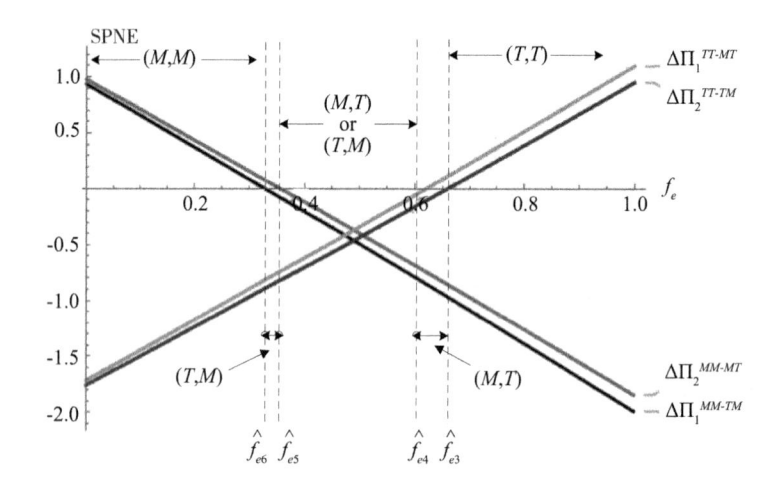

图 5.8 当 $\delta=0.2$ 时,SPNE 随 f_e 的变化曲线

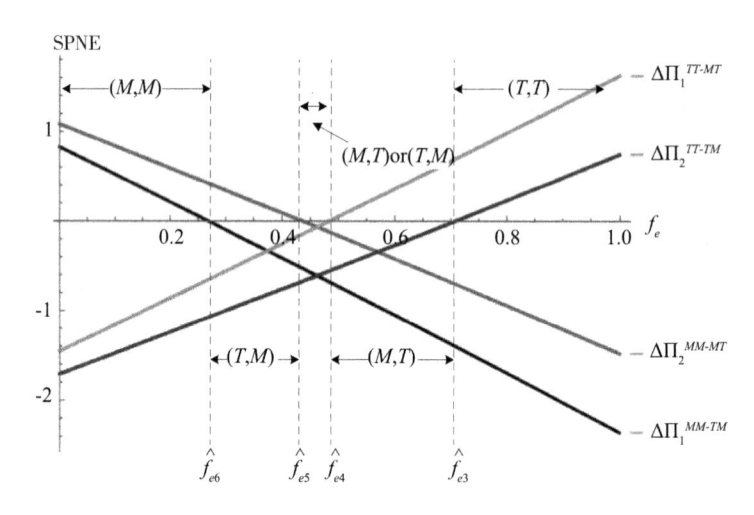

图 5.9 当 $\delta=1.2$ 时,SPNE 随 f_e 的变化曲线

图5.8和图5.9显示了 SPNE 随着开发人员成本节约值的增加而变化。当成本节约值小于阈值时,(M,M) 是 SPNE,非对称策略组合是成本节约值为中等值时的 SPNE,(T,T) 是成本节约值大于阈值时的 SPNE。其原因在于,预告带来的开发者成本节约值的增加将会压缩策略 M 给平台带来的利

润,进而迫使平台企业将策略 M 转变为策略 T。

图5.8中 $\hat{f}_{e5}-\hat{f}_{e4}$ 的范围大于图5.9中的对应范围,图5.8中的 $\hat{f}_{e6}-\hat{f}_{e5}$ 和 $\hat{f}_{e4}-\hat{f}_{e3}$ 范围小于图5.9中的对应范围,图5.8中 $\hat{f}_{e}$ 和 $1-\hat{f}_{e3}$ 的范围大于图5.9中对应范围。这意味着 (M,T) 和 (T,M) 成为 SPNE 的概率随着平台异构性的增加而增加。同时,(M,M) 和 (T,T) 成为 SPNE 的概率将降低,非对称策略组合不稳定的概率也将降低。换句话说,如果平台异构性相对较小(甚至可以忽略不计),影响 SPNE 的关键因素是消费者锁定效应和开发者成本节约效应。然而,如果平台异质性较大,影响 SPNE 的因素主要取决于平台异质性。

为进一步研究异质性如何影响平台企业新产品预告策略选择的 SPNE 分布,现给出描述了 SPNE 平台异质性变化的数值分析,如图5.10所示。除了 $v_d=9.5$,$f_e=13$,$t_e=8$ 和 $t=3$ 外,相关默认值取值与图5.2中的值相同。

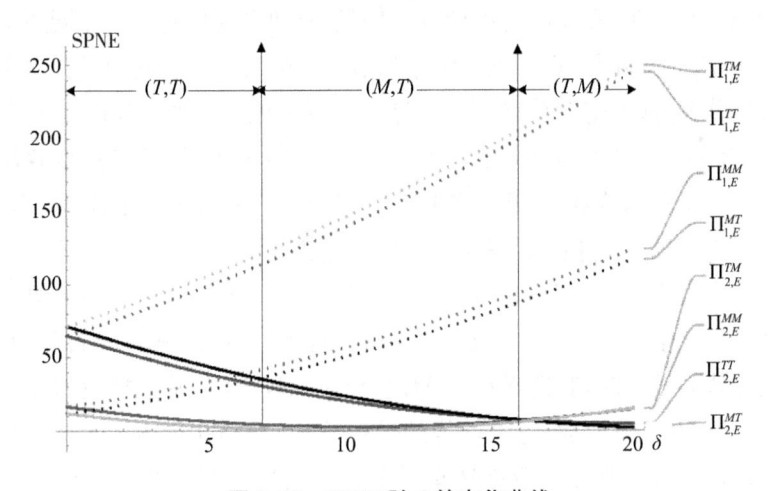

图 5.10　SPNE 随 δ 的变化曲线

从图5.10可以看出,平台异质性的增加将改变 SPNE 分布。当异质性较小时,两个平台可能采取相同的策略 (T,T) 或 (M,M)。当其中一个平台改变其策略以获取更高的利润时,可能出现不稳定的非对称策略组合 (T,M) 或 (M,T)。然而,当异质性大于某阈值时,(T,M) 逐渐稳定并可能是 SPNE。具有竞争优势的平台将首先选择策略 T,而竞争劣势的平台将倾向选择策略 M。总体而言,异质性降低了两个平台之间的竞争压力并促使两个平台选择不相同的预告策略,非对称策略的组合可能成为 SPNE。

5.5 策略选择路径与社会福利

5.5.1 平台企业策略选择路径

本部分主要研究平台异质性对预告策略转型路径的影响,具体结果见命题5.6。

命题 5.6:当存在均衡解时,

(1) 在同质平台竞争时,(T,M) 和 (M,T) 情景下,平台倾向于选择策略 T;

(2) 在非同质平台竞争时,(T,M) 和 (M,T) 情景下,开发者基本效用较高的平台倾向于选择策略 T,开发者基本效用较低的平台倾向于选择策略 M。

命题5.6表明,在相同的平台竞争场景中,两平台更有可能在同质竞争下选择策略 T。当不同类型的预告策略的潜在风险成本在相同的平台竞争场景中没有显著差异时,这种策略选择趋势将不可避免地导致 (T,T) 更容易成为SPNE。命题5.6还意味着,在非同质平台竞争场景中,开发者基本效用较高的平台倾向于选择策略 T,开发者基本效用较低的平台倾向于选择 (T,M) 和 (M,T) 下的策略 M。换句话说,具有竞争优势的平台(可以为开发人员提供更高基础实用程序的平台)始终愿意采用策略 T。暂时处于竞争劣势的平台将根据其与竞争对手的竞争力差异(异质性程度)来决定其新产品预测策略,当异质性差异较大时,其选择策略 M;当异质性较小时,其选择策略 T。也就是说,只要存在竞争,具有竞争优势的平台总是优先采用策略 T,具有竞争劣势的平台将动态地改变其策略选择。平台异质性削弱了两个平台之间的竞争压力,进而影响了其新产品预告策略选择路径。

5.5.2 社会总体福利比较

在平台型新产品预告中,平台的利益追求与社会整体福利追求并不总是一致的。5.5.2小节将研究不同策略组合对社会总福利的影响,希望研究结论能为社会公共政策提供一些建议。相关结果如命题5.7所示。

命题 5.7：

（1）同质平台竞争下，当 (T,T) 时，总社会福利随 f_e 增大而增加；当 (M,M) 时，总社会福利随 t_e 增大而减小；不同策略组合下的社会总福利大小排序为，当 $f_e > \hat{f}_{e7}$ 时，$S^{TT} \geqslant S^{MM}$ 成立；反之，$S^{TT} < S^{MM}$ 成立；

（2）同质平台竞争下，不同策略组合下的社会总福利大小排序为，当 $t_e \leqslant \hat{t}_{e7}$ 时，$S^{TT} \geqslant S^{MM}$ 成立；反之，$S^{TT} < S^{MM}$ 成立。

命题 5.7 子结论（1）表明，(T,T) 的社会总福利随着开发者的成本节约效应增大而增加，而 (M,M) 的社会总福利随着消费者的锁定效应增大而减少。然而，(T,T) 下的平台利润随着开发者成本节约效应增大而增加，(M,M) 下平台利润随着消费者锁定效应增大而增大。

其次，命题 5.7 子结论（2）表明，(T,T) 的社会总福利并不总是大于 (M,M)。如果策略 M 能带来较大的消费者锁定效应，则 (M,M) 的社会福利总额大于 (T,T)。相反，(M,M) 的社会总福利低于 (T,T)。同样，如果策略 T 能够带来较大的开发成本节约效应，则 (M,M) 的社会总福利小于 (T,T)。相反，(M,M) 的社会总福利将大于 (T,T)。这意味着追求社会总福利最大化的政策制定不能一刀切，应该根据消费者和开发者对新产品预告信息感知的反应强度来做出综合判断。

为了更具体且生动地描述平台的异质性对社会总福利的影响，给出数值分析，如图 5.11 所示。除了 $v_d = 9.5$，$c_T = c_M = 0$，$t_e = 1$，$t = 1$ 和 $f_e = 13$ 外，相关默认值与图 5.2 中的值相同。

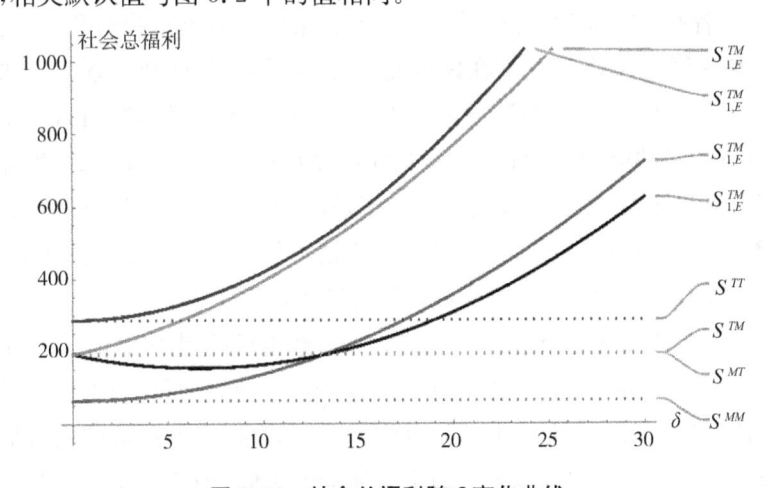

图 5.11 社会总福利随 δ 变化曲线

图 5.11 显示,(T,T) 和 (M,M) 下的社会总福利随着平台异质性的增加而增加。其次,在 (M,T) 条件下,较高的平台异质性并不总是导致较高的社会总福利。(M,T) 下社会福利总额随着平台异质性的增加先减小后增大。原因是,当两个平台选择不同的预告策略时,平台异质性的小幅度增加可能会加剧平台之间的竞争,从而降低社会总福利。然而,随着平台异质性增加到一定程度,平台间异质性的持续增长将降低竞争强度,从而增加社会总福利。值得指出的是,随着异质性的增加,对称策略组合带来的社会总福利的增加要优于非对称策略组合带来的社会总福利的增加。这意味着与非对称战略组合相比,在对称策略组合下,平台异质性的增加对整体社会福利的增加贡献更大。

5.6 本章小结

如何选择新产品预告信息将直接关系到平台新产品未来推广的成败。第五章建立了一个新产品预告双边市场博弈模型,从信息接收者的角度研究了平台竞争下新产品预告策略选择问题。相关研究结论可更加深入且更准确地评估新产品发布信息差异对利益相关者的影响。相关研究结果可以应用于双边市场下 NPP,其主要研究发现如下:

策略 T 有利于 (T,T) 下所有参与者,但由于策略 T 的潜在风险成本太大,平台的利润可能低于 (M,M) 下的利润。策略 M 仅对平台有利,并以 (M,M) 下消费者利益损失为代价。因此,在预告策略的策略选择过程中,首先需要考虑策略 M 和策略 T 的潜在风险成本,其次是策略 M 和策略 T 带来的锁定效应和开发成本节约效应,最后需要考虑网络效应等其他因素。研究发现,当开发人员的能力异质性小于阈值时,(M,M) 是一个 SPNE。当开发人员的能力异质性大于阈值时,两个平台都采用 (T,T)。该结论有助于解释开发者能力异质性较高的平台总是采用一些技术创新并实施高科技产品预告,而开发者能力异质性较低的平台则采用营销预告的现象。

研究发现,即使两个平台相同,非对称策略也可能是 SPNE(以往研究通常认为,对称平台的情况下只能存在对称均衡)。例如,当新版本智能手机的消费者锁定效应和开发者成本节约效应大致相等时,非对称策略很可能是一种均衡。这通常发生在智能手机的生命周期的中间,而不是早期或晚期。然而,这是一种不稳定的策略。非对称策略组合作为 SPNE 的稳定性随着平台异构性的增加而增加。此外,当平台异质性较大时,具有较高竞争优势的平台倾向于选择策略 T 并动态调整到策略 M 以获取更多利润。处于竞争劣势的平台倾向于选择策略 M 并动态调整到策略 T。当平台异构性较小时,劣势平台的预告策略将与优势平台的预告策略相同。也就是说,当两个平台具有不同的竞争优势时,特别是当平台异构性较强时,平台的预告策略并不总是对称的。

在完全同质竞争情况下,策略 M 降低了 (M,M) 下社会整体福利,因为它只是利益的再分配,特别是在激烈竞争中,其以牺牲社会总福利为代价。在完全同质竞争中,策略 T 增加了 (T,T) 下社会的整体福利,因为它带来了应用程序开发者的成本节约效应,并且该成本节约效应可以从开发者传递给消费者和平台。然而,平台并不总是愿意采用策略 T,因为策略 T 的潜在风险成本可能太高,而且两个平台的异质性可能太大。换句话说,平台的利益和社会福利总额之间存在一些不一致和冲突问题,特别是在相同平台竞争的情况下。因此,在现实中,通过行业协会和其他权威组织的协调,避免过度竞争和不合作是解决该困境的关键。

第五章研究的不足之处如下。首先,严格区分了新产品预告信息的类型,这只是一种理想化划分方法。事实上,预告的信息往往是混杂的,总是包括营销和技术信息。因此,在混合信息的情况下,如何通过控制不同类型信息的比例关系来提高预告策略的效果是一个有趣的问题。此外,假设消费者只属于一个平台,市场被完全覆盖,这使得新消费者的进入和老消费者的退出难以进行模型描述。因此,当市场不再是一个瓶颈竞争市场,而是一个寡头垄断或双方都不完全覆盖的开放市场结构时,如何选择新产品预告信息平台也是我们未来的研究方向。最后,假设消费者、开发人员和平台的决策是同步的且信息是对称的。而现实是,这些参与者之间的决策可能是连续的,信息可能是不对称的,市场是不确定的。因此,对于平台企业而言,如何在参与者的决策是连续的、信息不对称的以及市场需求不确定的情况下进行决策也是未来研究的一个方向。

第六章

平台型新产品预告与市场竞争结构

市场竞争结构及环境分析是平台企业新产品预告策略选择的关键要素。第六章通过平台型新产品双边用户的归属性及其市场饱和度的差异性来描述市场竞争结构,并构建了一个基于双边市场基准模型的新产品预告策略选择博弈模型,研究了不同市场竞争结构下平台企业新产品预告策略选择均衡及其社会福利等问题。

6.1 竞争结构差异带来的影响

在新产品正式推向市场之前就进行新产品相关信息的宣传与推广是企业提高自身产品吸引力,提前锁定消费者(Su 等,2010),寻求与开发者以及互补零部件供应商战略联盟(Robertson,1995;Sorescu 等,2007),阻止竞争者进入(Jung,2011)进而抢占市场先机并获得更大竞争优势的重大信息战略。例如,Eliashberg 等(1988)基于 75 个市场经理的访谈调查的结果表明,竞争环境与消费者的转移成本是影响新产品预告的关键因素。Robertson 等(1995)发现新产品预告信息的可信度和专利保护的强度正向影响竞争对手的感知敌意与竞争反应行为。Kohli(1999)认为提前进行新产品信息预告的一个重要价值是减少客户使用新产品的转换成本以及阻止竞争对手进入。Nagard—Assayag 等(2001)认为新产品预告可降低用户新产品转换成本,而且在具有间接网络外部性的产品方面特别有价值。

此外,以往许多研究者都将竞争要素、结构及其环境分析作为平台型新产品预告策略选择研究关键要素,并从不同角度展开了非常深入且细致的研究工作。例如,Mohan(2007)研究了新产品预告的竞争对手的反应行为,其研究表明,新产品预告将激化竞争,信息的可信度与敌意及其交叉作用将直接影响在位竞争对手的行为选择。然而 Zhang 等(2016)的研究结果表明,新产品预告并非总是激化竞争,其也可能缓解市场竞争。Jung(2011)认为,当面临较大竞争威胁时,在位者存在夸大宣传自身新产品质量的动机,其目的是阻止竞争对手的进入。Su 和 Rao(2011)在研究企业新产品预告和发布的时机问题时指出,如果新产品的质量或利润率高,就应该尽快进行预告和上市。反之,则应该推迟进行新产品预告。Rao 和 Turut(2019)的研究表明,只有在竞争情况下新产品预告的水涨船高的参考效应对各方决策与收益的影响才会凸显出来。Chellappa 等(2021)的研究表明,在双边市场情况下,网络效应的交互作用使得平台企业之间的新产品预告更加紧迫且复杂。

显然,从以往学者的研究成果可以看出,学者们在进行新产品预告策略研究时,除 Rao 等(2019)和 Chellappa 等(2021)的研究外,鲜有对两平台企业之间的竞争实力是否相当、消费者和开发者市场是否饱和、消费者和开发者是否可同时使用和拥有多个平台型新产品、消费者和开发者市场进入和退出壁垒以及平台转换成本的高低情况等竞争因素进行系统讨论,也鲜有学者量化和模型化这些竞争因素,并集中讨论竞争结构对企业新产品预告策略选择的影响。

基于此,第六章将新产品预告的成本节约效应因素内化为模型的关键变量,嵌入双边市场基础模型之中,并通过双边市场用户归属性的变化以及市场饱和度的设置,将新产品预告的市场竞争结构与强度特征刻画为三种形式,并分别研究这三种不同市场竞争强度结构下,平台企业新产品预告对消费者、开发者以及平台企业决策行为选择的影响。相关研究成果对新产品预告的市场竞争结构分析具有实践指导意义和理论价值。

6.2　问题描述与基本模型构建

考虑一个智能可穿戴平台系统的双边市场,其双边用户是购买智能可穿戴设备的消费者(标记为下标 b)以及支持各类智能可穿戴设备应用的 App 软件开发者(标记为下标 d)。平台企业可自由在采用预告策略(标记为 Y)和不采用预告策略(标记为 N)之间进行选择,为吸引更多消费者和开发者加入其智能可穿戴生态系统,平台需要在综合考虑不同市场竞争情况下是否要进行新产品预告。已知新产品预告竞争结构如 6.2.1 节所示。

6.2.1 预告竞争结构说明

新产品预告存在多种市场竞争结构(Klastorin 等,2016),不妨通过消费者与开发者的归属性特征以及平台间的竞争特征来对其进行综合描述,并将其分为四种情景,分别进行研究。首先是 1 单位的消费者和 1 单位的开发者都是多归属(multi-homing)且市场不饱和的双寡头(Duopoly)弱竞争强度结构(用上标标记为 $D\text{-}mm$),如图 6.1 所示。

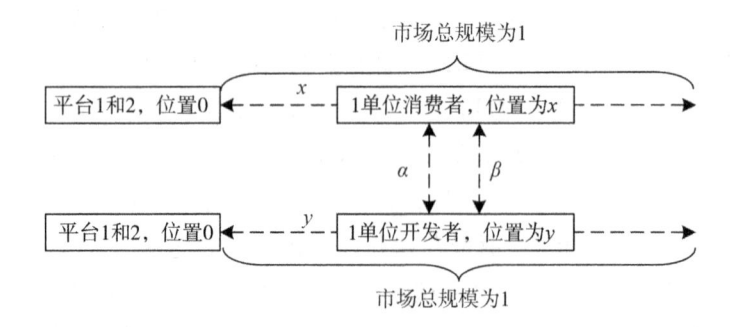

图 6.1 弱竞争强度结构

其次是 1 单位的消费者是单归属(single-homing)且市场饱和,1 单位的开发者为多归属(multi-homing)且市场不饱和的双寡头强竞争强度结构(用上标标记为 $D\text{-}sm$),如图 6.2 所示。

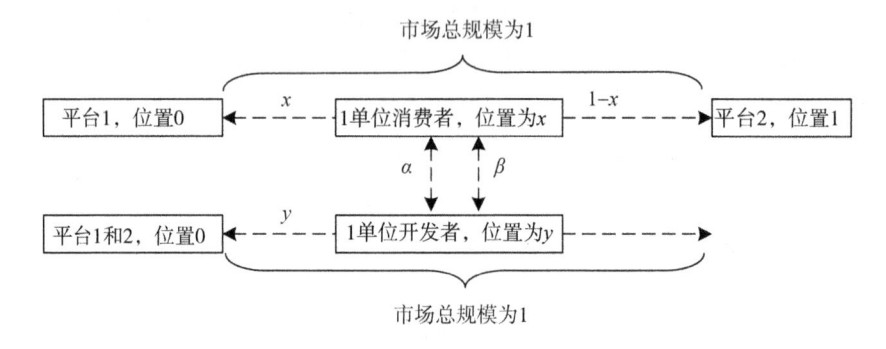

图 6.2 强竞争强度结构

其次是 r 比例的消费者是单归属(single-homing)且市场饱和,$1-r$ 比例的消费者是多归属且市场不饱和,以及 1 单位的开发者为多归属且市场不饱和的双寡头中等竞争强度结构(用上标标记为 $D\text{-}E$),也称为一般竞争结构情景,如图 6.3 所示。

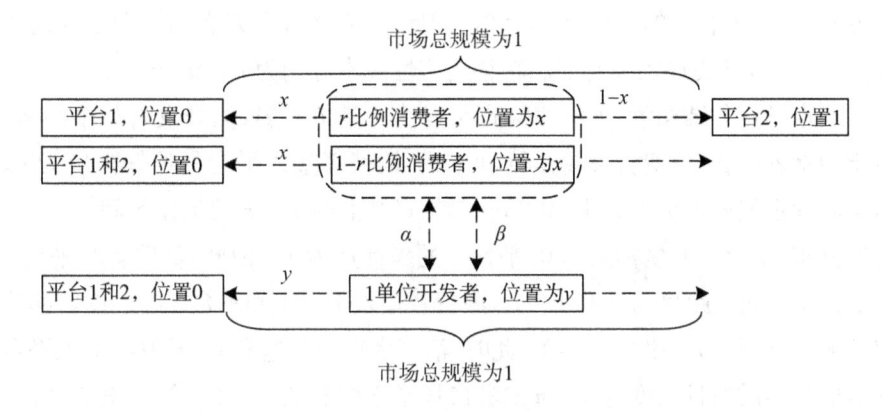

图 6.3　一般竞争强度结构

除了考虑市场竞争因素外,该智能可穿戴新平台系统的预告还要考虑新产品的预告效应、消费者和开发者偏好、双边市场基本特征以及各方的博弈关系的因素。

6.2.2　预告信息效应

假定新产品预告信息具有开发者成本节约效应,即提前获得新产品预告信息可提高其 App 开发效率并降低其各类 App 开发成本的效应。其中,该成本节约效应强度系数为 f_e,且满足 $f \geqslant f_e$。其中 f 为开发者接入平台的平均开发成本,也称为开发者接入平台的单位距离转移适应性成本。

其次,假定新产品预告信息不具有消费者成本节约效应,其接入平台的成本不受影响。值得注意的是,消费者和开发者对新产品预告信息的响应的不对称性是符合现实情况的。因为开发者具有技术背景,能够从新产品预告信息中更快速地捕捉到对其要开发的 App 的有用信息,进而产生成本节约。消费者通常缺乏技术知识,不会因为技术预告信息而产生接入平台成本或效用的变化。

6.2.3　消费者和开发者的平台偏好

当市场竞争结构为 D-mm 时,此时,消费者和开发者都是多归属,消费者和开发者都是非饱和市场,消费者和开发者接入平台的偏好强度分别为 t 和 f(用来表征消费者和开发者接入平台的单位距离转移适应成本),消费者和开发者理想的偏好坐标点分别为 x 和 y，且 x 和 y 都满足密度为 1 的 [0,1] 均匀分布，平台 1 和 2 的坐标点都为 0。因此，消费者和开发者与平台之间的距离为 x 和 y，其要接入平台的总转移适应性成本分别为 tx 和 fy。

当市场竞争结构为 D-sm 时，此时消费者是单归属，但开发者是多归属。对于消费者而言，消费者市场是饱和市场，消费者接入平台的偏好强度为 t，消费者理想偏好坐标点为 Hotelling 单位直线上的 x，x 满足在区间 [0,1] 上均匀分布，平台 1 的坐标点为 0，平台 2 的坐标点为 1。因此，消费者与平台 1 和平台 2 之间的距离为 x 和 $1-x$，消费者接入平台 1 和平台 2 的总的转移适应性成本分别为 tx 和 $t(1-x)$。此时，消费者市场是饱和的，开发者接入平台的偏好是异质的且强度为 f，开发者市场是不饱和的，开发者偏好服从 [0,1] 的均匀分布，平台 1 和平台 2 的坐标点都为 0。因此，开发者与平台 1 和平台 2 之间的距离都为 y，开发者接入平台 1 和平台 2 的总转移适应性成本都为 fy。

6.2.4　新产品预告双边市场特征

在新产品预告双边市场，因任意消费者接入平台后可获得免费产品或服务，故假定消费者接入平台皆可获得的一个足够大固定效用 v。

假定消费者和开发者之间存在显著的相互交叉网络增值效应，单位开发者加入平台给消费者带来的交叉网络效应强度价值为 α，单位消费者加入平台给开发者带来的交叉网络效应强度价值为 β，且单位消费者带来的交叉网络效应强度大于单位开发者带来的交叉网络效应强度，即满足 $\beta>\alpha$。

假定情景 $k\in\{D\text{-}mm,D\text{-}sm\}$ 下，当平台采用策略 $j\in\{Y,N\}$ 时，消费者加入平台 $i\in\{1,2\}$ 的数量为 $n_{bi}^{k,j}$，开发者加入平台 $i\in\{1,2\}$ 的数量为 $n_{di}^{k,j}$，消费者和开发者总数量都为 1 单位。因此，情景 $k\in\{D\text{-}mm,D\text{-}sm\}$ 下，当平台采用策略 $j\in\{Y,N\}$ 时，消费者接入平台可获得交叉网络效应强度价值为 $\alpha n_{bi}^{k,j}$，开发者接入平台可获得交叉网络效应强度价值为 $\beta n_{di}^{k,j}$。

6.2.5　用户效用与平台利润函数

情景 $k\in\{D\text{-}mm,D\text{-}sm\}$ 下，当平台采用策略 $j\in\{Y,N\}$ 时，消费者使用新版本平台产品 $i\in\{1,2\}$ 的效用函数为：

$$u_{bi}^{k,j}(n_d,p_b)=v+\alpha n_{di}^{k,j}-p_b^{k,j}-tx_i^k \tag{6.1}$$

其中,消费者的理想偏好点满足 $x_i^{D\text{-}mm} = x$、$x_1^{D\text{-}sm} = x$ 和 $x_2^{D\text{-}sm} = 1-x$。

情景 $k \in \{D\text{-}mm, D\text{-}sm\}$ 下,当平台采用策略 $j \in \{Y, N\}$ 时,开发者使用新版本平台产品 $i \in \{1,2\}$ 的效用函数为:

$$u_{di}^{k,j}(n_b, p_d) = v + \beta n_{di}^{k,j} - p_d^{k,j} - fy_i^k \quad (6.2)$$

其中,开发者的理想偏好点满足 $y_i^{D\text{-}mm} = y$ 和 $y_i^{D\text{-}sm} = y$。

情景 $k \in \{D\text{-}mm, D\text{-}sm\}$ 下,当平台采用策略 $j \in \{Y, N\}$ 时,平台企业 $i \in \{1,2\}$ 的利润函数为:

$$\Pi_{di}^{k,j}(n_b, p_d) = p_{bi}^{k,j} n_{bi}^{k,j} + p_d^{k,j} n_{di}^{k,j} \quad (6.3)$$

其中,第一项为消费者购买平台产品的销售收益,第二项为开发者注册费的收益。不失一般性,为聚焦竞争结构的影响,式(6.3)假定平台向消费者和开发者提供的技术服务支持边际成本为零,其新产品预告成本为零。

6.2.6 平台策略选择与博弈顺序

策略 Y 下的博弈内容与顺序如图 6.4 所示:
① 平台企业向消费者和开发者进行新产品预告;
② 开发者收到新产品预告信息,开发者调整其 App 开发适应性成本;
③ 平台企业公告新产品的消费者和开发者定价;
④ 消费者和开发者决策其加入平台的数量并完成交易。

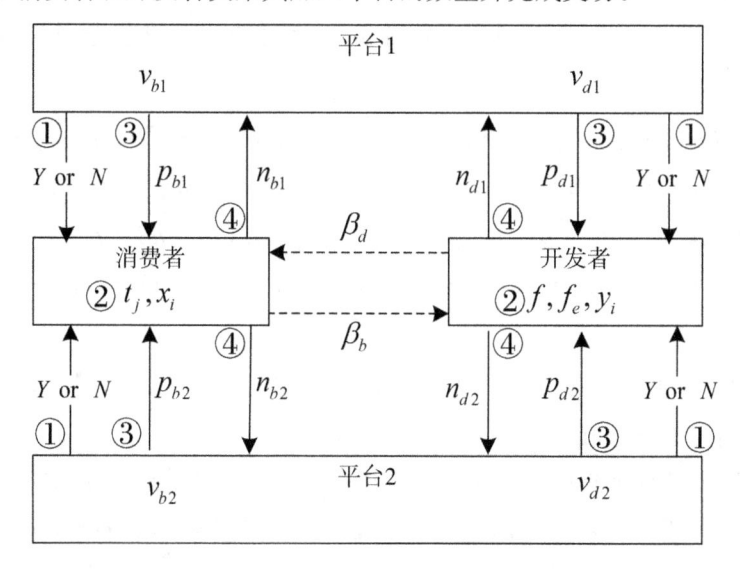

图 6.4 各方之间的博弈关系与内容

策略 N 下博弈内容与顺序如图 6.4 所示：
① 平台企业不向消费者和开发者进行新产品预告；
② 开发者不调整其 App 开发适应性成本；
③ 平台企业公告新产品的消费者和开发者定价；
④ 消费者和开发者决策其加入平台的数量并完成交易。

6.3 弱竞争 D-mm 情景分析

6.3.1 纳什均衡

6.3.1 小节先计算策略 Y 下的均衡解，然后计算策略 N 下的均衡解。为保证本均衡解存在，规定策略 N 须满足 $t > \hat{t}_1^{D\text{-}mm} = \beta(\alpha+\beta)/(2f)$，策略 Y 须满足 $t > \hat{t}_2^{D\text{-}mm} = \beta(\alpha+\beta)/[2(f-f_e)]$。

首先可得，消费者与开发者的效用函数可描述为：

$$\begin{cases} u_{bi}^{D\text{-}mm,Y}(n_{di},p_{bi}) = v + \alpha n_{di} - p_{bi} - tx_i^{D\text{-}mm,Y} \\ u_{di}^{D\text{-}mm,Y}(n_{di},p_{bi}) = \beta n_{bi} - p_{di} - (f-f_e)y_i^{D\text{-}mm,Y} \end{cases} \quad (6.4)$$

基于逆向推导过程，由消费者和开发者接入平台 i 的参与约束条件 $u_{bi}^{D\text{-}mm,Y}(n_{di},p_{bi}) > 0$ 和 $u_{di}^{D\text{-}mm,Y}(n_{di},p_{bi})$，可得消费者和开发者是否接入平台 1 的距离临界值分别为 $\hat{x}_i^{D\text{-}mm,Y} = (\alpha n_{d1} - p_{b1} + v_b)/t$ 和 $\hat{f}_i^{M\text{-}mm,Y} = (\beta n_{b1} - p_{d1})/(f-f_e)$。因此，可计算得消费者和开发者接入平台的数量反应函数，其分别为：

$$\begin{cases} n_{b1}^{D\text{-}mm,Y}(p_{b1},p_{b2},p_{d1},p_{d2}) = [(f-f_e)(v_b-p_{b1}) - \alpha p_{d1}]/(ft-\alpha\beta-tf_e) \\ n_{b2}^{D\text{-}mm,Y}(p_{b1},p_{b2},p_{d1},p_{d2}) = [(f-f_e)(v_b-p_{b2}) - \alpha p_{d2}]/(ft-\alpha\beta-tf_e) \\ n_{d1}^{D\text{-}mm,Y}(p_{b1},p_{b2},p_{d1},p_{d2}) = (\beta v_b - \beta p_{b1} - tp_{d1})/(ft-\alpha\beta-tf_e) \\ n_{d2}^{D\text{-}mm,Y}(p_{b1},p_{b2},p_{d1},p_{d2}) = (\beta v_b - \beta p_{b2} - tp_{d2})/(ft-\alpha\beta-tf_e) \end{cases}$$

(6.5)

此时，将式(6.5)代入平台企业利润函数 $\Pi_i^{D\text{-}mm,Y}(p_{bi},p_{di},n_{bi},n_{di})$，更新平台企业利润函数为 $\Pi_i^{D\text{-}mm,Y}(p_{b1},p_{d1},p_{b2},p_{d2})$。

又因为平台企业对消费者和开发者的定价是同步做出的，故联立如下四个方程 $\dfrac{\partial \Pi_1^{D\text{-}mm,Y}(p_{b1},p_{d1},p_{b2},p_{d2})}{\partial p_{b1}} = 0$、$\dfrac{\partial \Pi_2^{D\text{-}mm,Y}(p_{b1},p_{d1},p_{b2},p_{d2})}{\partial p_{b2}} = 0$、

$\dfrac{\partial \Pi_1^{D\text{-}mn,Y}(p_{b1},p_{d1},p_{b2},p_{d2})}{\partial p_{d1}} = 0$ 和 $\dfrac{\partial \Pi_2^{D\text{-}mn,Y}(p_{b1},p_{d1},p_{b2},p_{d2})}{\partial p_{d2}} = 0$,可得消费者定价均衡值 $p_{bi}^{D\text{-}mn,Y}$ 以及开发者定价均衡值 $p_{di}^{D\text{-}mn,Y}$,如表 6.1 所示。

需要注意的是,平台企业最优定价均衡解是否存在还需要验证其海塞矩阵是否为负定。其具体验证过程如下所示。

平台 i 关于消费者和开发者定价的海塞矩阵为:

$$\boldsymbol{H}_i^{D\text{-}mn,Y} = \begin{bmatrix} \dfrac{-2(f-f_e)}{ft-\alpha\beta-tf_e} & \dfrac{-(\alpha+\beta)}{ft-\alpha\beta-tf_e} \\ \dfrac{-(\alpha+\beta)}{ft-\alpha\beta-tf_e} & \dfrac{-2t}{ft-\alpha\beta-tf_e} \end{bmatrix} \tag{6.6}$$

因 $\boldsymbol{H}_i^{D\text{-}mn,Y}$ 的一阶和二阶主子式分别为 $Z_{i1}^{D\text{-}mn,Y} = \dfrac{-2(f-f_e)}{ft-\alpha\beta-tf_e}$ 和 $Z_{i2}^{D\text{-}mn,Y} = \dfrac{4ft-(\alpha+\beta)^2-4tf_e}{(ft-\alpha\beta-tf_e)^2}$,$t > \hat{t}_2^{D\text{-}mn} = \beta(\alpha+\beta)/[2(f-f_e)]$ 和 $f-f_e > 0$,故 $t > \dfrac{(\alpha+\beta)^2}{4(f-f_e)}$,$Z_{i1}^{D\text{-}mn,Y} < 0$ 和 $Z_{i2}^{D\text{-}mn,Y} > 0$ 成立。也就是说 $\boldsymbol{H}_i^{D\text{-}mn,Y}$ 为负定,即平台企业利润函数是消费者和开发者定价的凹函数。显然,当消费者定价和开发者定价分别为 $p_{bi}^{D\text{-}mn,Y}$ 和 $p_{di}^{D\text{-}mn,Y}$ 时,平台企业利润取得最大值。

表 6.1 弱竞争 D-mn 情景且策略 Y 的均衡解

	决策变量		
消费者定价	$p_{bi}^{D\text{-}mn,Y} = \dfrac{[2ft-\beta(\alpha+\beta)-2tf_e]v}{4ft-(\alpha+\beta)^2-4tf_e}$	消费者数量	$n_{bi}^{D\text{-}mn,Y} = \dfrac{2(f-f_e)v}{4ft-(\alpha+\beta)^2-4tf_e}$
开发者定价	$p_{di}^{D\text{-}mn,Y} = \dfrac{(\beta-\alpha)(f-f_e)v}{4ft-(\alpha+\beta)^2-4tf_e}$	开发者数量	$n_{di}^{D\text{-}mn,Y} = \dfrac{(\alpha+\beta)v}{4ft-(\alpha+\beta)^2-4tf_e}$
	输出利润/效用		
平台利润	$\Pi_i^{D\text{-}mn,Y} = (f-f_e)v^2/[4ft-(\alpha+\beta)^2-4tf_e]$		
消费者效用	$U_{bi}^{D\text{-}mn,Y} = 2t(f-f_e)^2v^2/[4ft-(\alpha+\beta)^2-4tf_e]^2$		
开发者效用	$U_{di}^{D\text{-}sm,Y} = (\alpha+\beta)^2(f-f_e)v^2/\{2[4ft-(\alpha+\beta)^2-4tf_e]^2\}$		
社会总福利	$SW^{D\text{-}sm,Y} = (f-f_e)[12ft-(\alpha+\beta)^2-12tf_e]v^2/[4ft-(\alpha+\beta)^2-4tf_e]^2$		

将消费者和开发者定价均衡值代入相关公式,可得消费者接入平台数量均衡值 $n_{bi}^{D\text{-}mn,Y}$ 和开发者接入平台的数量均衡值 $n_{di}^{D\text{-}mn,Y}$,具体如表 6.1 所示。又因为消费者和开发者密度函数都为 1,故由 $U_{b1}^{D\text{-}sm,Y} = \int_0^{\hat{x}_1^{D\text{-}mn,Y}} u_{b1}^{D\text{-}mn,Y}(x)\mathrm{d}x$,

$U_{b2}^{D\text{-}mn,Y} = \int_0^{\hat{x}_2^{D\text{-}mn,Y}} u_{b2}^{D\text{-}mn,Y}(x) \mathrm{d}x$、$U_{di}^{D\text{-}mn,Y} = \int_0^{\hat{y}_i^{D\text{-}mn,Y}} u_{di}^{D\text{-}mn,Y}(y) \mathrm{d}y$ 以及 $SW^{D\text{-}mn,Y} = \sum_{i=1}^{2}(U_{bi}^{D\text{-}mn,Y} + U_{di}^{D\text{-}mn,Y} + \Pi_i^{D\text{-}mn,Y})$，可求得消费者接入平台的效用均衡值，开发者接入平台的效用均衡值以及社会总福利均衡值，如表 6.1 所示。

由于 $(D\text{-}mm, N)$ 下均衡解计算过程与 $(D\text{-}mm, Y)$ 下计算过程相同，所不同的是 $(D\text{-}mm, N)$ 下 $f_e = 0$。因此，将 $(D\text{-}mm, Y)$ 表 6.1 中各均衡解的 f_e 设置为 0，就得到 $(D\text{-}mm, N)$ 下各均衡解表达。

6.3.2 平台利润与平台用户效用

命题 6.1：$D\text{-}mm$ 情境且策略 Y 下，

(1) 消费者效用是 f_e 的增函数，是 (α, β) 的增函数，是 t 的减函数；

(2) 开发者效用是 f_e 的增函数，是 (α, β) 的增函数，是 t 的减函数；

(3) 平台企业利润是 f_e 的减函数，是 (α, β) 的减函数，是 t 增函数。

证明：令 $W_2 = 4ft - (\alpha+\beta)^2 - 4tf_e$，因为 $f - f_e > 0$ 故 $t > \beta(\alpha+\beta)/[2(f-f_e)]$ 和 $W_2 > 0$，则消费者效用满足 $\frac{\partial U_{bi}^{D\text{-}mn,Y}}{\partial f_e} = \frac{4t(\alpha+\beta)^2(f-f_e)v^2}{W_2^3} > 0$，$\frac{\partial U_{bi}^{D\text{-}mn,Y}}{\partial \alpha} = \frac{\partial U_{bi}^{D\text{-}mn,Y}}{\partial \beta} = \frac{8tv^2(\alpha+\beta)(f-f_e)^2}{W_2^3} > 0$ 以及 $\frac{\partial U_{bi}^{D\text{-}mn,Y}}{\partial t} = \frac{-2v^2(f-f_e)^2[W_2 + 3(\alpha+\beta)^2]}{W_2^3} < 0$ 成立，故命题 6.1 子结论（1）成立。其次，同理，因为开发者效用满足 $\frac{\partial U_{di}^{D\text{-}mn,Y}}{\partial f_e} = \frac{v^2(\alpha+\beta)^2[W_2 + 2(\alpha+\beta)^2]}{W_2^3} > 0$，$\frac{\partial U_{di}^{D\text{-}mn,Y}}{\partial t} = \frac{-4v^2(\alpha+\beta)^2(f-f_e)^2}{W_2^3} < 0$ 和 $\frac{\partial U_{di}^{D\text{-}mn,Y}}{\partial \alpha} = \frac{\partial U_{di}^{D\text{-}mn,Y}}{\partial \beta} = \frac{v^2(\alpha+\beta)(f-f_e)[W_2 + 2(\alpha+\beta)^2]}{W_2^3} > 0$ 成立，故命题 6.1 子结论（2）成立。再次，又因为平台企业利润满足 $\frac{\partial \Pi_i^{D\text{-}mn,Y}}{\partial f_e} = \frac{v^2(\alpha+\beta)^2}{W_2^2} > 0$，$\frac{\partial \Pi_i^{D\text{-}mn,Y}}{\partial \alpha} = \frac{\partial \Pi_i^{D\text{-}mn,Y}}{\partial \beta} = \frac{2v^2(\alpha+\beta)(f-f_e)}{W_2^2} > 0$ 和 $\frac{\partial \Pi_i^{D\text{-}mn,Y}}{\partial t} = \frac{-4v^2(f-f_e)^2}{W_2^2} < 0$ 成立，故命题 6.1 子结论（3）成立。证毕。

命题 6.1 首先表明，$D\text{-}mm$ 情景且策略 Y 下，消费者偏好强度的增大将导致消费者接入平台的适应性成本增大。这种不利因素将传导给所有参与者，进而导致消费者和开发者效用的减小,也导致平台企业利润的减小。显然,消费者偏好的增大将增大平台企业利润的结论与命题6.4中对应的结论是不同的,其根本原因在于市场竞争结构的变化。

其次,命题6.1还表明,在 $D\text{-}mm$ 情景且策略 Y 下,新产品预告产生的成本节约效应系数越大,新产品的总体红利越大。此时,消费者、开发者以及平台企业分别可获得的收益越大。有趣的是,虽然新产品预告在某种程度上激活了平台之间的竞争,也倒逼平台降低消费者定价,但新产品预告给平台带来的利益大于损失,故平台企业依然可以从中获益。

6.3.3 平台定价与平台用户数量

6.3.3小节将分析弱竞争 $D\text{-}mm$ 情境下策略 Y 和策略 N 下的消费者和开发者定价大小比较及其消费者和开发者接入平台数量比较,相关结论如命题6.2。

命题 6.2: $D\text{-}mm$ 情境下,

(1) 当 $t > \hat{t}_2^{D\text{-}mm} = \beta(\alpha+\beta)/[2(f-f_e)]$ 时,策略 Y 的消费者定价小于策略 N 的消费者定价,策略 Y 的开发者定价大于策略 N 的开发者定价;

(2) 当 $t > \hat{t}_2^{D\text{-}mm} = \beta(\alpha+\beta)/[2(f-f_e)]$ 时,策略 Y 的消费者数量大于策略 N 的消费者数量,策略 Y 的开发者数量小于策略 N 的开发者数量。

证明:令 $W_1 = 4ft - (\alpha+\beta)^2$ 和 $W_2 = 4ft - (\alpha+\beta)^2 - 4tf_e$,从 $f > f_e$ 可以推得,$p_{bi}^{D\text{-}mm,Y} - p_{bi}^{D\text{-}mm,N} = -2t(\beta^2-\alpha^2)f_e v/(W_1 W_2) < 0$,$p_{di}^{D\text{-}mm,Y} - p_{di}^{D\text{-}mm,N} = (\beta-\alpha)(\alpha+\beta)^2 f_e v/(W_1 W_2) > 0$,$n_{bi}^{D\text{-}mm,Y} - n_{bi}^{D\text{-}mm,N} = 2(\alpha+\beta)^2 f_e v/(W_1 W_2) > 0$ 和 $n_{di}^{D\text{-}mm,Y} - n_{di}^{D\text{-}mm,N} = 2(W_4 + 2tf_e)(\alpha+\beta)v/(W_1 W_2) > 0$ 成立,即所有子结论成立。证毕。

命题6.2表明,$D\text{-}mm$ 情境下,虽然消费者和开发者都是多归属且为不饱和市场,但新产品预告对消费者和开发者定价的影响是不同方向的。其表现为,新产品预告成本节约效应在直接带来开发者接入平台的数量增大的同时,也让开发者的定价有所提高。但是,新产品预告成本节约效应在间接带来消费者接入平台的数量增大的同时,消费者的定价却是降低的。

6.3.4 各方策略选择

6.3.4小节将给出新产品预告策略对消费者效用、开发者效用以及平台企业利润的影响,进而给出平台企业利润占优的新产品预告策略选择结论。

相关结论如命题 6.3 所示。

命题 6.3：$D\text{-}mm$ 情景下，

(1) 当 $t > \hat{t}_2^{Dmm}$ 时，策略 Y 消费者效用大于策略 N 消费者效用，策略 Y 开发者效用大于策略 N 开发者效用；

(2) 当 $t > \hat{t}_2^{Dmm}$ 时，策略 Y 是平台企业均衡策略选择，当 $\hat{t}_2^{Dmm} \geqslant t \geqslant \hat{t}_1^{Dmm}$，策略 N 是均衡策略选择。

证明：令 $W_1 = 4ft - (\alpha+\beta)^2$ 和 $W_2 = 4ft - (\alpha+b)^2 - 4tf_e$，且由 $f > f_e$，$t > \beta(\alpha+\beta)/[2(f - f_e)]$ 可知，消费者效用之差 $U_{bi}^{D\text{-}sm,Y} - U_{bi}^{D\text{-}sm,N} = 2tv_b^2[4f_eft(f_e - f) + f_e(2f - f_e)(\alpha+\beta)^2/(W_2^2 W_1^2)] > 0$ 和开发者效用之差 $U_{di}^{D\text{-}sm,Y} - U_{di}^{D\text{-}sm,N} = (\alpha+\beta)^2 f_e/[32f(f - f_e)] > 0$。故命题 6.3 子结论（1）成立。其次，由策略 Y 和策略 N 下的平台企业利润之差 $\Pi_i^{D\text{-}sm,Y} - \Pi_i^{D\text{-}sm,N} = (\alpha+\beta)^2 f_e v_b^2/(W_1 W_2) > 0$ 成立以及阈值点 $\hat{t}_2^{Dmm} \geqslant t \geqslant \hat{t}_1^{Dmm}$ 可知，当策略 Y 不存在均衡解，策略 N 将是均衡策略选择，即命题 6.3 子结论（2）成立。证毕。

命题 6.3 表明，$D\text{-}mm$ 情景下，消费者偏好值的具体大小分布影响到消费者、开发者以及平台企业的新产品预告策略选择。当消费者偏好较强时，策略 Y 是平台企业利润占优策略，此时也是消费者和开发者效用增长策略，故能够实现三方共赢。但是，一旦消费者偏好较小，由于无法同时满足消费者、开发者以及平台企业参与新产品预告活动的三方共赢激励，此时策略 N 将成为平台企业被迫的均衡策略选择。其原因在于，新产品预告策略 Y 激活了两平台之间的竞争关系，倒逼平台企业继续降低消费者定价，并且强度不足的消费者偏好无法赋予平台企业足够大的利润分配权，平台企业将无法从新产品预告红利获得足够的利润补偿。故策略 N 将成为平台企业均衡策略选择。

6.4 强竞争 $D\text{-}sm$ 情景分析

6.4.1 纳什均衡

为保证本均衡解存在，首先规定策略 Y 下消费者偏好强度满足 $\hat{t}_2^{D\text{-}sm} < t < \hat{t}_4^{D\text{-}sm}$，规定策略 N 下消费者偏好强度满足 $\hat{t}_1^{D\text{-}sm} < t < \hat{t}_3^{D\text{-}sm}$。其中，$\hat{t}_1^{D\text{-}sm} = \dfrac{\beta(3\alpha+\beta)}{4f}$，$\hat{t}_2^{D\text{-}sm} = \dfrac{\beta(3\alpha+\beta)}{4(f-f_e)}$，$\hat{t}_3^{D\text{-}sm} = \dfrac{4vf + \alpha^2 + 4\alpha\beta + \beta^2}{5f_e}$ 和 $\hat{t}_4^{D\text{-}sm} =$

$\frac{4v(f-f_e)+\alpha^2+4\alpha\beta+\beta^2}{5(f-f_e)}$。显然,由上述阈值表达式不难计算可知,$\hat{t}_1^{D\text{-}sm} < \hat{t}_2^{D\text{-}sm} < \max\{\hat{t}_3^{D\text{-}sm}, \hat{t}_4^{D\text{-}sm}\}$ 成立。

接下来,先计算策略 Y 下均衡解,然后计算策略 N 下均衡解。具体计算步骤如下所示。

首先可得,消费者与开发者效用的线性函数可描述为:

$$\begin{cases} u_{b1}^{D\text{-}sm,Y}(n_{d1}, p_{b1}) = v + \alpha n_{d1} - p_{b1} - tx \\ u_{b2}^{D\text{-}sm,Y}(n_{d2}, p_{b2}) = v + \alpha n_{d2} - p_{b2} - t(1-x) \\ u_{di}^{D\text{-}sm,Y}(n_{di}, p_{bi}) = \beta n_{bi} - p_{di} - (f-f_e)y_i \end{cases} \quad (6.7)$$

基于逆向推导过程,首先由消费者和开发者接入平台 i 的参与约束条件 $u_{bi}^{D\text{-}sm,Y}(n_{di}, p_{bi}) > 0$ 和 $u_{di}^{D\text{-}sm,Y}(n_{di}, p_{bi})$,可得消费者和开发者是否接入平台 1 的距离临界值分别为 $\hat{x}^{D\text{-}sm,Y} = (t+\alpha n_{d1} - \alpha n_{d2} - p_{b1} + p_{b2})/(2t)$ 和 $\hat{f}^{M\text{-}mm,Y} = (\beta n_{bi} - p_{di})/(f-f_e)$。因此,可计算得消费者和开发者接入平台的数量的反应函数,其分别为:

$$\begin{cases} n_{b1}^{D\text{-}sm,Y}(p_{b1}, p_{b2}, p_{d1}, p_{d2}) = \dfrac{(f-f_e)(t-p_{b1}+p_{b2}) - \alpha(\beta+p_{d1}-p_{d2})}{2ft - 2\alpha\beta - 2tf_e} \\ n_{b2}^{D\text{-}sm,Y}(p_{b1}, p_{b2}, p_{d1}, p_{d2}) = \dfrac{(f-f_e)(t+p_{b1}-p_{b2}) - \alpha(\beta-p_{d1}+p_{d2})}{2ft - 2\alpha\beta - 2tf_e} \\ n_{d1}^{D\text{-}sm,Y}(p_{b1}, p_{b2}, p_{d1}, p_{d2}) = \dfrac{[t\beta - \beta(p_{b1}-p_{b2}) - 2tp_{d1}](f-f_e) - \alpha\beta(\beta - p_{d1} - p_{d2})}{2(f-f_e)(ft - \alpha\beta - tf_e)} \\ n_{d2}^{D\text{-}sm,Y}(p_{b1}, p_{b2}, p_{d1}, p_{d2}) = \dfrac{[t\beta + \beta(p_{b1}-p_{b2}) - 2tp_{d2}](f-f_e) - \alpha\beta(\beta + p_{d1} + p_{d2})}{2(f-f_e)(ft - \alpha\beta - tf_e)} \end{cases}$$
$$(6.8)$$

此时,将式(6.8)代入平台企业利润函数 $\Pi_i^{D\text{-}sm,Y}(p_{bi}, p_{di}, n_{bi}, n_{di})$,更新平台企业利润函数为 $\Pi_i^{D\text{-}sm,Y}(p_{b1}, p_{d1}, p_{b2}, p_{d2})$。

又因为平台企业对消费者和开发者的定价是同步做出的,故联立如下四个方程 $\dfrac{\partial \Pi_1^{D\text{-}sm,Y}(p_{b1}, p_{d1}, p_{b2}, p_{d2})}{\partial p_{b1}} = 0$、$\dfrac{\partial \Pi_2^{D\text{-}sm,Y}(p_{b1}, p_{d1}, p_{b2}, p_{d2})}{\partial p_{b2}} = 0$、$\dfrac{\partial \Pi_1^{D\text{-}sm,Y}(p_{b1}, p_{d1}, p_{b2}, p_{d2})}{\partial p_{d1}} = 0$ 和 $\dfrac{\partial \Pi_2^{D\text{-}sm,Y}(p_{b1}, p_{d1}, p_{b2}, p_{d2})}{\partial p_{d2}} = 0$,可得消费者定价均衡值 $p_{bi}^{D\text{-}sm,Y}$ 以及开发者定价均衡值 $p_{di}^{D\text{-}sm,Y}$,如表 6.2 所示。

需要注意的是,平台企业最优定价均衡解是否存在还需要验证其海塞矩阵是否为负定。其具体验证过程如下所示。

首先可知，平台 i 关于消费者和开发者定价的海塞矩阵为：

$$\boldsymbol{H}_i^{D\text{-}sm,Y} = \begin{bmatrix} \dfrac{-(f-f_e)}{ft-\alpha\beta-tf_e} & \dfrac{-(\alpha+\beta)}{2(ft-\alpha\beta-tf_e)} \\ \dfrac{-(\alpha+\beta)}{2(ft-\alpha\beta-tf_e)} & \dfrac{-(2ft-2tf_e-\alpha\beta)}{(f-f_e)(ft-\alpha\beta-tf_e)} \end{bmatrix} \quad (6.9)$$

此时可知，$\boldsymbol{H}_i^{D\text{-}sm,Y}$ 的一阶和二阶主子式分别为 $Z_{i1}^{D\text{-}sm,Y} = \dfrac{-(f-f_e)}{ft-\alpha\beta-tf_e}$ 和 $Z_{i2}^{D\text{-}sm,Y} = \dfrac{8ft-\alpha^2-6\alpha\beta-\beta^2-8tf_e}{4(ft-\alpha\beta-tf_e)^2}$。又因 $t > \hat{t}_2^{D\text{-}sm} = \beta(3\alpha+\beta)/[4(f-f_e)]$，故 $t > \dfrac{\alpha^2+6\alpha\beta+\beta^2}{8(f-f_e)}$ 总成立，即 $Z_{i1}^{D\text{-}sm,Y} < 0$ 和 $Z_{i2}^{D\text{-}sm,Y} > 0$ 成立。也就是说，海塞矩阵 $\boldsymbol{H}_i^{D\text{-}sm,Y}$ 为负定，平台企业利润函数是消费者和开发者定价的凹函数，消费者定价和开发者定价分别为 $p_{bi}^{D\text{-}sm,Y}$ 和 $p_{di}^{D\text{-}sm,Y}$ 时，平台企业利润取得最大值。

将消费者和开发者定价均衡值代入相关公式，可得消费者接入平台数量均衡值 $n_{bi}^{D\text{-}sm,Y}$ 和开发者接入平台的数量均衡值 $n_{di}^{D\text{-}sm,Y}$，具体如表 6.2 所示。又因为消费者和开发者密度函数都为 1，故由 $U_{b1}^{D\text{-}sm,Y} = \int_0^{\hat{x}^{D\text{-}sm,Y}} u_{b1}^{D\text{-}sm,Y}(x)\mathrm{d}x$，$U_{b2}^{D\text{-}sm,Y} = \int_{\hat{x}^{D\text{-}sm,Y}}^1 u_{b2}^{D\text{-}sm,Y}(x)\mathrm{d}x$，$U_{di}^{D\text{-}sm,Y} = \int_0^{\hat{y}^{D\text{-}sm,Y}} u_{di}^{D\text{-}sm,Y}(y)\mathrm{d}y$ 以及 $SW^{D\text{-}sm,Y} = \sum_{i=1}^2 (U_{bi}^{D\text{-}sm,Y} + U_{di}^{D\text{-}sm,Y} + \Pi_i^{D\text{-}sm,Y})$，可求得消费者接入平台的效用均衡值、开发者接入平台的效用均衡值以及社会总福利均衡值，如表 6.2 所示。

表 6.2 强竞争 D-sm 情景且策略 Y 的均衡解

决策变量			
消费者定价	$p_{bi}^{D\text{-}sm,Y} = t - \beta(3\alpha+\beta)/(4f-4f_e)$	消费者数量	$n_{bi}^{D\text{-}sm,Y} = 1/2$
开发者定价	$p_{di}^{D\text{-}sm,Y} = (\beta-\alpha)/4$	开发者数量	$n_{di}^{D\text{-}sm,Y} = (\alpha+\beta)/(4f-4f_e)$
输出利润/效用			
平台利润	$\Pi_i^{D\text{-}sm,Y} = t/2 - (\alpha^2+6\alpha\beta+\beta^2)/(16f-16f_e)$		
消费者效用	$U_{bi}^{D\text{-}sm,Ys} = [(4v-5t)(f-f_e)+\alpha^2+4\alpha\beta+\beta^2]/(8f-8f_e)$		
开发者效用	$U_{di}^{D\text{-}sm,Y} = (\alpha+\beta)^2/[32(f-f_e)]$		
社会总福利	$SW^{D\text{-}sm,Y} = [4(f-f_e)(4v-t)+3(\alpha+\beta)^2]/[16(f-f_e)]$		

由于 $D\text{-}sm,N$ 下的均衡解计算过程与 $D\text{-}sm,Y$ 下计算过程相同，所不同

的是 $D\text{-}sm,N$ 下 $f_e=0$。因此，将 $D\text{-}sm,Y$ 情况下的表 6.2 中各均衡解的 f_e 设置为 0，就得到 $D\text{-}sm,N$ 下的各均衡解表达。需要注意的是，策略 N 下，各方博弈存在均衡解的条件是 $\hat{t}_1^{D\text{-}sm} < t < \hat{t}_3^{D\text{-}sm}$。

6.4.2 平台利润与平台用户效用

命题 6.4：$D\text{-}sm$ 情景且策略 Y 下，

(1) 消费者效用是 f_e 的增函数，是 t 的减函数；

(2) 开发者效用是 f_e 的增函数，与 t 无关；

(3) 平台企业利润是 f_e 的减函数，是 t 增函数。

证明：首先，由 $f-f_e>0$ 可知，消费者效用满足 $\dfrac{\partial U_{bi}^{D\text{-}sm,Y}}{\partial f_e} = \dfrac{\alpha^2+4\alpha\beta+\beta^2}{8(f-f_e)^2} > 0$ 和 $\dfrac{\partial U_{bi}^{D\text{-}sm,Y}}{\partial t} = \dfrac{-5}{8} < 0$ 成立，故命题 6.4 子结论(1)成立。同理，开发者效用满足 $\dfrac{\partial U_{di}^{D\text{-}sm,Y}}{\partial f_e} = \dfrac{(\alpha+\beta)^2}{32(f-f_e)^2} > 0$ 和 $\dfrac{\partial U_{di}^{D\text{-}sm,Y}}{\partial t} = 0$ 可知，故命题 6.4 子结论(2)成立。此外依然可知，平台企业利润满足 $\dfrac{\partial \Pi_i^{D\text{-}sm,Y}}{\partial f_e} = -\dfrac{\alpha^2+6\alpha\beta+\beta^2}{16(f-f_e)^2} < 0$ 和 $\dfrac{\partial \Pi_i^{D\text{-}sm,Y}}{\partial t} = \dfrac{1}{2} > 0$ 可知，故命题 6.4 子结论(3)成立。证毕。

命题 6.4 表明，$D\text{-}sm$ 情景且策略 Y 下，新产品预告产生的成本节约效应系数越大，新产品的总体红利越大，消费者、开发者以及平台企业分别可获得的收益越大。然而，由于平台之间存在竞争机制，平台的利润反而因策略 Y 受损，且成本节约效应系数越大，成本损失越严重。

其次，由命题 6.4 还可知，消费者偏好强度的增大有利于平台企业限制消费者在平台之间的转移，因而对平台而言其增大是有利因素。但这是以牺牲消费者效用以及损害社会总体福利为代价的，因而不利于消费者和整体社会总福利的增长。

6.4.3 平台定价与平台用户数量

命题 6.5：$D\text{-}sm$ 情景下，当 $\hat{t}_2^{D\text{-}sm} < t < \hat{t}_4^{D\text{-}sm}$ 时，

(1) 策略 Y 的消费者定价大于策略 N 的消费者定价，策略 Y 的开发者定价等于策略 N 的开发者定价；

(2) 策略 Y 的开发者数量大于策略 N 的开发者数量，策略 Y 的消费者数

量等于策略 N 的消费者数量。

证明：由 $f > f_e$ 可以推得，$p_{bi}^{D\text{-}sm,Y} - p_{bi}^{D\text{-}sm,N} = \dfrac{-f_e\beta(3\alpha+\beta)}{4(f-f_e)f} < 0$，$p_{di}^{D\text{-}sm,Y} - p_{di}^{D\text{-}sm,N} = 0$，$n_{bi}^{D\text{-}sm,Y} - n_{bi}^{D\text{-}sm,N} = 0$ 和 $n_{di}^{D\text{-}sm,Y} - n_{di}^{D\text{-}sm,N} = \dfrac{f_e(\alpha+\beta)}{4(f-f_e)f} > 0$ 成立，即所有子结论成立。证毕。

命题 6.5 表明，$D\text{-}sm$ 情景下，当平台企业采用策略 Y 时，开发者将是开发成本节约效应的直接受益者，表现为其接入平台的数量也将增大。但是，由于各方之间信息是对称的，消费者观察到开发者接入平台数量增大的未来预期，在消费者市场份额饱和且比例固定不变下，便转向要求降价。为获得竞争优势，平台企业将被迫降低其对消费者的定价。此时，由于消费者市场份额及其比例固定不变，故开发者接入平台的定价依然保持不变。

6.4.4 各方策略选择阈值条件

命题 6.6：$D\text{-}sm$ 情景下，

(1) 当 $\hat{t}_2^{D\text{-}sm} < t < \hat{t}_4^{D\text{-}sm}$ 时，策略 Y 消费者效用大于策略 N 消费者效用，策略 Y 开发者效用大于策略 N 开发者效用；

(2) 当 $\hat{t}_1^{D\text{-}sm} < t < \max\{\hat{t}_4^{D\text{-}sm}, \hat{t}_3^{D\text{-}sm}\}$ 时，策略 N 是平台企业策略均衡选择。

证明：因 $f > f_e$ 成立，故 $U_{bi}^{D\text{-}sm,Y} - U_{bi}^{D\text{-}sm,N} = \dfrac{(\alpha^2+4\alpha\beta+\beta^2)f_e}{8f(f-f_e)} > 0$ 和 $U_{di}^{D\text{-}sm,Y} - U_{di}^{D\text{-}sm,N} = \dfrac{(\alpha+\beta)^2 f_e}{32f(f-f_e)} > 0$ 成立。故命题 6.6 子结论(1)成立。最后，由策略 Y 和策略 N 下利润之差可得，$\Pi_i^{D\text{-}sm,Y} - \Pi_i^{D\text{-}sm,N} = \dfrac{-(\alpha^2+6\alpha\beta+\beta^2)f_e}{16f(f-f_e)} < 0$ 成立，即当 $\hat{t}_2^{D\text{-}sm} < t < \hat{t}_4^{D\text{-}sm}$ 时，策略 N 是平台企业策略均衡选择。又因为 $\hat{t}_1^{D\text{-}sm} < \hat{t}_2^{D\text{-}sm} < \max\{\hat{t}_3^{D\text{-}sm}, \hat{t}_4^{D\text{-}sm}\}$，且 $\hat{t}_1^{D\text{-}sm} < t < \hat{t}_2^{D\text{-}sm}$ 时仅策略 N 存在均衡解，故策略 N 是平台企业策略均衡选择。命题 6.6 子结论(2)成立，证毕。

命题 6.6 表明，$D\text{-}sm$ 情景下，虽然新产品预告将提高消费者和开发者效用，但平台企业利益将受损，三方之间存在利益冲突。原因在于，新产品预告进一步激化了两平台之间的竞争关系，进而逼迫平台企业继续降低消费者定价，导致新产品预告策略不仅没有给平台企业带来额外红利，反而面临更多损失。因而,策略 Y 不是平台企业利润占优策略选择。

显然,命题 6.6 与命题 6.2 结论存在显著差异,其主要原因是市场竞争结构的差异改变了新产品预告红利的利润分割方式。D-mm 情景下,新产品预告是各方共赢策略,只要存在策略 Y 的均衡解,各方皆存在推动新产品预告活动的动机。但是,在 D-sm 情景下,两平台之间激烈的竞争关系将导致平台企业利润受损,新产品预告无法实现三方共赢。显然,该结论与早期的 Fisher 等(1983)以及 Landis 等(1985)的研究结论是一致的,即 NPP 可以促进社会福利和增加竞争。但是,在没有其他激励措施的情况下,D-sm 情景下新产品预告策略 Y 将不被平台采纳。

6.5 不同竞争情景的社会总福利分析

不同竞争结构下,新产品预告是否都能提高社会总体福利是本研究领域的重点问题之一,命题 6.7 将针对相关问题展开讨论。

命题 6.7:

(1) D-mm 情景且 $t > \hat{t}_2^{D\text{-}mm}$ 时,策略 Y 下社会福利大于策略 N 下社会福利,且 f_e 越大策略 Y 对社会福利增大的贡献越大;

(2) D-sm 情景且 $\hat{t}_1^{D\text{-}sm} < t < \max\{\hat{t}_3^{D\text{-}sm}, \hat{t}_4^{D\text{-}sm}\}$ 时,策略 Y 下社会福利大于策略 N 下社会福利,且 f_e 越大策略 Y 对社会福利增大的贡献越大。

证明:因为 D-mm 策略下,当 $t > \hat{t}_2^{D\text{-}mm}$ 时,策略 Y 下消费者效用、开发者效用以及平台企业利润都大于策略 N 下的对应值,并且 $\dfrac{\partial SW^{D\text{-}mm,Y}}{\partial f_e} = \dfrac{(\alpha+\beta)^2[5W_2 + 4(\alpha+\beta)^2]v^2}{W_2^3} > 0$ 成立。因此 D-mm 策略下策略 Y 的社会福利大于策略 N 下社会福利且 f_e 越大策略 Y 对社会福利增大的贡献越大。故命题 6.7 子结论(1)成立。又因为当 $\hat{t}_2^{D\text{-}sm} < t < \hat{t}_4^{D\text{-}sm}$ 时,$SW^{D\text{-}sm,Y} - SW^{D\text{-}sm,N} = \dfrac{3(\alpha+\beta)^2 f_e}{16f(f-f_e)} > 0$ 且 $\dfrac{\partial SW^{D\text{-}sm,Y}}{\partial f_e} = \dfrac{3(\alpha+\beta)^2}{16(f-f_e)^2} > 0$ 成立。即命题 6.7 子结论(2)成立。证毕。

命题 6.7 表明,任意情景下,新产品预告总是将有利于社会总体福利的增大。所不同的是,D-mm 情况下,消费者、开发者以及平台企业可以实现共赢,而 D-sm 情况下,平台企业无法从中获得收益。也就是说,不同的市场竞争结构将改变新产品预告红利在消费者、开发者和平台企业之间的利润分成比例,进而影响到各方策略选择。其管理启示是,在 $D\text{-}mm$ 情况下,市场相关部门无须进行过多干预,市场就可以实现新产品预告的三方共赢。但是,在 $D\text{-}sm$ 情况下,为保证新产品预告能够成为各方共赢策略,并推动整个社会总福利的改善,市场监管部门有必要限制平台企业"二选一"行为,不允许平台企业采用相关手段来逼迫开发者签署"排他性协议"以及滥用市场权力设置信息屏蔽障碍等不利于社会福利发展的限定性交易行为,进而可以促进平台市场各方主体在新产品预告问题上利益一致性。

6.6 一般竞争 $D\text{-}E$ 情景的扩展分析

为提高模型构建对复杂现实情况描述能力与解释能力,6.6 节将通过消费者和开发者归属性条件的松弛,给出如下扩展分析。

众所周知,现实实践中,消费者的归属性通常是多样且异质的,表现为一部分消费者是可同时接入多个平台,部分消费者只能接入一个平台。因此,6.6 节假定市场上倾向单归属消费者比例为 $k \in [0,1]$,倾向多归属消费者比例为 $1-k \in [0,1]$。显然,$k=1$ 时,其等价于 $D\text{-}sm$ 情景,当 $k=0$ 时,其等价于 $D\text{-}mm$ 情景。$0<k<1$ 是一种中间状态,标记为 $D\text{-}E$ 情景。其值越大,表明两平台之间的竞争激烈程度越高。接下来,将对这种中间状态进行相应分析。

6.6 节的计算依然采用逆向推导方法来求解各决策主体的决策均衡解及其输出利润或效用的均衡解,具体内容如下。

首先,容易得知,竞争下,消费者和开发者接入平台的需求函数可描述为:

$$
\begin{cases}
n_{b1}^{D\text{-}E}(p_{b1},p_{b2},n_{d1},n_{d2}) = \lambda(t+\alpha n_{d1}-\alpha n_{d2}-p_{b1}+p_{b2})/(2t) + \\
\qquad (1-\lambda)(v+\alpha n_{d1}-p_{b1})/t \\
n_{b2}^{D\text{-}E}(p_{b1},p_{b2},n_{d1},n_{d2}) = \lambda(t-\alpha n_{d1}+\alpha n_{d2}+p_{b1}-p_{b2})/(2t) + \\
\qquad (1-\lambda)(v+\alpha n_{d2}-p_{b2})/t \\
n_{di}^{D\text{-}E}(p_{bi},p_{di},n_{bi},n_{di}) = (\beta n_{bi}-p_{di})/f
\end{cases} \quad (6.10)
$$

令其中,$F=f-f_e$,可得消费者和开发者定价均衡值为:

$$
\begin{cases}
p_{bi}^{D\text{-}E} = \dfrac{[k(t-2v)+2v][4F^2t^2+2(1-k)\alpha\beta^2(\alpha+\beta)-F(2-k)t\beta(3\alpha+\beta)]}{4F^2(4-3k)t^2+4(1-k)^2\alpha\beta(\alpha+\beta)^2-2F(1-k)t[(2-k)\alpha^2-4(3-k)\alpha\beta-(2-k)\beta^2]} \\
p_{di}^{D\text{-}E} = -\dfrac{F[k(2v-t)+2v](\beta-\alpha)[F(2-k)t+2(1-k)\alpha\beta]}{4F^2(4-3k)t^2+4(1-k)^2\alpha\beta(\alpha+\beta)^2-2F(1-k)t[(2-k)\alpha^2-4(3-k)\alpha\beta-(2-k)\beta^2]}
\end{cases}
$$

$$(6.11)$$

消费者和开发者接入平台数量均衡值为：

$$\begin{cases} n_{ti}^{D-E} = \dfrac{F[k(t-2v)+2v][F(-2+k)t-2(-1+k)\alpha\beta]}{2F^2(4-3k)t^2+2(1-k)^2\alpha\beta(\alpha+\beta)^2+F(1-k)t[(2-k)\alpha^2+4(3-k)\alpha\beta+(2-k)\beta^2]} \\ n_{di}^{D-E} = \dfrac{[k(t-2v)+2v](\alpha+\beta)[F(2-k)t+2(1-k)\alpha\beta]}{4F^2(4-3k)t^2+4(1-k)^2\alpha\beta(\alpha+\beta)^2-2F(1-k)t[(2-k)\alpha^2-4(3-k)\alpha\beta-(2-k)\beta^2]} \end{cases}$$

(6.12)

平台企业利润均衡值分别为：

$$\Pi_i^{D-E} = \dfrac{F[k(2v-t)+2v]^2 \begin{pmatrix} 4(1-k)^2\alpha^2\beta^2(\alpha+\beta)^2 - 4F(2-3k+k^2)t\alpha\beta(\alpha^2+4\alpha\beta+\beta^2) \\ -8F^3(2-k)t^3 + F^2t^2[(2-k)^2(\alpha^2+\beta^2)+2(20-20k+3k^2)\alpha\beta] \end{pmatrix}}{4\begin{pmatrix} -2F^2(4-3k)t^2 - 2(1-k)^2\alpha\beta(\alpha+\beta)^2 \\ +F(1-k)t[(2-k)\alpha^2+4(3-k)\alpha\beta+(2-k)\beta^2] \end{pmatrix}^2}$$

(6.13)

为更加直地展示不同竞争强度下，平台企业利润与新产品预告策略成本节约强度变化，令 $t=2, \alpha=0.4, \beta=0.6, v=3, f=1$ 且 Π^{D-E} 曲线为 $k=0.5$，可得平台企业利润随新产品预告成本节约强度大小的变化而变化的曲线图，如图 6.5 所示。

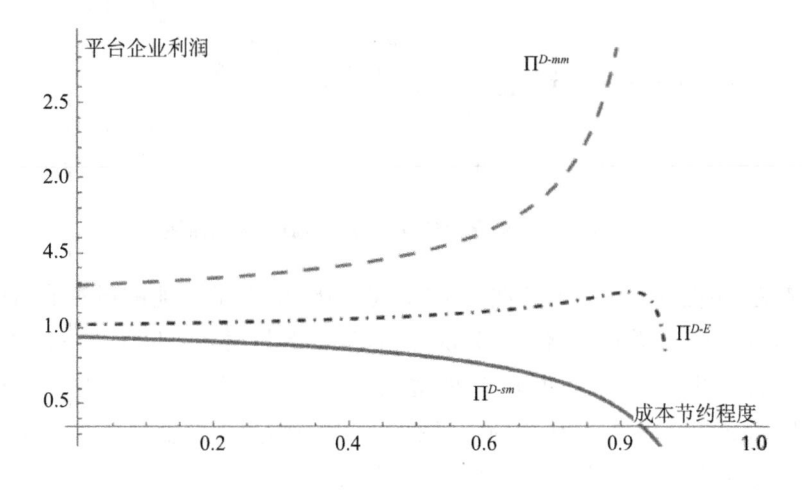

图 6.5 平台企业利润随成本节约系数变化的曲线

由图 6.5 中的 $\Pi^{D-sm,Y}$ 曲线可知，当消费者全部为单归属时，市场竞争强度相对最大，平台企业的利润随 f_e 的增大而减小。此时，平台企业倾向不采用新产品预告策略。同理，由 $\Pi^{D-mm,Y}$ 曲线可知，当消费者全部为多归属时，市场竞争强度相对最小，平台企业的利润随 f_e 的增大而增大。此时，平台企业倾向采用新产品预告策略。由 Π^{DE} 曲线可知,当有一半消费者为单归属一半消费者为多归属时,市场竞争强度为中等,此时平台企业的利润随 f_e 增大而呈现先增大再减小的趋势。有趣的是,平台企业是否采用新产品预告策略存在策略转换拐点,该拐点的关键决策变量是新产品预告带来的成本节约系数的大小。

此外,为更加直观地展示不同竞争强度下,社会总福利与新产品预告策略成本节约强度变化之间的关系。令 $t=1, \alpha=0.4, \beta=0.6, v=1$ 且 SW^{D-E} 曲线为 $k=0.5$,可得社会总福利随新产品预告成本节约强度大小的变化而变化的曲线图,如图 6.6 所示。

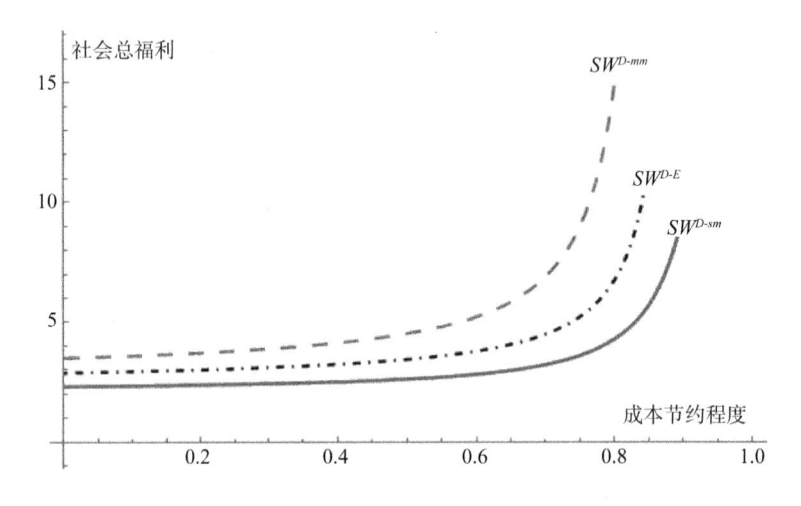

图 6.6　社会总福利随成本节约系数变化的曲线

首先,由图 6.6 中不同的曲线可知,随着新产品预告产生的成本节约程度系数的增大,社会总福利增大。其次,随着消费者归属人数比例 k 的增大,新产品预告产生的社会总福利也是增大的。显然,该结论与 Chellappa 和 Mukherjee(2021)的研究认为的消费者为多归属情况下的社会总福利总是大于消费者为单归属情况下的社会总福利不谋而合。

6.7　本章小结

在双边市场基准模型的基础上,第六章构建了不同市场竞争结构下平台型新产品预告策略博弈模型,求解并分析了三种不同双边市场结构下,新产品预告对平台企业用户定价、消费者以及开发者接入平台数量以及各方效用或利润输出的影响。相关研究结论表明：

(1) 在弱竞争(D-mm)情景下，虽然存在两平台之间的竞争机制，但由于消费者和开发者市场是不完全覆盖且为多归属，两平台之间新产品预告竞争焦点是吸引潜在的消费者和开发者加入新产品平台，而非纯粹两平台之间的价格战，消费者、开发者以及平台企业都能从新产品预告策略中获得正向收益。此时，策略 Y 不仅是消费者、开发者以及平台企业共赢策略，而且可实现较好的社会总福利的增加。

(2) 在一般竞争(D-E)情景下，随着消费者单归属比例的上升，平台企业之间的竞争程度逐渐加剧，此时新产品预告对两平台之间的竞争激化程度也逐渐增加，表现新产品预告产生的整体社会总福利的逐渐减小，平台企业新产品预告利润分配权的逐渐削弱，分割给平台企业的利润逐渐减少。当这种比例增长到一定阈值时，将倒逼平台企业放弃新产品预告策略。

(3) 在强竞争(D-sm)情景下，由于两平台之间的竞争机制存在以及消费者市场是完全覆盖且为单归属特点。此时，新产品预告将极大地增大两平台之间的竞争激烈程度，且表现为两平台为吸引更多对手的消费者连接到自身平台而进行激烈的价格战，倒逼两平台企业不仅要放弃新产品预告红利分配权，甚至要出让更多的利益给消费者和开发者，进而导致平台企业利润受损。此时，若无其他社会利益协调机制，策略 N 将是平台企业利润占优策略。

(4) 从社会总福利角度来看，新产品预告总是有利于社会总体福利的增长，且更为灵活、开放的双边市场竞争结构更有利于新产品预告对社会总体福利的正向贡献。虽然竞争结构的增强可以给消费者和开发者带来更多利益，但其却以损坏平台企业推进新产品预告策略的基础动力与社会总体福利的增长为代价。因此，在新产品预告社会生态治理方面，消除或降低限制双边用户的归属障碍，包括"二选一"等权利行为等，在某种程度上是提高新产品预告促进社会总福利增长的有效手段。

第七章

新产品预告内容的消费者感知与行为响应

7.1 简介

新产品预告(NPP)是公司在新产品发布前向目标群体,诸如消费者、供应商、分销商、其他合作伙伴或竞争对手等,发送信息的一种多用途信息过程,是企业市场竞争的主要手段之一。当诺基亚还沉迷于非智能手机市场时,乔布斯的苹果智能手机已经潜入;当中国移动还在大力开发通信渠道业务时,微信等自媒体圈层客群已突破5个亿;当国有银行营业店面开满各大城市的时候,支付宝等第三方支付平台已深入街边小巷。随着互联网信息技术的发展和全球市场竞争强度的不断加剧,新产品预告变得愈加重要、频繁且流行。只有持续不断地研发和预告企业新产品,才可能在未来的市场竞争中不被颠覆和打败。进一步开展新产品预告问题研究,已成为新产品战略管理与市场竞争策略研究的热点与难点问题。

从新产品预告相关研究领域的文献来看,Eliashberg 和 Robertson(1988)在他们的开创性论文中提出新产品预告的概念之后,许多研究者开始关注新产品预告问题研究,主要的研究问题包括:(1)企业是否和为什么要预告?(2)最佳的新产品预告时机如何选择?(3)企业如何进行新产品预告内容的选择?其中,关于企业是否以及为什么要新产品预告,主要涉及新产品预告将对企业本身、新产品消费者、新产品制造供应商以及其他利益相关方形成哪些正面或负面的影响,包括新产品预告是否可以增大消费者的购买兴趣和意愿等系列问题。此外,最佳的新产品预告时机如何选择这个问题涉及新产品预告时间太早或太晚可能带来不一样的收益和风险,尤其是说服消费者推迟新产品采购计划,将面临许多潜在的压力。其三是新产品预告的内容的选择研究,主要涉及哪些预告信息内容可以更好地吸引和说服消费者及开发者等利益相关方。在上述三大问题研究之中,由于新产品预告内容如何进行设计与规划涉及新产品预告信息接收者对新产品预告内容的感知、评价与信任等,这些内在的机制关联还非常不明确,亟需开展进一步研究工作。尤其在信息爆炸年度,如何提高碎片化的消费者注意力的关注度,成为新产品预告的研究的重点与难点问题。

基于此,以智能手机新产品预告内容的消费者响应为研究对象,采用实证调查方法,深入研究了新智能手机预告内容对消费者的感知、评价、信任与行为选择的影响因素及其内在机理,以期为智能手机的新产品预告内容的选择提供具有理论创新与实践价值的决策参考。

本部分后续章节安排为:第7.2节是实证调查的基本情况说明,包括题项的设计以及样本说明,还包括被调查者年龄、性别、职业和地理分布说明;第7.3节主要涉及被调查者的智能手机使用与关注分布特征;第7.4节是被调查者的智能手机预告信息内容的感知与评价,主要涉及负面信息评价、信息来源评价、内容翔实性评价、内容价值性评价与内容创新性评价;第7.5节是新智能手机预告对被调查行为的影响,主要涉及新产品预告对被调查的购机时点选择、品牌选择与档次选择等内容;第7.6节是本章小结,主要涉及新产品预告内容选择策略。

7.2 基本情况说明

为深入研究新智能手机预告内容对消费者的影响,本调查主要采用问卷调查方法开展相应的研究工作。本调查主要是通过微信、手机链接和网络问卷这三种方式进行发放,共计发放了323份问卷,回收了271份,去除填写问卷时间过短和缺项等无效问卷10份,有效问卷261份,回收率约为80%。

此外,本次调查的题项主要由三个部分组成:第一部分包括性别、年龄和职业这三个方面的个人基本信息,以便分析新智能产品预告信息感知、关注与评价在不同人口统计特征上的差异。第二部分是被调查者智能手机价格分布、品牌分布以及新产品预告所关注的重点内容的分布情况。第三部分是新智能手机预告的内容感知与行为调整情况,采用的是五级量表进行测量,是消费者基于自身情况和态度的自报告信息。

7.2.1 地理分布特征

为保证本次调查样本来自五湖四海的消费者,提升样本的总体质量。本研究采用IP地址自动定位技术来标记被调查者问卷填写时的地理位置。相关数据表明,被调查者主要聚集在东边沿海地区,其中江苏、广东、河南、辽宁和河北是排名前五位地区,人群总占比为41.38%。具体数据如表7.1所示。显然从被调查者的IP地址地理分布特征来看,其基本符合百度指数统计等机构给出的中国互联网用户地区分布的基本特征,即中国互联网用户主要集中在东南沿海地区,广东和江苏等地区的互联网用户人数规模排在前列。

表7.1 被调查者的IP地址地理分布

省份	数量(人)	百分比	省份	数量(人)	百分比
江苏	34	13.03%	甘肃	6	2.30%
广东	30	11.49%	陕西	6	2.30%
河南	17	6.51%	福建	5	1.92%
辽宁	14	5.36%	江西	5	1.92%
河北	13	4.98%	黑龙江	5	1.92%
北京	12	4.60%	湖北	4	1.53%
四川	12	4.60%	安徽	4	1.53%
山西	11	4.21%	宁夏	4	1.53%
山东	10	3.83%	天津	4	1.53%
浙江	10	3.83%	重庆	4	1.53%
湖南	10	3.83%	贵州	3	1.15%
云南	9	3.45%	吉林	3	1.15%
上海	8	3.07%	海南	2	0.77%
内蒙古	7	2.68%	国外	1	0.38%
广西	7	2.68%	新疆	1	0.38%

也就是说,本次调查者的IP地址地理分布特征,基本符合中国网民的地理分布特征,适用于研究不同地区消费者新智能手机产品预告内容感知及其行为选择的基本特征。

7.2.2 年龄分布特征

为研究不同消费者新智能手机预告内容关注点及其行为选择上的差异,

本研究设置了年龄分段题项,用以探究被调查者的年龄分布特征。具体数据如表7.2所示。

由调查数据可知,本次被调查者的年龄主要集中在18到40岁之间,约占全部调查人数261人的75%。也就是说,中青年是本次调查的主要对象,该部分人群是当前手机用户的主要人群,也是比较关注新智能手机预告信息的主要人群。此外,在18到40岁人群之中,分布在18到25岁在校大学生高达88人,占被调查总人数的33.72%。也就是说,在本调查中,在校大学生人群占比较高,也基本符合网络问卷调查的年龄分布的基本特征。

表7.2 被调查者的年龄分布

年龄(岁)	数量(人)	百分比
18以下	19	7.28%
18～25	88	33.72%
26～30	52	19.92%
31～40	54	20.69%
41～50	27	10.34%
51～60	16	6.13%
60以上	5	1.92%
本题有效填写人次	261	

7.2.3 性别分布特征

已有一些文献研究和行业分析报告表明,在新产品预告研究中,男性与女性消费者在新产品预告内容的关注点及其行为选择等方面,存在显著的性别差异性。基于此,本研究将性别因素作为智能手机新产品预告内容选择和设计的关键变量之一。相关调查数据如表7.3所示。

表7.3 被调查者的性别分布

性别	数量(人)	百分比
男	140	53.64%
女	121	46.36%

由表7.3可知,参与本次调查的男性和女性人数分别是140人和121人,性别比例相对合理。但需要说明的是,虽然相比女性而言,男性样本占比高出约6%,其也基本符合当前中国网络用户性别结构特征。可相互验证的例

子是，中国互联网络信息中心（CNNIC）前瞻产业研究院 2022 年的网络用户调查中的男性和女性性别结构比例为 51.5∶48.5。

7.2.4 职业分布特征

由于被调查者的职业特征在某种程度上决定了其可支配收入和消费状态，进而影响到被调查者的智能手机品牌、价位和档次选择等。因此，职业分布调查也是新产品预告内容及其行为选择的关注点之一。相关调查数据如表 7.4 所示。

首先由表 7.4 可知，全日制学生有 68 人，销售人员 19 人，行政/后勤人员和生产人员都是 18 人，管理人员 15 人，无法确定职业人群 47 人，相应的人群占比分别为 26.05%、7.28%、6.9%、6.9%、5.75% 和 17.01%。也就是说，此次被调查者的职业分布基本符合艾瑞咨询以及 CNNIC 等权威咨询机构发起的 2020 到 2022 年中国网民职业分布特征，即在校大学生和自由职业是当前中国网络人群占比最高的人群。

表 7.4 被调查者职业分布

职业	人数（人）	百分比	职业	人数（人）	百分比
全日制学生	68	26.05%	文职/办事人员	11	4.21%
生产人员	18	6.90%	技术/研发人员	13	4.98%
销售人员	19	7.28%	管理人员	15	5.75%
市场/公关人员	12	4.60%	教师	10	3.83%
行政/后勤人员	18	6.90%	顾问/咨询	1	0.38%
人力资源	8	3.07%	专业人士（如会计师、律师、等）	11	4.21%
财务/审计人员	11	4.21%	其他	47	17.01%

综上，由被调查者的地理位置、年龄、性别和职业分布特征来看，本次被调查者的基本情况符合一些权威研究机构或公司以往针对中国网络用户以及智能手机用户给出的地理位置、年龄、性别和职业分布特征。在某种程度上也说明了，本次被调查者的样本质量不存在较大的偏差问题，回收的样本质量相对较高。

7.3 智能手机使用与关注分布特征

被调查者所使用的智能手机品牌、价位及其注意力特征，是研究消费者新智能手机预告行为及其预告内容设计的关键内容之一。基于此,本部分主要从智能手机价格分布、品牌分布、预告品牌偏好及其预告内容注意力偏好的分布这四个方面展开调查和研究,具体研究内容如下所示。

7.3.1 价格选择分布

消费者所使用的智能手机售价是其经济能力与消费偏好的最直接体现,探究不同价位选择的消费者的新产品预告品牌及其内容偏好是新产品预告研究的重要内容之一。基于此,本书给出了被调查者当前智能手机售价分布调查,具体数据如图 7.1 所示。

由图 7.1 可知,售价低于 2 000 元的人群占比约为 20%,售价在 2 000 元到 4 000 元的人群占比为 47.12%,售价在 4 000 元到 6 000 元的人群占比为 21.83%,售价在 6 000 元及以上人群占比为 10.73%。

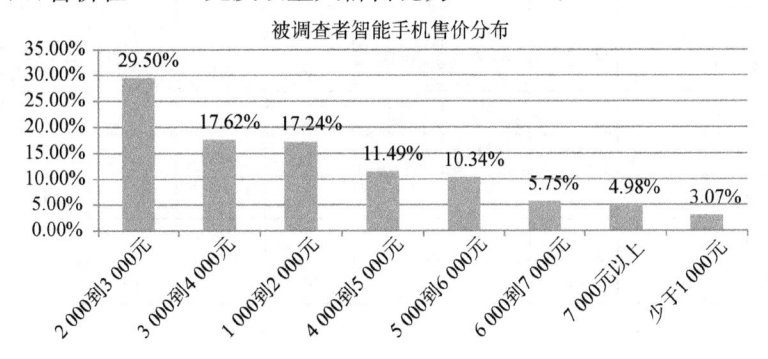

图 7.1 被调查者智能手机售价分布

对比 2015 年智研咨询发布的中国用户手机价位选择调查不难发现,中国智能手机用户的价格承受能力在不断提高,使用中高端智能手机的用户人群占比在不断增大,智能手机消费升级趋势还在进一步持续。因为本次调查与智研咨询在 2015 年调查的中国手机用户智能手机价格分布区间存在显著差异。智研咨询 2015 年智能手机用户购机价格调查表明,售价为 1 000~1 999 元低端机型最受青睐,用户占比约为 27%,远高于本次调查的 17.24%。售价为 2 000~2 999 元价格段中低端机型用户占比为 22.09%,低于本次调查的 29.50%。售价在 3 000~4 999 元中高端智能手机用户占比在 16% 左右波动,低于当前调查的 29.11%。售价在 5 000 元及以上高端和豪华机型占比在 15% 左右波动,低于当前调查的 21.07%。

其次,从被调查者年龄与其智能手机售价的交叉分析来看,18 到 25 岁的在校大学生群体虽然没有稳定和具体的收入来源,但其不仅是中端智能手机用户的主要群体,也是高端和豪华智能手机用户的主要群体。那些经济实力相对较强的31到40岁的中年群体却并非是使用高端和豪华智能手机的主要群体。显然,31到40岁的群体虽然收入较高,但其在智能手机消费问题上,变得更加务实。此外,进一步分析还可知,比较18到25岁在校大学生群体与初入社会的26到30岁青年的智能手机价格分布来看,26到30岁青年的智能手机价格中低端比例更少,中高端占比相对更高,但高端和豪华智能手机呈现下降趋势。相关数据如表7.5所示。

表7.5 不同年龄段被调查者的手机售价分布

		人数(人)								总计
		少于1 000元	1 000到2 000元	2 000到3 000元	3 000到4 000元	4 000到5 000元	5 000到6 000元	6 000到7 000元	7 000元以上	
被调查者的年龄段	18岁以下	4	9	3	3	0	0	0	0	19
	18~25岁	3	9	27	16	6	11	9	7	88
	26~30岁	0	7	15	10	8	6	4	2	52
	31~40岁	0	11	14	14	5	8	1	1	54
	41~50岁	1	4	12	1	6	1	1	1	27
	51~60岁	0	5	6	2	5	1	0	2	21
总计		8	45	77	46	30	27	15	13	261

7.3.2 品牌选择分布

历史消费经验与品牌选择具有一定的路径依赖效应,进而影响到被调查者后续新智能手机的选择以及其对新手机预告内容的关注度。基于此,本书将给出被调查者当前所使用的智能手机品牌(一个人可有多个品牌手机)分布调查,具体数据如图7.2所示。

显然,由图7.2可知,华为品牌的手机被调查者人数最多,有111人,占总人数的比例为33.23%。苹果、小米(加红米)、OPPO和vivo品牌手机的被调查人数排在第二到第五名,人数分别为62人、49人、45人和41人,对应品牌的人群占比分别为18.56%、13.47%、12.28%和10.48%。前五位品牌手机市场占有率和集中度较高。

其次,从性别差异分析来看,相比男性被调查者而言,女性被调查者更多使用的是OPPO和vivo品牌智能手机,男性用户更倾向使用华为品牌智能手机。具体数据如图7.3所示。

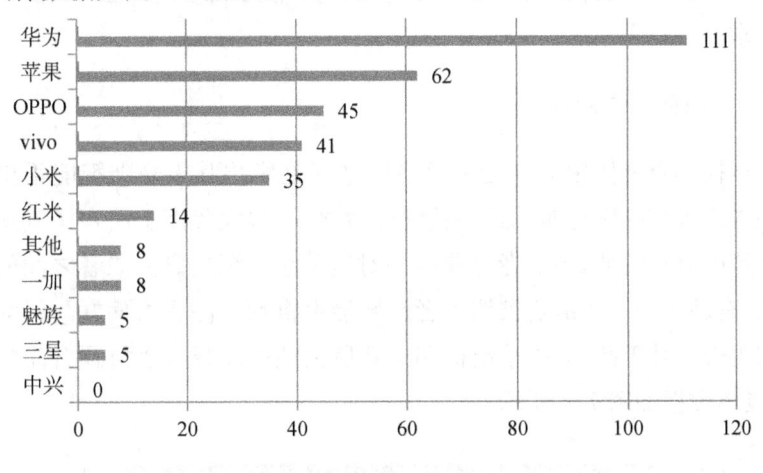

图7.2 被调查者的手机品牌分布

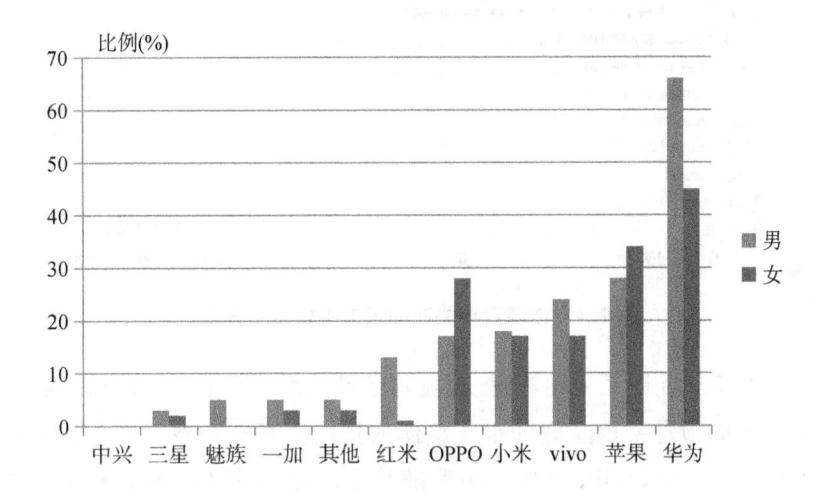

华为 111
苹果 62
OPPO 45
vivo 41
小米 35
红米 14
其他 8
一加 8
魅族 5
三星 5
中兴 0

图7.3 不同性别被调查者的手机品牌分布

究其原因可能包括如下几点。

首先是，OPPO和vivo等品牌智能手机的外观款式和色彩等颜值较高且价格适中，而华为品牌手机外观设计总体更偏男性化且价格相对较高。其次，OPPO和vivo等品牌智能手机在广告传播等方面投入较大，例如，OPPO品牌手机邀请知名明星代言，并通过许多娱乐节目和抖音公众号等方式进行渠道宣传，吸引了大量年轻靓丽女性用户群体。其三，从智能手机具体功能设计上，华为等智能手机功能主打高存储、高运算和易办公能力，其对商业人士、企业家、科技达人等群体具有较大吸引力。OPPO与vivo智能手机在功能选择与设计上,主打自拍、美颜、美食、逛街和娱乐等功能,更贴近女性用户日常需求。

7.3.3 品牌关注分布

虽然被调查者使用的智能手机品牌选择是影响其未来新智能手机选择及其预告内容与品牌分布的最为关键变量之一,很大程度上决定了其新手机预告品牌的分布特征,但二者并非一一对应关系。深入研究二者之间的关系与联系,有助于进一步剖析被调查者新智能手机预告注意力偏好与行为改变的内在机理。基于此,本书给出被调查者所关注的新智能手机预告品牌分布调查,具体数据如图7.4所示。

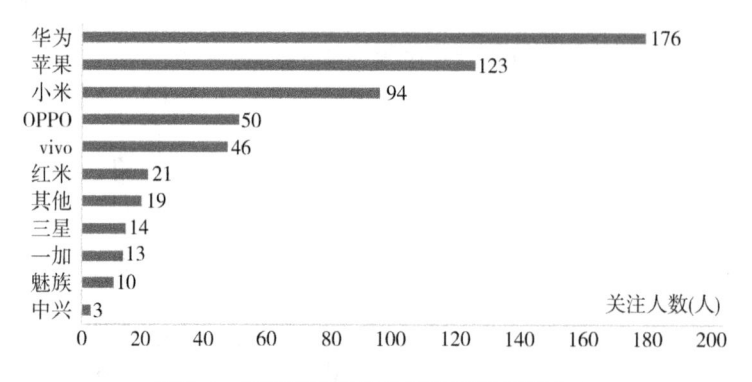

品牌	关注人数(人)
华为	176
苹果	123
小米	94
OPPO	50
vivo	46
红米	21
其他	19
三星	14
一加	13
魅族	10
中兴	3

图 7.4 被调查者关注的预告手机品牌分布

对比图7.3和图7.4不难发现,被调查者使用的智能手机品牌选择与被调查者关注的预告手机品牌分布在整体的排序上基本一致。华为和苹果品牌排在前两位,小米、OPPO和vivo紧随其后。所不同的是,被调查者关注的预告手机品牌分布的集中程度更高,且更加向华为、苹果和小米这三大品牌集中,最近强势品牌影响消费者注意力以及消费者实际消费行为的强度,进而影响到其对新智能手机预告相关活动的关注度。

此外,从性别差异性来看,不同性别的被调查者关注的新智能手机预告品牌分布,总体而言没有存在显著差异,前三的排序分布是华为、苹果和小米品牌手机。但是,若比较女性和男性所关注的智能手机预告的品牌分布就不难发现,女性更加关注华为和苹果品牌手机,如表7.6所示。但是女性在使用华为和苹果品牌手机的比例却低于男性,如图7.3所示。此外,女性被调查者虽然大量使用vivo和OPPO品牌手机,但其似乎并不那么关心自己正在使用的智能手机品牌的新产品预告活动及其相关信息。这在某种程度上说明，强势品牌是影响消费者未来新智能手机预告活动及其内容的关键变量，并在性别上显示出显著差异性。

表 7.6 不同性别被调查者关注的预告手机品牌分布

性别	华为	小米	魅族	三星	一加	红米
男	93	51	8	5	8	13
女	83	43	2	9	5	8

7.3.4 内容关注分布

新产品预告内容该如何进行规划和设计在很大程度上取决于消费者新产品预告注意力偏好的分布特征。基于此，本书将新智能手机预告内容细分为续航能力介绍、存储能力介绍和 CPU 计算能力等功能、性能、价格、促销和外观等 11 方面进行调查。相关调查数据如图 7.5 所示。

由相关调查可知，60.71% 的用户关注新智能手机的电池续航能力介绍，50.71% 的用户关注新智能手机的存储能力介绍，47.86% 的用户关注新智能手机的 CUP 计算能力介绍。也就是说，新版智能手机本身的功能与性能的相关指标是消费者最为关注的预告内容，并且消费者目前普遍存在智能手机"电池续航焦虑""存储容量焦虑"和"计算能力焦虑"心理特征。

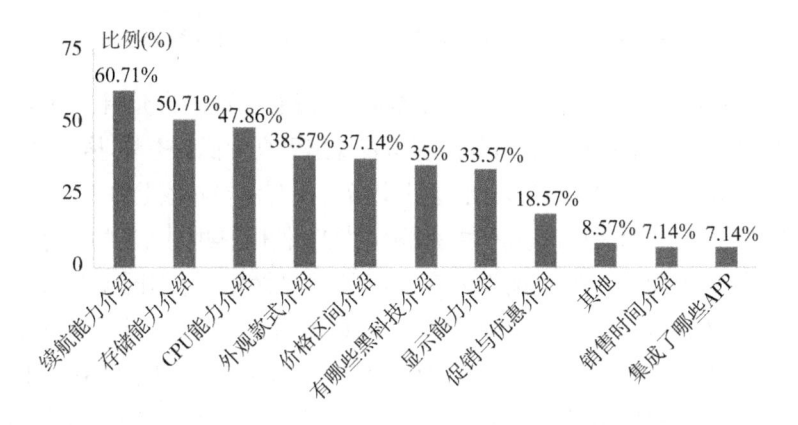

图 7.5 被调查者关注的手机预告内容分布

除上述三大关注因素之外，手机的外观款式介绍、价格区间介绍、黑科技介绍和显示能力介绍，在消费者最为关注的预告内容排序中，依次排在第四到第七位。可见,虽然是否拥有黑科技等爆点信息介绍是新智能手机最终是否能够获得良好销售的最关键因素之一,但是,由于近年来各品牌公司的新版智能手机鲜有重大技术创新飞跃,各品牌智能手机的创新与改进更多聚焦的是产品本身功能与性能的渐进式创新,使得近年来消费者对新版本智能手机的黑科技关注的排名热度持续走低。

其次,从被调查者性别差异分析来看,男性与女性被调查者在存储能力介绍、外观款式介绍、价格区间介绍以及促销优惠介绍这四个方面存在显著的性别差异,均能通过 0.05 的皮尔逊卡方显著检验。女性被调查者更加关注新版智能手机的存储能力介绍、外观款式介绍、价格区间介绍以及促销优惠介绍。具体数据如图 7.6 所示。

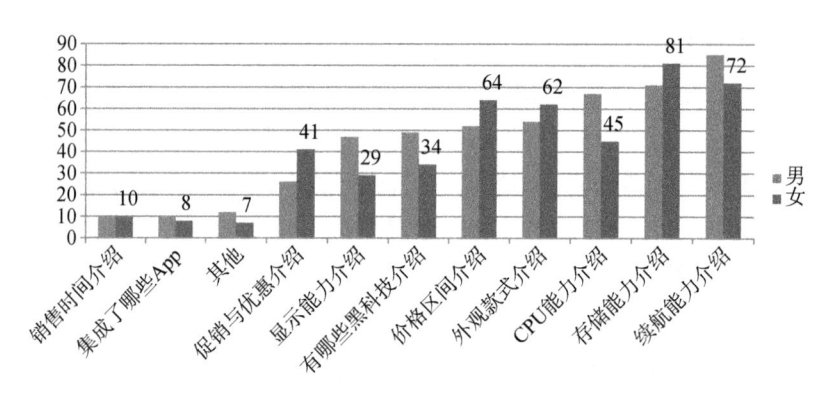

图 7.6 不同性别的被调查者关注的手机预告内容分布

此外,由图 7.6 中虽然可以看到续航能力介绍、显示能力介绍、CPU 能力介绍、销售时间介绍、有哪些高科技等内容均表现出男高女低的态势,男性更加在乎这几个指标,但是,相关性分析表明,这几个指标在性别差异性上并不存在非常显著的性别差异。也就是说,这几个指标是男性和女性用户共同关注的内容。

最后,从被调查新版本预告内容的年龄差异性来看,不同年龄段的被调查者所关注的预告内容存在一定差异。但总体而言,年龄与其所关注的显示能力介绍、年龄与显示能力介绍以及年龄与促销优惠介绍之间存在显著相关,满足卡方检验皮尔逊值小于 0.05 要求。其原因在于,年龄通常会和收入或消费能力直接挂钩,进而影响到被调查对象对智能手机价格、促销以及优惠信息关注度,并表现出收入能力越低、价格敏感性越高的趋势。同理,年龄还影响到智能手机显示能力介绍的关注度,表现为年轻群体对智能手机的显示精度有更高的要求,进而影响到其对新版智能手机显示能力的关注度。

7.4 智能手机预告信息感知与评价

对新产品预告信息的感知及其评价是影响消费者后续态度的关键的因素之一,也是调节其后续新产品购买行为的关键变量。Burke 等人(1990)探索了与产品相关的公告效价(正面 vs 负面)和类型(品牌、产品类别、行业级别)对消费者购买意愿的影响,发现新产品预告并非总是正向影响企业新产品销售,负面的新产品预告将起到反向作用。Jung(2011)研究了新产品预告内容完整性、是否可置信以及创新性等质量问题,对消费者和竞争对手后续行为选择存在直接影响。Chellappa 和 Mukherjee(2021)认为,不同信息渠道来源的新产品预告对消费者、开发者以及平台企业的影响是不同的。预告信息发布渠道的选择是新产品预告策略选择重要内容之一。基于此,本部分将从预告的负面信息评价、信息来源评价、预告内容关注分布、翔实性评价、价值性评价以及创新性评价这六个方面对被调查者对新智能手机预告信息与内容的感知及其评价进行全方位梳理与分析。

7.4.1 负面信息的评价

一些研究表明,在电子商务等网络交易和广告宣传方面,负面评论信息更容易引起消费者的关注,并获得消费者的认可。然而,在新产品预告信息内容设计与传播中,负面信息是否依然如此重要?作为预告内容设计者,该如何对待相应负面信息等,是一个重要的研究内容。基于此,本课题将新智能手机预告信息类型划分为正面信息和负面信息,并研究被调查用户对新智能手机预告信息态度。具体数据分析如图 7.7 所示。

评价	比例(%)
非常同意	9.20%
同意	27.20%
不一定	36.40%
不同意	23.75%
非常不同意	3.45%

图 7.7 被调查者负面手机预告信息评价分布

由图 7.7 可知，相较于千篇一律的正面信息，负面信息将引起被调查者极大关注。9.2%的被调查者持非常同意负面的新产品预告信息更值得相信；27.2%被调查者同意负面的新产品预告信息更值得信任。也就是说，高达36.4%被调查者希望获得并认同负面预告信息的价值性。相比那些更相信正面预告信息的被调查者人群占比而言，相信负面信息的人群占比高出近10%。其管理启示是，适当地暴露一些新产品的不足之处，可能更有利于新产品预告的传播。此外，防止和应对竞争对手恶意且不受控的新产品预告信息的传播是新产品预告的重要课题之一。

此外，从该问题的性别差异分析来看，呈现出女性更愿意相信正面（非常同意和同意）的新产品预告信息人群占比高达 32.24%，高出男性对应态度占比的近 10%。而男性更愿意相信负面的新产品预告信息，人群占比高达 39.29%，高出女性对应态度占比的近 6%。具体数据如图 7.8 所示。可见，不同性别的被调查者在该问题上的态度也存在一定差异。但相关性检验表明，性别对该问题态度的选择上存在弱相关性，肯德尔 tau-b 相关系数为 0.127，显著性为0.026；斯皮尔曼 Rho 相关系数为 0.138，显著性为 0.025；卡方检验的皮尔逊值为 16.447，双侧间接显著性为 0.02。

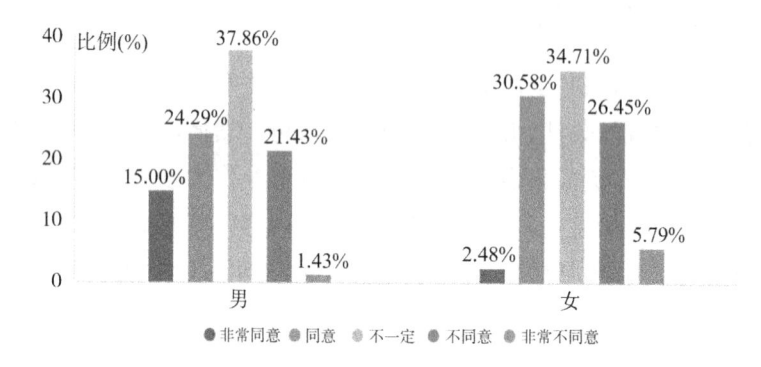

图 7.8　不同性别的负面信息评价分布特征

最后，从不同手机品牌用户对新版本手机预告负面信息的评价态度分析来看，被调查者在是否更愿意相信负面的新智能手机预告信息的态度方面，总体态度认为负面信息影响其评价态度，如表 7.7 所示。使用华为、苹果、小米/红米、OPPO 和 vivo 品牌手机的被调查者在是否更愿意相信负面的新产品预告信息方面，持认同（非常同意和同意）态度的人群比例分别为 44.14%、38.71%、37.15%、33.33%和29.27%。可见，相比较来说，华为用户更愿意相信负面的新智能手机预告信息的比例最高，vivo用户更愿意相信负面的新智能手机预告信息的比例最低。

表7.7 不同品牌被调查者的负面信息评价分布

品牌	非常同意	同意	不一定	不同意	非常不同意	小计
华为	13(11.71%)	36(32.43%)	37(33.33%)	22(19.82%)	3(2.70%)	111
小米/红米	8(16.33%)	10(20.41%)	16(32.65%)	14(28.57%)	1(2.04%)	49
魅族	1(20.00%)	2(40.00%)	2(40.00%)	0(0.00%)	0(0.00%)	5
三星	1(20.00%)	2(40.00%)	2(40.00%)	0(0.00%)	0(0.00%)	5
一加	1(12.50%)	2(25.00%)	3(37.50%)	2(25.00%)	0(0.00%)	8
苹果	5(8.06%)	19(30.65%)	23(37.10%)	13(20.97%)	2(3.23%)	62
OPPO	4(8.89%)	11(24.44%)	18(40.00%)	10(22.22%)	2(4.44%)	45
vivo	5(12.20%)	7(17.07%)	17(41.46%)	11(26.83%)	1(2.44%)	41
其他	1(12.50%)	1(12.50%)	4(50.00%)	1(12.50%)	1(12.50%)	8

7.4.2 信息来源的评价

新产品预告信息的来源渠道包括权威新闻媒体播报、企业官方通告、非广泛BBS论坛信息、微信圈层信息以及抖音等其他自媒体信息等。本课题将新智能手机预告信息的来源划分为官方信息和非官方信息，并研究被调查用户对非官方渠道发布的新智能手机预告信息的是否认可态度分布，具体数据如图7.9所示。

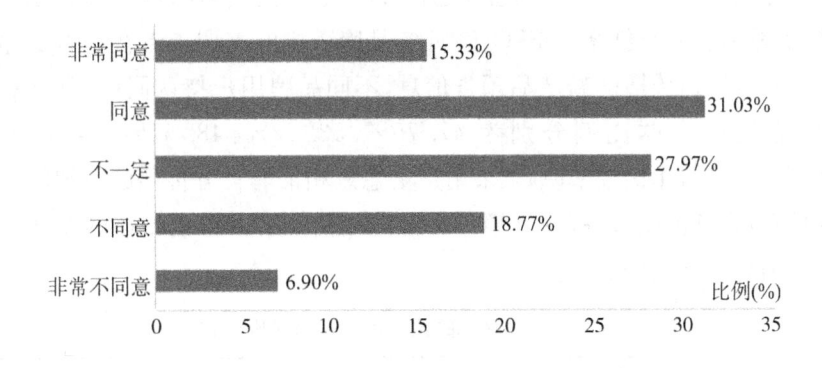

图7.9 被调查者非官方手机预告信息来源评价分布

- 非常同意 15.33%
- 同意 31.03%
- 不一定 27.97%
- 不同意 18.77%
- 非常不同意 6.90%

由图7.9可知，被调查者更愿意相信那些通过论坛、微信、微博以及自媒体等非官方渠道披露信息的人群占比为46.36%，持中立态度的人群占比为

27.97%,持否定态度的人群占比为 25.67%。也就是说,被调查者更愿意相信那些通过论坛、微信、微博以及自媒体等非官方透露的新产品预告信息的人群比例占比远高于更愿意相信官网正式发布的新手机预告信息的人群比例,二者相差近 20%。

其次,从该问题的性别差异分析来看,不同性别的被调查者在该问题上的态度存在一些差异,48.57% 的男性被调查者持非常同意和同意态度,43.8% 的女性被调查者持非常同意和同意态度。也就是说,相比女性而言,男性被调查者更愿意相信负面预告信息。具体数据如图 7.10 所示。

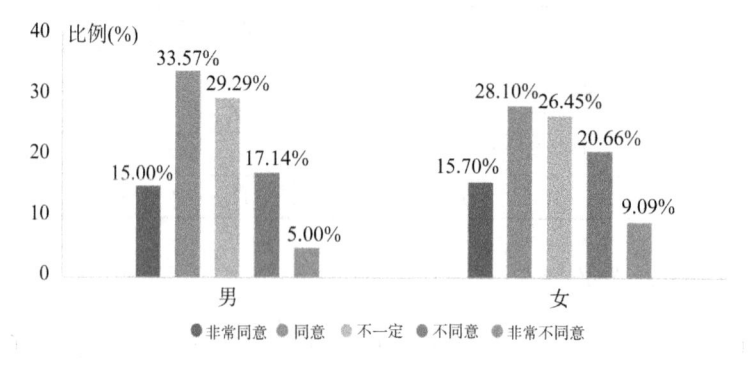

图 7.10　不同性别的被调查者非官方手机预告信息来源评价分布

最后,从不同手机品牌用户对新版本手机预告信息来源的评价态度分析来看,被调查者在是否更愿意相信那些通过论坛、微信、微博以及自媒体等非官方透露的新产品预告信息的态度选择方面,总体向左偏,如表 7.8 所示。使用华为、苹果、小米/红米、OPPO 和 vivo 品牌手机的被调查者在是否更愿意相信非官方通道传播的新产品预告信息,不同品牌用户持认同(非常同意和同意)态度的人群比例分别为 47.75%、53.22%、48.57%、44.44% 和 43.90%。可见,相比较来说,苹果用户更愿意相信非官方传播的新智能手机预告信息,人群占比最高,vivo 用户更愿意相信非官方渠道传播的新智能手机预告信息的比例最低。

表 7.8　不同品牌的预告信息来源评价分布

品牌	非常同意	同意	不一定	不同意	非常不同意	小计
华为	17(15.32%)	36(32.43%)	27(24.32%)	22(19.82%)	9(8.11%)	111
小米/红米	14(28.57%)	9(18.26%)	13(22.86%)	8(16.33%)	5(10.20%)	49
苹果	11(17.74%)	22(35.48%)	16(25.81%)	10(16.13%)	3(4.84%)	62

续表

品牌	非常同意	同意	不一定	不同意	非常不同意	小计
OPPO	6(13.33%)	14(31.11%)	18(40%)	4(8.89%)	3(6.67%)	45
VIVO	7(17.07%)	11(26.83%)	10(24.39%)	12(29.27%)	1(2.44%)	41

7.4.3 内容翔实性评价

新版本预告内容的翔实性评价是影响被调查者新产品购买意愿与行为的关键变量之一。现给出如所有被调查者对其近期所关注的新版本智能手机预告内容翔实性评价的态度分布,具体如图7.11所示。

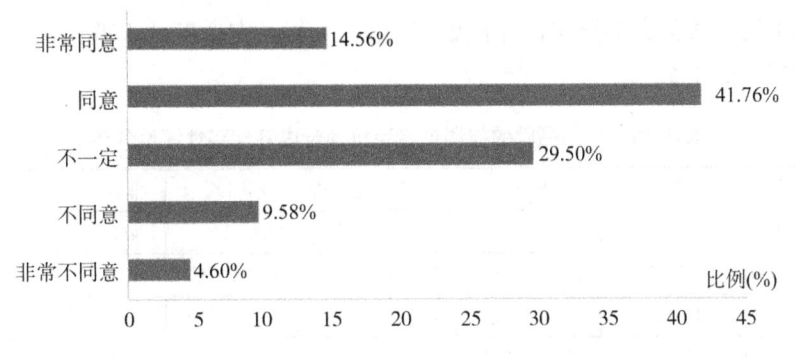

图 7.11 被调查者手机预告内容翔实性评价分布

- 非常同意 14.56%
- 同意 41.76%
- 不一定 29.50%
- 不同意 9.58%
- 非常不同意 4.60%

由图7.11可知,持正面态度(非常同意和同意)的人群占比为56.32%,持中立态度的人群占比为29.50%,持负面态度(非常不同意和不同意)的人群占比为14.18%。其中,持非常同意态度的人群占比为14.56%,持同意态度的人群占比为41.76%。也就是说,总体而言,多数被调查者认为,其近期所关注的几款新版本智能手机的预告内容是比较翔实的。可见,被调查者是否经常关注新版本智能手机预告信息是其评价预告信息内容翔实性的关键变量。

其次,如表7.9所示,从近期被调查者是否经常关注新版本智能手机预告信息与其对新版本预告内容的翔实性的交叉分析可知,经常关注新版本智能手机预告信息的被调查者对新版本智能手机预告信息的翔实性评价更为正面,持非常同意态度和同意态度的人群比例分别为22.86%和45.71%,相比非经常关注新版本智能手机预告信息的被调查者的相应评价分别高13.89%和6.61%。此外,从持中立态度的比较来看,经常关注新版本智能手机预告信息的被调查者态度更为明确,仅有20.00%用户态度是中立的,而非经常关注新版本智能手机预告信息的被调查者有 35.90% 用户态度是中立的。

表 7.9　不同卷入度的被调查者手机预告内容翔实性评价分布

态度	非常同意	同意	不一定	不同意	非常不同意	小计
是	24(22.86%)	48(45.71%)	21(20.00%)	5(4.76%)	7(6.67%)	105
否	14(8.97%)	61(39.10%)	56(35.90%)	20(12.82%)	5(3.21%)	156

最后,如表 7.10 所示,从不同手机品牌用户对新版本预告内容的翔实性的交叉分析可知,使用华为、小米和苹果的被调查者对新版本智能手机预告信息的翔实性评价更为正面,持非常同意态度和同意态度的人群比例之和分别为 59.46%、57.13% 和 59.68%。使用 OPPO 和 vivo 的被调查者对新版本智能手机预告信息的翔实性评价更为中立,持不一定态度的人群比例分别为 33.33% 和 31.71%。

表 7.10　不同品牌的被调查者手机预告内容翔实性评价分布

品牌	非常同意	同意	不一定	不同意	非常不同意	小计
华为	13(11.71%)	53(47.75%)	32(28.83%)	9(8.11%)	4(3.60%)	111
小米/红米	11(22.45%)	17(34.69%)	15(30.61%)	6(12.24%)	0(0.00%)	49
苹果	9(14.52%)	28(45.16%)	14(22.58%)	8(12.90%)	3(4.84%)	62
OPPO	8(17.78%)	15(33.33%)	15(33.33%)	5(11.11%)	2(4.44%)	45
vivo	8(19.51%)	15(36.59%)	13(31.71%)	3(7.32%)	2(4.88%)	41

7.4.4　内容价值性评价

新产品预告因为可以让消费者提前了解到新产品未来的动向,进而降低消费者新商品选择风险与转换学习成本,最终提高消费者对商品的价值评价。因此,研究被调查者对近期新版本手机预告内容的价值性评价,是深入研究被调查者新产品后续购买意愿与行为选择的关键变量之一。基于此,现给出如所有被调查者对其近期所关注的新版本智能手机预告内容是否具有价值性评价的调查,相关态度分布数据,如图 7.12 所示。

由图 7.12 可知,总体而言,持正面态度(非常同意和同意)的人群占比为 54.41%,持中立态度的人群占比为 28.74%,持负面态度(非常不同意和不同意)的人群占比为 16.86%。此外,持非常同意态度的人群占比为 16.86%,持同意态度的人群占比为 37.55%。也就是说,多数被调查者认同,其近期所关注的几款新版本智能手机的预告内容价值性较高,对其进行新产品选购具有

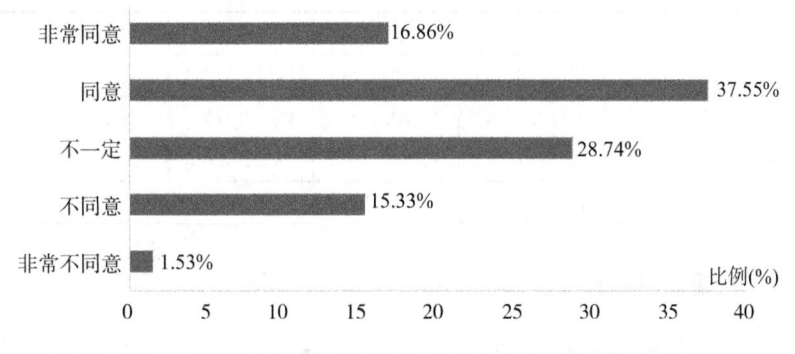

```
非常同意    16.86%
同意        37.55%
不一定      28.74%
不同意      15.33%
非常不同意  1.53%
                        比例(%)
0    5   10   15   20   25   30   35   40
```

图 7.12　被调查者手机预告内容价值性评价分布

较为显著的帮助。

此外,从性别与其对新版本预告内容的价值性的交叉分析可知,男性被调查者持非常同意态度和同意态度的人群比例分别为 19.29% 和 35.00%,女性被调查者持非常同意态度和同意态度的人群比例分别为 14.05% 和 40.50%,也就是说,在非常同意态度方面,男性表现出更具倾向性。具体数据如表 7.11 所示。此外,从持中立态度的比较来看,男性被调查者持中立态度的占 29.29%,而女性被调查者持中立态度的占 28.10%,女性被调查者态度更为明确。可见,性别可能是被调查者评价预告信息内容价值性的关键变量。

表 7.11　不同性别的被调查者手机预告内容价值性评价分布

性别	非常同意	同意	不一定	不同意	非常不同意	小计
男	27(19.29%)	49(35%)	41(29.29%)	20(14.29%)	3(2.14%)	140
女	17(14.05%)	49(40.50%)	34(28.10%)	20(16.53%)	1(0.83%)	121

最后,从不同手机品牌用户对新版本预告内容的价值性评价的交叉分析可知,使用华为、小米/红米和苹果的被调查者对新版本智能手机预告信息的价值性评价更为正面,持非常同意态度和同意态度的人群比例之和分别为 58.56%、59.18% 和 50.00%。使用 OPPO 和 vivo 的被调查者对新版本智能手机预告信息的翔实性评价更为中立,持不一定态度的人群比例分别为 31.11% 和 36.59%。具体数据如表 7.12 所示。

表 7.12　不同品牌的被调查者手机预告内容价值性评价分布

品牌	非常同意	同意	不一定	不同意	非常不同意	小计
华为	20(18.02%)	45(40.54%)	28(25.23%)	16(14.41%)	2(1.80%)	111

续表

品牌	非常同意	同意	不一定	不同意	非常不同意	小计
小米/红米	14(28.57%)	15(30.61%)	10(20.41%)	10(20.41%)	0(0.00%)	49
苹果	10(16.13%)	21(33.87%)	18(29.03%)	13(20.97%)	0(0.00%)	62
OPPO	5(11.11%)	17(37.78%)	14(31.11%)	8(17.78%)	1(2.22%)	45
vivo	7(17.07%)	14(34.15%)	15(36.59%)	5(12.20%)	0(0.00%)	41

7.4.5 内容创新性评价

新产品创新性是消费者选购新产品的关键因素之一。如何通过不同手段来凸显新产品预告的创新特征,是新产品预告内容设计总监的主要工作之一。然而,现实的情况常常表明,许多企业自然认为的创新性无法获得消费者和市场的认同,进而导致其新产品预告内容的创新性评价不高,无法激起消费者购买欲望和行为。基于此,现给出所有被调查者对其近期所关注的新版本智能手机预告内容的创新性评价,相关态度分布数据,如图 7.13 所示。

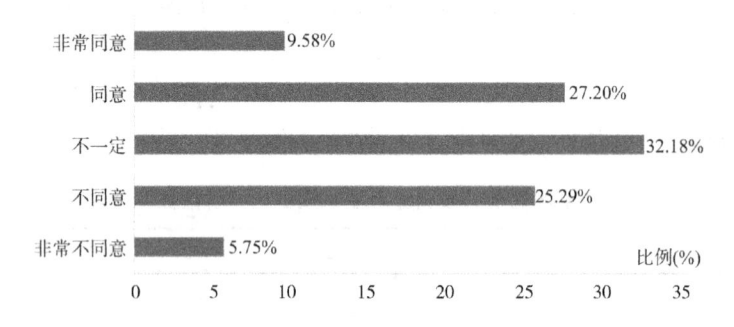

非常同意　9.58%
同意　27.20%
不一定　32.18%
不同意　25.29%
非常不同意　5.75%

图 7.13　被调查者手机预告内容创新性评价分布

由图 7.13 可知,持正面态度(非常同意和同意)的人群占比为 36.78%,持中立态度的人群占比为 32.18%,持负面态度(非常不同意和不同意)的人群占比为 31.04%。也就是说,总体而言,被调查者认为其近期所关注的几款新版本智能手机的预告内容的创新性不是太高,持认同、中立和不认同态度的人群各存在三分之一。这在某种程度上说明了,近期相关智能手机的创新性没有得到大部分消费者的认同。

此外,从近期不同性别的被调查者与其对新版本预告内容的创新性评价的交叉分析可知,男性用户对新版本智能手机预告信息的创新性评价更为正面,持非常同意态度和同意态度的人群比例分别为 15.71% 和 27.14%,相比非经常关注女性被调查者的相应评价总体高出 13.23%。此外,从持中立态度的比较来看,男性被调查者态度更为明确,男性被调查态度中立占 35.00%,女性被调查者态度中立占 28.93%。可见,性别差异是其评价预告信息内容创新性的关键变量。具体数据,如表 7.13 所示。

表 7.13 不同性别的被调查者手机预告内容创新性评价分布

性别	非常同意	同意	不一定	不同意	非常不同意	小计
男	22(15.71%)	38(27.14%)	49(35.00%)	26(18.57%)	5(3.57%)	140
女	3(2.48%)	33(27.27%)	35(28.93%)	40(33.06%)	10(8.26%)	121

最后,从不同手机品牌用户对新版本预告内容的创新性评价的交叉分析可知,使用小米/红米和苹果的被调查者对新版本智能手机预告信息的创新性评价更为确定,持非常同意态度和同意态度的人群比例之和分别为 48.97% 和 45.16%。使用华为和 OPPO 的被调查者对新版本智能手机预告信息的创新性评价相对中立,持不一定态度的人群比例分别为 31.53% 和 40.00%。使用 vivo 的被调查者对新版本智能手机预告信息的创新性评价相对负面,持否定态度的人群比例为 39.03%。具体数据如表 7.14 所示。

表 7.14 不同品牌的被调查者手机预告内容创新性评价分布

品牌	非常同意	同意	不一定	不同意	非常不同意	小计
华为	10(9.01%)	34(30.63%)	35(31.53%)	30(27.03%)	2(1.80%)	111
小米/红米	9(18.37%)	15(30.61%)	12(24.49%)	10(20.41%)	3(6.12%)	49
苹果	5(8.06%)	23(37.10%)	15(24.19%)	16(25.81%)	3(4.84%)	62
OPPO	5(11.11%)	11(24.44%)	18(40.00%)	9(20.00%)	2(4.44%)	45
vivo	4(9.76%)	11(26.83%)	10(24.39%)	13(31.71%)	3(7.32%)	41

7.5 新智能手机预告的影响分析

新产品预告以及如何影响消费者的购买行为是基础理论研究者和营销实践管理者关注的重点与难点问题。Schatzel 和 Calantone(2006)认为新产品预告具有预期创造效应,并基于实证调查方法,研究新产品预告对消费者新产品预期与行为的影响。Su 和 Rao(2010)基于文献评述等方法研究了新产品预告在说服消费者调整其未来购买商品的时间的潜在能力。Thorbjørnsen 和 Dahlén 等(2016)研究了新产品预告对其他产品品牌的影响。基于此,本部分主要从新产品预告改变购机时点选择、品牌选择和价位档次选择这三个方面来诠释新版本智能手机预告如何影响消费者的购买行为。

7.5.1 对提前购机时点选择的影响

新产品预告是否将消费者购买新产品的时间提前是新产品预告关注的重点问题。本调查首先表明，新版本智能手机预告信息在一定程度上影响到其更换智能手机的时间安排，近47%的被调查者认为，新版本智能手机预告信息在一定程度上提前了其购机计划。也就是说，总体而言，新产品预告信息将正面提高消费者购买新产品的时点选择。具体数据如图7.14所示。

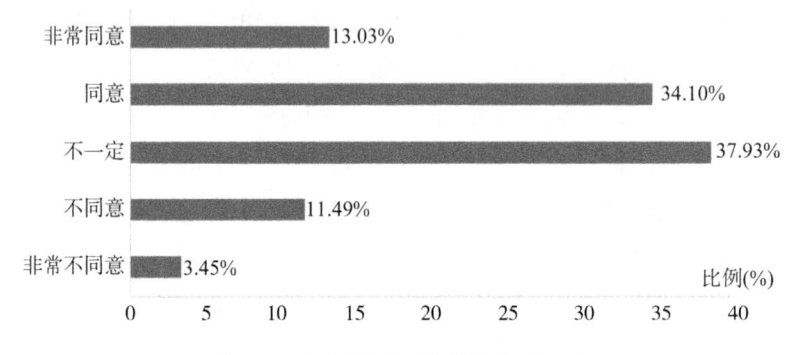

态度	比例
非常同意	13.03%
同意	34.10%
不一定	37.93%
不同意	11.49%
非常不同意	3.45%

图7.14 被调查者提前购机态度分布

其次，通过近期被调查者是否经常关注新版本智能手机预告信息与其对新版本预告是否提前其购机时点的判断交叉分析可知，近期经常关注新版本智能手机预告信息的被调查者态度更为明确，其中持不一定态度的人群只有24.76%。更为重要的是，经常关注预告信息的人群非常同意和同意预告将提前其购机时点的比例分别为24.76%和38.10%，比非经常关注预告信息的人群对应的比例分别高出19.63%和6.69%。可见高关注度的被调查者更愿意因新产品预告信息而提前其购机时点。具体数据如表7.15所示。

表7.15 不同卷入度的被调查者提前购机态度分布

态度	非常同意	同意	不一定	不同意	非常不同意	小计
是	26(24.76%)	40(38.10%)	26(24.76%)	12(11.43%)	1(0.95%)	105
否	8(5.13%)	49(31.41%)	73(46.79%)	18(11.54%)	8(5.13%)	156

其三，从性别交叉分析来看，认为新产品预告将提前其购买时点的男性人群体占比高达52.86%。其中，持非常同意和同意态度的男性群体占比分

别为 17.86% 和 35%，而女性被调查者相应态度的人群占比分别为 7.44% 和 33.06%。也就是说，相比女性被调查而言，在新产品预告信息是否提前被调查者购机时点选择的差异性方面，男性表现出更强的敏感性和倾向性。具体数据，如图 7.15 所示。

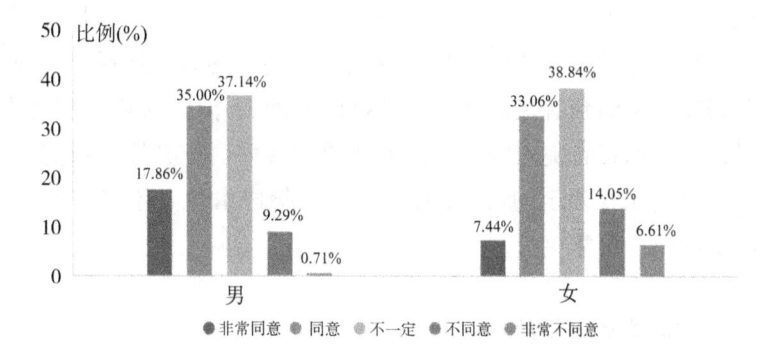

图 7.15 不同性别的被调查者提前购机态度分布

其四，从不同手机品牌用户对新版本预告内容是否提前购机时点评价的交叉分析可知，被调查者认同（非常同意和同意）新产品预告将提前其手机购买时点的品牌排序分别为小米/红米、华为、OPPO、vivo 和苹果，分别占比为 79.99%、51.36%、48.89%、48.78% 和 45.17%，如表 7.16 所示。也就是说，使用小米/红米的用户更容易因新产品预告而提前购买新智能手机，而使用苹果品牌的用户更不容易因新产品预告而提前购买新智能手机。

表 7.16 不同品牌的被调查者提前购机态度分布

品牌	非常同意	同意	不一定	不同意	非常不同意	小计
华为	17(15.32%)	40(36.04%)	43(38.74%)	7(6.30%)	4(3.60%)	111
小米/红米	8(22.86%)	20(57.14%)	14(40.00%)	6(17.14%)	1(2.86%)	35
苹果	9(14.52%)	19(30.65%)	25(40.32%)	7(11.29%)	2(3.22%)	62
OPPO	8(17.78%)	14(31.11%)	19(42.22%)	4(8.89%)	0(0.00%)	45
vivo	7(17.07%)	13(31.71%)	13(31.71%)	8(19.51%)	0(0.00%)	41

上述调查数据在某种程度暗示着，小米智能手机换机周期可能更短，苹果手机换机周期可能更长。该结论与近日中国移动发布的《2020 年第二期 5G 终端消费趋势报告》中智能手机换机周期结论相吻合，即 iPhone 用户的换机时间周期最长，为 27.1 月，小米手机的换机时间周期最短，只有 22.8 个月。华为、OPPO 和 vivo 手机的换机时间周期接近 25 个月。

7.5.2 对延迟购机时点选择的影响

新产品预告是否将延迟消费者购买新产品的时间也是研究新产品预告关注的重点问题。本调查表明,仅有26%被调查者认为,新版本智能手机预告信息在一定程度上延迟了其购机计划,如图7.16所示。也就是说,更多的消费者认为新产品预告不会推迟其新智能手机购买的时点选择。此外,对比新产品预告在说服消费者提前和推迟购机两方面的作用,说服消费者推迟购机的效果比说服消费者提前购机的效果差得比较多。究其原因可能在于,延迟购买的成本是非常确定的,而提前购买的风险成本却是不确定的,因此说服延迟购买的阻力可能更大。

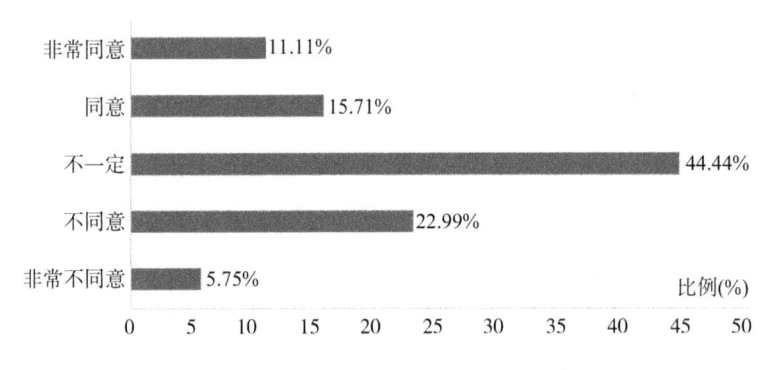

图 7.16 被调查者延迟购机态度分布

其次,如表7.17所示,通过近期被调查者是否经常关注新版本智能手机预告信息与其对新版本预告是否推迟其购机时点的判断交叉分析可知,近期经常关注新版本智能手机预告信息的被调查者态度更为明确,其中持不一定态度的人群只有37.14%。更为重要的是,经常关注预告信息的人群非常同意和同意预告将提前其购机时点的比例分别为17.14%和20.95%。比非经常关注预告信息的人群对应的比例分别高出10.09%和8.77%。可见高卷入度的被调查者更愿意因新产品预告信息而提前其购机时点。具体数据如表7.17所示。

表 7.17 不同卷入度的被调查者延迟购机态度分布

态度	非常同意	同意	不一定	不同意	非常不同意	小计
是	18(17.14%)	22(20.95%)	39(37.14%)	22(20.95%)	4(3.81%)	105
否	11(7.05%)	19(12.18%)	77(49.36%)	38(24.36%)	11(7.05%)	156

其三,从性别交叉分析来看,相比女性被调查者而言,在新产品预告信息是否延迟被调查者购机时点选择的差异性方面,女性表现出更强的不同意态度。认为新产品预告不会延迟购买时点的女性和男性占比分别为 36.37% 和 22.15%。男性表现出更强的同意态度。认为新产品预告会延迟购买时点的男性和女性占比分别为 30.71% 和 22.31%。具体数据如图 7.17 所示。

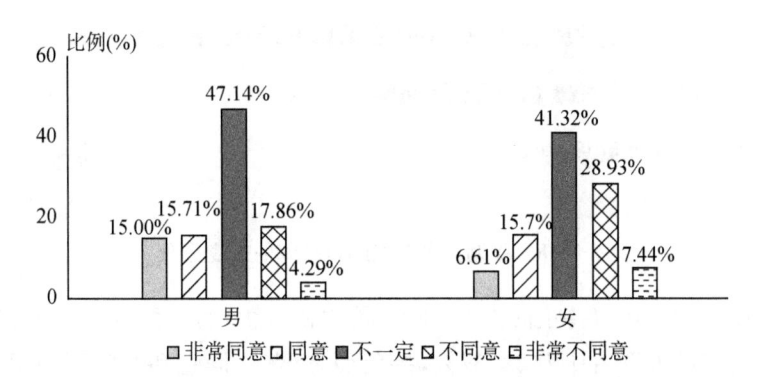

图 7.17 不同性别的被调查者延迟购机态度分布

最后,通过不同手机品牌用户对新版本预告内容是否延迟购机时点的判断交叉分析可知,被调查者认同(非常同意和同意)新产品预告将延迟其手机购买时点的品牌排序分别为华为、苹果、vivo、OPPO 和小米/红米,分别占比为 31.54%、29.03%、26.83%、26.66% 和 26.52%。也就是说,使用华为和苹果的用户更容易因新产品预告而延迟购买新智能手机。具体数据如表 7.18 所示。

表 7.18 不同品牌的被调查者延迟购机态度分布

品牌	非常同意	同意	不一定	不同意	非常不同意	小计
华为	17(15.32%)	18(16.33%)	49(44.14%)	22(19.82%)	5(4.50%)	111
小米/红米	8(16.33%)	5(10.20%)	21(42.86%)	13(26.53%)	2(4.08%)	49
苹果	7(11.29%)	11(17.74%)	26(41.94%)	16(25.81%)	2(3.23%)	62
OPPO	6(13.33%)	6(13.33%)	20(44.44%)	11(24.44%)	2(4.44%)	45
vivo	5(12.20%)	6(14.63%)	18(43.90%)	12(29.27%)	0(0.00%)	41

7.5.3 对改变购机品牌选择的影响

新版本智能手机预告是否以及如何影响消费者未来的购机品牌选择是一个热点与重点问题。本部分重点针对被调查者对其近期所关注的新版本智能手机预告内容是否改变其未来新智能手机品牌的选择进行调查分析。被调查者对该问题的态度分布,如图 7.18 所示。

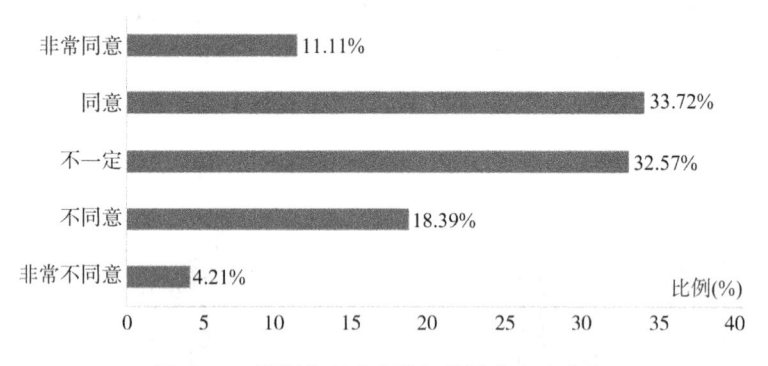

图 7.18 被调查者改变购机品牌的态度分布

由图 7.18 可知,持正面态度(非常同意和同意)的人群占比为 44.83%,持中立态度的人群占比为 32.57%,持负面态度(不同意和非常不同意)的人群占比为 23.60%。也就是说,更多的被调查者认为,新产品预告会改变其智能手机的品牌选择。

其次,通过近期被调查者是否经常关注新版本智能手机预告信息与其对新版本预告是否改变其购机品牌选择的交叉分析可知,该部分人群持有不一定态度的人群只有 24.76%。更为重要的是,经常关注预告信息的人群非常同意和同意预告将提前其购机时点的比例分别为 17.14% 和 40.95%。比不是经常关注预告信息的人群对应的比例分别高出 10.09% 和 12.10%,具体如表 7.19 所示。也就是说,卷入度高的被调查者(经常关注预告信息的)态度更为明确。

表 7.19 不同卷入度的被调查者改变购机品牌的态度分布

态度	非常同意	同意	不一定	不同意	非常不同意	小计
是	18(17.14%)	43(40.95%)	26(24.76%)	17(16.19%)	1(0.95%)	105
否	11(7.05%)	45(28.85%)	59(37.82%)	31(19.87%)	10(6.41%)	156

其三,从性别交叉分析来看,认为新产品预告会改变其品牌选择的男性和女性占比分别为 46.43% 和 42.97%。虽多数女性也认同预告将改变其品牌选择,但在不同意和非常不同意态度方面,女性占比更高。认为新产品预告不会改变其品牌选择的女性和男性占比分别为 28.10% 和 17.85%,如图 7.19 所示。也就是说,相比女性被调查者而言,在新产品预告信息是否改变

被调查者购机品牌选择的差异性方面,男性表现出更强的同意态度。

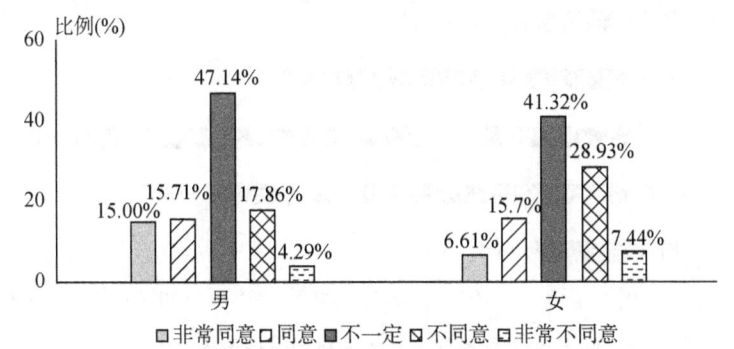

图 7.19 不同性别的被调查者改变购机品牌的态度分布

其四,从不同手机品牌用户对新版本预告内容是改变品牌选择的交叉分析首先可知,华为、小米/红米、苹果、OPPO 和 vivo 被调查者认同(非常同意和同意)新产品预告将改变其手机购买品牌的占比分别为 53.15%、51.04%、50%、33.33%和 43.91%,如表 7.20 所示。也就是说,使用华为和苹果的用户更容易因新产品预告而改变其品牌手机的选择。

表 7.20 不同品牌的被调查者改变购机品牌的态度分布

品牌	非常同意	同意	不一定	不同意	非常不同意	小计
华为	16(14.41%)	43(38.74%)	29(26.13%)	21(18.92%)	2(1.80%)	111
小米/红米	9(18.39%)	16(32.65%)	19(38.78%)	4(8.16%)	1(2.04%)	49
苹果	7(11.29%)	24(38.71%)	12(19.35%)	15(24.19%)	4(6.45%)	62
OPPO	5(11.11%)	10(22.22%)	19(42.22%)	10(22.22%)	1(2.22%)	45
vivo	4(9.76%)	14(34.15%)	17(41.46%)	6(14.63%)	0(0.00%)	41

7.5.4 对改变购机价位档次的影响

新版本智能手机预告是否以及如何影响消费者未来的购机价位或档次选择也是一个热点与重点问题。本部分重点针对被调查者对其近期所关注的新版本智能手机预告内容是否改变其未来新智能手机价位和档次选择进行调查分析。被调查者对该问题的态度分布,如图 7.20 所示。

由图 7.20 可知,持正面态度(非常同意和同意)的人群占比为 31.04%,持中立态度的人群占比为 36.02%,持负面态度(不同意和非常不同意)的人群占比为 32.95%。也就是说,在该问题上,被调查的态度是分化的,约各占

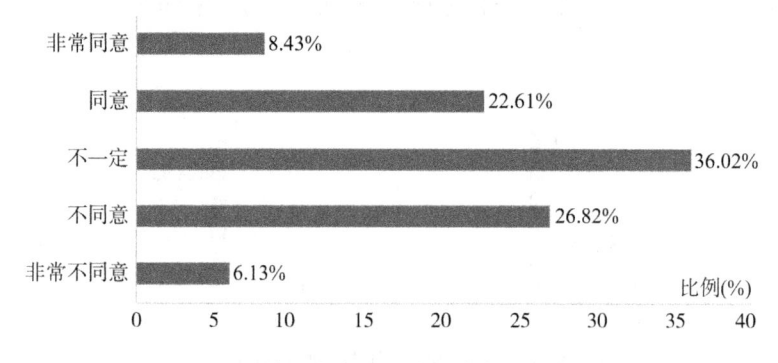

图 7.20　被调查者改变购机档次的态度分布

三分之一。

其三,从性别交叉分析来看,相比女性被调查者而言,新产品预告信息是否降低被调查者购机价位和档次选择的差异性方面,认为新产品预告会降低其价位和档次选择的男性和女性群体占比分别为 38.57% 和 22.31%。虽然一部分的女性也认同预告将降低其价位和档次选择,但认为新产品预告不会改变其价位和档次选择的女性和男性群体占比分别为 42.97% 和 24.29%,如图 7.21 所示。也就是说,男性表现出更强的认同态度(同意和非常同意),女性表现出更强的不认同态度(不同意和非常不同意)。

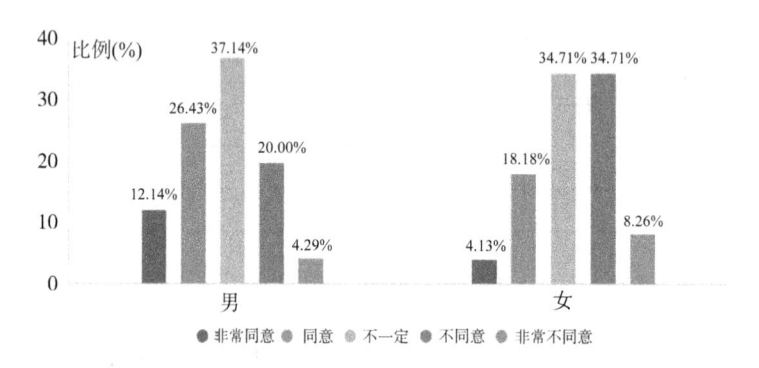

图 7.21　不同性别的被调查者改变购机档次的态度分布

其四,通过不同手机品牌用户对新版本预告内容是否降低其购机价位和档次的判断交叉分析可知,华为、小米/红米、苹果、OPPO 和 vivo 被调查者认同(非常同意和同意)新产品预告将降低其手机价位和档次选择的占比分别为 35.14%、46.93%、30.65%、26.67% 和 34.15%,如表 7.21 所示。也就是说,虽然使用小米/红米的被调查者赞成的比例较高,但更多的用户不认同这样的做法,尤其是,苹果用户不认同的比例高达 41.93%。使用华为的被调查者更多地表现出犹豫,选择不一定态度的比例最高,高达 36.94%。

表 7.21 不同品牌的被调查者改变购机档次的态度分布

品牌	非常同意	同意	不一定	不同意	非常不同意	小计
华为	11(9.91%)	28(25.23%)	41(36.94%)	26(23.42%)	5(4.50%)	111
小米/红米	9(18.37%)	14(28.57%)	11(22.45%)	11(22.45%)	4(8.16%)	49
苹果	6(9.68%)	13(20.97%)	17(27.42%)	22(35.48%)	4(6.45%)	62
OPPO	3(6.67%)	9(20.00%)	20(44.44%)	13(28.89%)	0(0.00%)	45
vivo	5(12.20%)	9(21.95%)	14(34.15%)	11(26.83%)	2(4.88%)	41

7.6 本章小结

本章以实证调查数据为基础,深入研究了不同性别、年龄和卷入度的被调查者对其近期关注的新产品预告内容的感知、评价与行为选择的影响调查,相关结论如下。

首先是,被调查者在对新产品预告内容的关注上呈现显著差异,不同性别、品牌和卷入度的被调查者在对新产品预告内容的感知、评价、信任和行为选择上存在一定差异。因此在新产品预告内容选择中,应重视性别、品牌和卷入度带来的影响。

其二是,要不断提高预告内容质量,为消费者提供翔实可靠的未来的新产品外观、功能、性能、价位和销售时间等具体信息,尽可能满足消费者对新产品感官需求,提供视觉和听觉感知体验,充分利用体验店模式来克服触觉和嗅觉等实际感观的缺失。

其三是,要不断提高预告内容的新颖性,迎合消费者求新求异心态,突出新智能手机的独有创新性,不仅要与同类产品之间形成差异化特征,还应重视同系列但不同档次产品之间的差异性管理。

其四是,要注意新产品预告负面信息的利用和负面作用的管控。所谓负面信息的利用即可采用一些富有争议性的话题来提高消费者对自身品牌新产品预告的兴趣度。但同时需要管控一些影响比较严重的负面网络新闻、评论和测评等信息的广泛传播。

其五是,尽可能采用提前说服消费者购买新产品预告的宣传策略,因为调查表明,相比说服提前购买效果而言,通过新产品预告来说服消费者推迟其购买新智能手机面临更多阻力,效果相对来说不如前者。

其六是,在说服消费者改变新智能手机价位和品牌选择方面,通过新产品预告达到说服消费者改变品牌选择的效果相对更为有效,也就是说,改变消费者新产品预告价位选择面临消费者支付能力的障碍阻力。该阻力主要受到消费者本身经济能力的限制,短期之内难以实现。但是,通过新产品预告来改变消费者智能手机的品牌选择可以达到更明显效果。

第八章

结论与展望

8.1 研究结论

在系统回顾新产品预告已有研究成果的基础上,本文系统辨析了平台型新产品预告策略选择系统构成、基本类型、影响因素、复杂特征以及不同情景下策略选择模型构建与管理启示。相关研究结论包括如下几个方面:

(1) 平台型新产品预告策略性选择具有内生复杂性,其不仅继承了一般类型新产品预告策略选择的动机多元、类型多样且影响因素等复杂性特征,其还具有更加多元的利益博弈关系协调、超强跨边网络效应的影响、预告的多阶迭代过程特征以及赢者通吃的先发优势等独有特征。

(2) 在平台型新产品预告努力水平选择问题中,平台企业存在将新产品预告潜在风险内部化并通过非对称定价的方式转移给消费者和开发者的基本激励。其次,平台企业存在最优预告努力水平选择值点,但基于自身利润最大化的平台企业最优预告努力水平选择值点总是小于消费者、开发者以及社会福利最优所期待的最优预告努力水平值点。

(3) 在平台型新产品预告信息发布顺序选择问题中,平台企业存在通过预告发布顺序来最大化自身利润的基础动机,因为非同步预告策略下平台企业利润总是优于同步预告策略下平台企业利润。其次,在非同步预告策略选择中,平台企业新产品预告顺序选择的关键是,消费者和开发者接入平台的偏好强度的大小。优先向平台偏好强度较小的一方进行新产品预告,延迟向平台偏好强度较大的一方进行新产品预告是平台企业新产品预告利润占优策略选择。

(4) 在平台型新产品预告信息内容选择问题中,随着消费者的平台偏好、开发者的 App 平均开发成本以及平台的异质性的大小变化,平台企业新产品预告策略选择在 (T,T)、(T,M)、(M,T) 和 (M,M) 之间动态切换。非对称型策略组合在平台偏好和开发者的 App 平均开发成本值居中时以及平台的异质性较大时存在平台企业新产品预告策略选择的子博弈纳什均衡。技术型预告信息预告策略虽然能够实现多方共赢局面,但在具有相对更大利润且更小风险的营销型预告信息预告策略激励下,平台企业倾向选择损人利己的营销型预告信息策略。

(5) 在平台型新产品预告竞争环境选择问题中,随着平台之间竞争压力的增大,两平台企业新产品预告策略选择从都采用逐渐转换到都不采用策略。也就是说,竞争压力较小时,新产品预告策略是平台企业利润、消费者效用、开发者收益以及社会福利共赢策略,无须进行利益协调。竞争压力较大时,新产品预告策略会使平台企业利润、消费者效用、开发者收益以及社会福利存在利益冲突。平台企业倾向不进行新产品预告,需进行利益协调。

8.2 研究展望

本书的研究更多的是从静态博弈、信息对称以及理性决策视角进行相关研究,因此,未来研究展望包括几个方面:

(1) 平台型新产品预告是一个多方博弈的动态过程,故未来拟采用动态博弈模型,深入研究平台企业新产品预告策略选择的动态演化特征及其策略选择方向。

(2) 在平台型新产品预告过程中,消费者、开发者以及平台企业之间普遍存在信息不完全对称问题。因此,未来拟进一步对平台型新产品预告中信息的不完全对称类型进行探索,并将其参数化或模型化,分析不同类型的信息不对称情况下,平台企业新产品预告策略选择方法。

(3) 平台型新产品预告的预期撬动与潜在风险随预告时间前置长短存在波动与衰减特征。因此,未来拟将时间因素作为重要切入点,深入研究新产品预告信息效应时间折扣影响的平台型新产品预告时点和阶段的选择问题。

(4) 在平台型新产品预告中,消费者偏好存在水涨船高的情况以及行为受到从众效应等因素的影响。因此,未来拟将消费者新产品预告信息感知及其决策的不完全理性作为关键变量,研究这些不完全理性因素影响下的平台型新产品预告策略选择问题。

参考文献

[1] AKERLOF G A. The market for "lemons": quality uncertainty and the market mechanism[J]. The Quarterly Journal of Economics,1970,84(3):488-500.

[2] ALI M,ALIREZA G,MOJTABA Q. Prediction of air travel demand using a hybrid artificial neural network(ANN) with Bat and Firefly algorithms:a case study[J]. The Journal of Supercomputing,2018,74(10):5461-5484.

[3] SORESCU A,SHANKAR V,KUSHWAHA T. New product preannouncements and shareholder value:don't make promises you can't keep[J]. Journal of Marketing Research,2007,44(3):468-489.

[4] ANDERSON S P,GABSZEWICZ J J. The media and advertising:a tale of two-sided markets[J]. Social Science Electronic Publishing,2006,1(6):567-614.

[5] ARMSTRONG M. Competition in two-sided markets[J]. The RAND Journal of Economics,2006,37(3):668-691.

[6] BAG P,ROY S. On sequential and simultaneous contributions under incomplete information[J]. International Journal of Game Theory,2011,40(1):119-145.

[7] BAYUS B L,JAIN S,Rao A G. Truth or consequences:an analysis of vaporware and new product announcements[J]. Journal of Marketing Research,2001,38(1):3-13.

[8] BERGEMANN D,VÄLIMÄKI J. Market diffusion with two-sided learning[J]. The RAND Journal of Economics,1997,28(4):773-795.

[9] BHARGAVA H K,CHEN R R. The benefit of information asymme-

try: when to sell to informed customers? [J]. Decision Support Systems,2012,53(2):345-356.

[10] BHARGAVA H K. Platform technologies and network goods: insights on product launch and management[J]. Information Technology and Management,2014,15(3):199-209.

[11] BISIN A,HORST U,ÖZGÜR O. Rational expectations equilibria of economies with local interactions[J]. Journal of Economic Theory, 2006,127(1):74-116.

[12] BLANCHARD O J, WATSON M. Bubbles, rational expectations and financial markets[J]. NBER Working Papers,1983.

[13] BOLT W,TIEMAN A F. Heavily skewed pricing in two-sided markets [J]. International Journal of Industrial Organization,2008,26(5):1250-1255.

[14] BOOT A W A,THAKOR A V. The many faces of information disclosure[J]. The Review of Financial Studies,2001,14(4):1021-1057.

[15] BRAY M. Learning, estimation, and the stability of rational expectations[J]. Journal of Economic Theory,1982,26(2):318-339.

[16] BURKE R R,CHO J,DESARBO W S,et al. The impact of product-related announcements on consumer purchase intentions[J]. Advances in Consumer Research,1990,17 (1):342-350.

[17] BÜSCHKEN J. Leapfrogging and profit maximizing new product preannouncement timing[J]. 2000.

[18] CAI H,YAN P. Does new technology always win? Study on diffusion route of new technology and related factors[J]. Academic Journals, 2013,7(23):2284-2292.

[19] CAILLAUD B,JULLIEN B. Chicken & egg: competition among intermediation service providers[J]. RAND Journal of Economics,2003,34 (2):309-328.

[20] CAILLAUD B,JULLIEN B. Competing cybermediaries[J]. European Economic Review,2001,45(4-6):797-808.

[21] CALANTONE R J,SCHATZEL K E. Strategic foretelling: communication-based antecedents of a firm's propensity to preannounce[J].

Journal of Marketing,2000,64(1):17-30.

[22] CELSI R L,OLSON J C. The role of involvement in attention and comprehension processes[J]. Journal of Consumer Research,1988,15(2):210-224.

[23] CHANG C W,LIN Y S,OHTA H. Optimal location in two-sided markets[J]. Economic Modelling,2013,35(C):743-750.

[24] CHAO Y,DERDENGER T. Mixed bundling in two-sided markets in the presence of installed base effects[J]. Management Science,2013,59(8):1904-1926.

[25] CHELLAPPA R K,MUKHERJEE R. Platform preannouncement strategies:the strategic role of information in two-sided markets competition[J]. Management Science,2021,67(3):1527-1545.

[26] CHEN C W,WONG V. Design and delivery of new product preannouncement messages[J]. Journal of Marketing Theory and Practice,2012,20(2):203-222.

[27] CHEN K,YIN J. Information competition in product launch:evidence from the movie industry[J]. Electronic Commerce Research and Applications,2017,26(11):81-88.

[28] CHOI J P,KRISTIANSEN E G,NAHM J. Strategic product pre-announcements in markets with network effects[J]. Hitotsubashi Journal of Economics,2019,60(1):1-20.

[29] CHOI J P. Tying in two-sided markets with multi-homing[J]. Journal of Industrial Economics,2010,58(3):607-626.

[30] CONNELLY B L,CERTO S T,IRELAND R D,et al. Signaling theory:a review and assessment. [J]. Journal of Management,2011,37(1):39-67.

[31] COOPER R G. Winning at new products:accelerating the process from idea to launch[M]. New York:Addison Wesley,2001.

[32] DEEDS D L,HILL C W L. Strategic alliances and the rate of new product development:an empirical study of entrepreneurial biotechnology firms[J]. Journal of Business Venturing,1996,11(1):41-55.

[33] MANCEAU D,ELIASHBERG J,RAO V,et al. A diffusion model for

preannounced products[J]. Cust. Need and Solut,2014,1(1):77-89.

[34] DOGANOGLU T,WRIGHT J. Multihoming and compatibility[J]. International Journal of Industrial Organization,2006,24(1):45-67.

[35] DOWLING G R,STAELIN R. A model of perceived risk and intended risk-handling activity[J]. Journal of Consumer Research,1994,21(1):119-134.

[36] DRANOVE D,GANDAL N. The DVD-vs.-DIvx standard war:empirical evidence of network effects and preannouncement effects[J]. Journal of Economics & Management Strategy,2003,12(3):363-386.

[37] DUARTE J,HAN X,HARFORD J,et al. Information asymmetry,information dissemination and the effect of regulation FD on the cost of capital[J]. Journal of Financial Economics,2008,87(1):24-44.

[38] DUBEY P,GEANAKOPLOS J,SHUBIK M. The revelation of information in strategic market games:a critique of rational expectations equilibrium.[J]. Journal of Mathematical Economics,1987,16(2):105-137.

[39] ECKER B,VAN TRIEST S,WILLIAMS C. Management control and the decentralization of R&D[J]. Journal of Management. 2013,39(4):906-927.

[40] EISENMANN T,PARKER G,VAN ALSTYNE M W. Strategies for two-sided markets[J]. Harvard Business Review,2006,84(10):92-101+149.

[41] ELIASHBERG J,ROBERTSON T S. New product preannouncing behavior:a market signaling study[J]. Journal of Marketing Research,1988,25(8):282-292.

[42] EVANS D S. The antitrust economics of multi-sided platform markets[J]. Yale Journal on Regulation,2003,20(2):325.

[43] FARRELL J,SALONER G. Installed base and compatibility,innovation product preannouncements and predation[J]. American Economic Review,1986,76(5):940-955.

[44] WYNSTRA F,PIERICK E T. Managing supplier involvement in new product development:a portfolio approach[J]. European Journal of Purchasing & Supply Management,2000,6(1):49-57.

[45] FRISHAMMAR J. Mannaging information in new product development: a literature review[J]. International Journal of Innovation and Technology Management,2005,2(3):259-275.

[46] GABSZEWICZ J J,WAUTHY X Y. Two-sided markets and price competition with multi-homing[J]. CORE Discussion Papers,2004,30.

[47] GANZACH Y,KARSAHI N. Message framing and buying behavior: a field experiment[J]. Journal of Business Research,1995,32(1):11-17.

[48] GERLACH H A. Announcement,entry,and preemption when consumers have switching costs[J]. The Rand Journal of Economics,2004,35(1):184-202.

[49] GREWAL D, GOTLIEB J, MARMORSTEIN H. The moderating effects of message Framing and source credibility on the price-perceived risk relationship[J]. Journal of Consumer Research, 1994, 21(1):145-153.

[50] GROSSMAN S J,PERRY M. Sequential bargaining under asymmetric information[J]. Journal of Economic Theory,1986,39(1):120-154.

[51] GÜRHAN-CANLI Z,BATRA R. When corporate image affects product evaluations: the moderating role of perceived risk[J]. Journal of Marketing Research,2004,41(2):197-205.

[52] HAGIU A. Two-sided platforms: product variety and pricing structures [J]. Journal of Economics & Management Strategy,2009,18(4):1011-1043.

[53] HAGIU A, HAŁABURDA H. Information and two-sided platform profits [J]. International Journal of Industrial Organization,2014,34(1):25-35.

[54] HAN K. The effect of the message framing direction and temporal distance in preannouncing strategy: utilizing facebook on attitude and memory[J]. 2018,118(19):2201-2216.

[55] HARTLEY J L,MEREDITH J R. Suppliers' contributions to product development: an exploratory study[J]. IEEE Transactions on Engineering Management,1997,44(3):258-267.

[56] HAYEK F A. The use of knowledge in society[J]. The American Economic Review,1945,35(4):519-530.

[57] HEIL O,ROBERTSON T S. Toward a theory of competitive market signaling:a research agenda[J]. Strategic Management Journal,1991,12(6):403-418.

[58] HERMALIN B E,WEISBACH M S. Information disclosure and corporate governance[J]. The Journal of Finance,2012,2(1):195-232.

[59] HO S H,WU J J,CHEN Y. Influence of corporate governance and market orientation on new product preannouncement: evidence from Taiwan electronics industry [J]. Asia Pacific Management Review,2010,15(1):1-14.

[60] HOMBURG C,BORNEMANN T,TOTZEK D. Preannouncing pioneering versus follower products:what should the message be? [J]. Journal of the Academy of Marketing Science,2009,37(3):310-327.

[61] HOXMEIER J A. Software preannouncements and their impact on customers' perceptions and vendor reputation[J]. Journal of Management Information Systems,2000,17(1):115-139.

[62] HYRYNSALMI S,MÄKILÄ T,JÄRVI A, et al. App store,marketplace,play! An analysis of multi-homing in mobile software ecosystems[C]// Proceedings of the Fourth International Workshops on Software Ecosystems,2012.

[63] JOHANSON J,WIEDERSHEIM-PAUL F. The internationalization of the firm:four swedish cases[J]. Journal of Management Studies,1975,12(3):305-323.

[64] JOHNSON E J,RUSSO J E. Product familiarity and learning new information[J]. Journal of Consumer Research,1984,11(1):542-550.

[65] JUNG H . Signaling quality with new product preannouncements:vaporware and the role of reference quality[J]. Journal of Business Research,2011,64(11):1251-1258.

[66] YANG Y,ZHAO R,LAN Y. The impact of risk attitude in new product development under dual information asymmetry[J]. Computers & Industrial Engineering,2014,76(C):122-137.

[67] KAISER U,WRIGHT J. Price structure in two-sided markets:evidence from the magazine industry[J]. International Journal of Industrial Or-

ganization,2006,24(1):1-28.

[68] KAO D T,CHUANG S C,WANG S M,et al. Message framing in social networking sites[J]. Cyberpsychology, Behavior and Social Networking, 2013,16(10):753-760.

[69] KAPLAN L B,SZYBILLO G J,JACOBY J. Components of perceived risk in product purchase:a cross-validation[J]. Journal of Applied Psychology,1974,59(3):287-291.

[70] KE D,ZHANG H,TU Y. The cannibalization effects of new product preannouncement and launch on the C2C marketplace[M]. New York: 2016.

[71] KELLER P A,LIPKUS I M,RIMER B K. Affect,framing,and persuasion[J]. Journal of Marketing Research,2003,40(1):54-64.

[72] SCHATZEL K E,CALANTONE R J,DROGE C. Beyond the firm's initial declaration:are preannouncements of new product introductions and withdrawals alike? [J]. Journal of Innovation Management,2001, 18(2):82-95.

[73] KLASTORIN T,MAMANI H,ZHOU Y P. To preannounce or not: new product development in a competitive duopoly market[J]. Production and Operations Management,2016,25(12):2051-2064.

[74] KOHLI C. Signaling new product introductions:a framework explaining the timing of preannouncements[J]. Journal of Business Research,1999,46(1):45-56.

[75] KRISHNASWAMI S,SUBRAMANIAM V. Information asymmetry, valuation,and the corporate spin-off decision[J]. Journal of Financial Economics,1999,53(1):73-112.

[76] LANDIS R C,ROLFE R S. Market conduct under section 2:when is it anticompetitive? [M]. Cambridge:Massachusetts Institute of Technology Press,1985.

[77] LEE K H,WOO H. Use of reverse engineering method for rapid product development[J]. Computers & Industrial Engineering,1998,35(1-2):21-24.

[78] LEE S. Factors influencing the social networking service user's value

perception and word of mouth decision of corporate post with special reference to the emotional attachment[J]. Information Technology and Management,2016,17(1):15-27.

[79] LEE Y,O'CONNOR G C. The impact of communication strategy on launching new products:the moderating role of product innovativeness [J]. Journal of Product Innovation Management,2003,20(1):4-21.

[80] LELAND H E. The informational role of warranties and private disclosure about product quality:comment[J]. Journal of Law and Economics,1981,24(3):485-489.

[81] LEV B. Information disclosure strategy[J]. California Management Review,1992,34(4):9-32.

[82] LEVIN I P,GAETH G J. How consumers are affected by the framing of attribute information before and after consuming the product[J]. Journal of Consumer Research,1988,15(3):374-378.

[83] LILLY B,WALTERS R. Toward a model of new product preannouncement timing[J]. Journal of Product Innovation Management,1997,14(1):4-20.

[84] LUCHETTA G. Is the Google platform a two-sided market? [J]. Journal of Competition Law & Economics,2014,10(1):185-207.

[85] MAHESWARAN D, MEYERS-LEVY J. The influence of message framing and issue involvement[J]. Journal of Marketing Research,1990,27(3):361-367.

[86] MCCABE M ,SNYDER C M. Academic journal prices in a digital age: a two-sided market model[J]. The B. E. Journal of Economic Analysis & Policy,2007,7(1):1-39.

[87] MEER J. Effects of the price of charitable giving:evidence from an online crowdfunding platform[J]. Journal of Economic Behavior & Organization,2014,103:113-124.

[88] HARRISON J M, KREPS D M. Speculative investor behavior in a stock market with heterogeneous expectations[J]. The Quarterly Journal of Economics,1978,92(2):323-336.

[89] MISHRA D P,ATAV G,DALMAN M D. Do buzz and evidence really

matter in product preannouncements? An empirical test of two competing theories[J]. Journal of Consumer Marketing, 2020, 37(7): 739-748.

[90] MOHAN M. New product pre-announcements: incumbent reactions to competitive signals[D]. Stillwater: Oklahoma State University, 2007.

[91] ANDREA A, LILIANE G, TOMMASO V. Exclusionary pricing in a two-sided market[J]. International Journal of Industrial Organization, 2020, 73: 102592.

[92] MUKHERJEE R. Product introduction strategies in the age of social media[C]// Hawaii International Conference on System Sciences, 2017.

[93] NAGARD-ASSAYAG E L, MANCEAU D. Modeling the impact of product preannouncements in the context of indirect network externalities[J]. International Journal of Research in Marketing, 2001, 18(3): 203-219.

[94] OFEK E, TURUT O. Vaporware, suddenware, and true ware: new product preannouncements under market uncertainty[J]. Marketing Science, 2013, 32(2): 342-355.

[95] OTTO K N, WOOD K L. Product design: techniques in reverse engineering and new product development[M]. Upper Saddle River: Prentice Hall, 2001.

[96] OTTUM B D, MOORE W L. The role of market information in new product success/failure[J]. Journal of Product Innovation Management, 1997, 14(4): 258-273.

[97] PADMANABHAN V, RAJIV S, SRINIVASAN K. New products, upgrades, and new releases: a rationale for sequential product introduction[J]. Journal of Marketing Research, 1997, 34(4): 456-472.

[98] POPMA W T, WAARTS E, WIERENGA B. New product announcements as market signals: a content analysis in the DRAM chip industry[J]. Industrial Marketing Management, 2006, 35(2): 225-235.

[99] MISHRA D P, BHABRA H S. Assessing the economic worth of new product pre-announcement signals: theory and empirical evidence[J].

Journal of Product & Brand Management, 2001, 10(2):75-93.

[100] RABINO S, MOORE T E. Managing new-product announcements in the computer industry[J]. Industrial Marketing Management, 1989, 18(1):35-43.

[101] RAO R, TURUT O. New product preannouncement: phantom products and the Osborne effect[J]. Operations Research: Management Science, 2019, 65(8):3776-3799.

[102] RIETVELD J, EGGERS J P. Demand heterogeneity in platform markets: implications for complementors[J]. Organization Science, 2018, 29(2):304-322.

[103] ROBERTSON T S, ELIASHBERG J, RYMON T. New product announcement signals and incumbent reactions[J]. Journal of Marketing, 1996, 13(4):363-364.

[104] ROCHET J, TRIOLE J. Platform competition in two-sided markets[J]. Journal of the European Economic Association, 2003, 1(4):990-1029.

[105] ROCHET J, TIROLE J. Two-sided markets: a progress report[J]. RAND Journal of Economics, 2006, 37(3):645-667.

[106] ROCHET J C, TIROLE J. Tying in two-sided markets and the honor all cards rule[J]. International Journal of Industrial Organization, 2008, 26(6):1333-1347.

[107] ROGERS E M. New product adoption and diffusion[J]. Journal of Consumer Research, Oxford University Press, 1976, 2(4):290-301.

[108] RYSMAN M. The economics of two-sided markets[J]. The Journal of Economic Perspectives, 2009, 23(3):125-143.

[109] SANGIOVANNI-VINCENTELLI A, MARTIN G. Platform-based design and software design methodology for embedded systems[J]. IEEE Design and Test of Computers, 2001, 18(6):23-33.

[110] SARGENT T J, WALLACE N. Rational expectations and the theory of economic policy[J]. Journal of Monetary Economics, 1976, 2(2):169-183.

[111] SARIN S, SEGO T, CHANVARASUTH N. Strategic use of bundling

for reducing consumers' perceived risk associated with the purchase of new high-tech products[J]. Journal of Marketing Theory and Practice, 2003, 11(3): 71-83.

[112] SCHATZEL K, DROGE C, CALANTONE R. Strategic channel activity preannouncements: an exploratory investigation of antecedent effects[J]. Journal of Business Research, 2003, 56(12): 923-933.

[113] SCHATZEL K, CALANTONE R. Creating market anticipation: an exploratory examination of the effect of preannouncement behavior on a new product's launch[J]. Journal of the Academy of Marketing Science, 2006, 34(3): 357-366.

[114] SCHIFF A. Open and closed systems of two-sided networks[J]. Information Economics and Policy, 2003, 15(4): 425-442.

[115] NJOROGE P, OZDAGLAR A E, STIER-MOSES N, et al. Investment in two-sided markets and the net neutrality debate[J]. Review of Network Economics, 2013, 12(4): 355-402.

[116] SHIN, CHANHO, MOON, et al. Effects of message framing, product type, and temporal distance on consumer attitude[J]. Journal of Consumer Studies, 2014, 25(1): 1-29.

[117] SIMON H A. Rational decision making in business organizations[J]. American Economic Review, 1979, 69(4): 493-513.

[118] SMITH S M, PETTY R E. Message framing and persuasion: a message processing analysis[J]. Personality and Social Psychology Bulletin, 1996, 22(3): 257-268.

[119] SORESCU A, SHANKAR V, KUSHWAHA T. New product preannouncements and shareholder value: don't make promises you can't keep[J]. Journal of Marketing Research, 2007, 44(3): 468-489.

[120] SPENCE A. Job market signaling[J]. The Quarterly Journal of Economics, 1973, 73(3): 355-374.

[121] SU M, RAO V R. New product preannouncement as a signaling strategy: an audience-specific review and analysis[J]. Journal of Product Innovation Management, 2010, 27(5): 658-672.

[122] SU M, RAO V R. Timing decisions of new product preannouncement

and launch with competition[J]. International Journal of Production Economics,2011,129(1):51-64.

[123] SUN H,KUMAR S. A manufacturer's new product preannouncement decision and the supplier's response[J]. Production and Operations Management,2020,29(10):2289-2306.

[124] SWEENEY J C,SOUTAR G N,JOHNSON L W. The role of perceived risk in the quality-value relationship:a study in a retail environment[J]. Journal of Retailing,1999,75(1):77-105.

[125] TONG T,DAI H,XIAO Q,et al. Will dynamic pricing outperform? Theoretical analysis and empirical evidence from O2O on-demand food service market[J]. International Journal of Production Economics, 2020,219(C):375-385.

[126] TROPE Y,LIBERMAN N. Construal-level theory of psychological distance[J]. Psychological Review,2010,117(2):440-463.

[127] TVERSKY A,KAHNEMAN D. Rational choice and the framing of decisions[J]. The Journal of Business,1986,59(4):251-278.

[128] VILLENA M J,CONTRERAS M. Global and local advertising strategies:a dynamic multi-market optimal control model[J]. Journal of Industrial and Management Optimization,2019,15(3):1017-1048.

[129] VON KROGH G F,SPAETH S,LAKHANI K R. Community,joining,and specialization in open source software innovation:a case study [J]. Research Policy,2003,32(7):1217-1241.

[130] WIND J,MAHAJAN V. Marketing hype:a new perspective for new product research and introduction[J]. Journal of Product Innovation Management,1987,4(1):43-49.

[131] ARMSTRONG M,WRIGHT J. Two-sided markets,competitive bottlenecks and exclusive contracts[J]. Economic Theory,2007,32(2): 353-380.

[132] WU Y,BALASUBRAMANIAN S,MAHAJAN V. When is a preannounced new product likely to be delayed? [J]. Journal of Marketing, 2004,68(2):101-113.

[133] XU X,ZENG S,HE Y. The impact of information disclosure on con-

sumer purchase behavior on sharing economy platform Airbnb[J]. International Journal of Production Economics,2021,231(1):107846.

[134] YANG C L,LIN T Y,CHEN C W,et al. Information and timing of new product preannouncement and firm value[J]. Australian Journal of Management,2018,43(1):111-131.

[135] ZAMAN R,ARSLAN M. Effects of pre-announced product characteristics on customer's purchase intention[J]. SSRN Electronic Journal,2014,6(23):167-172.

[136] ZHANG H,CHOI Y K. Preannouncement messages:impetus for electronic word-of-mouth[J]. International Journal of Advertising,2018,37(1):54-70.

[137] ZHANG J,LIANG Q,HUANG J. Forward advertising:a competitive analysis of new product preannouncement[J]. Information Economics and Policy,2016,37(C):3-12.

[138] 程贵孙,陈宏民,孙武军. 双边市场视角下的平台企业行为研究[J]. 经济理论与经济管理,2006(9):55-60.

[139] 段文奇. 信息产业新产品预告战略实施研究[J]. 科技进步与对策,2009,26(3):98-102.

[140] 耿凯平,易文,贾涛. 高科技新产品预告动机与风险研究[J]. 科技管理研究,2009,29(4):179-182.

[141] 龚艳萍,黄凯,张琴,等. 新产品预告的时间距离、消费者在线评论及其购买目标的关系研究[J]. 研究与发展管理,2015,27(4):36-44.

[142] 龚艳萍,黄凯. 新产品预告在营销沟通中的应用研究[J]. 求索,2012(2):77-78.

[143] 纪汉霖. 双边市场定价方式的模型研究[J]. 产业经济研究,2006(4):11-20.

[144] 李湛,伍青生. 研发阶段新产品信息的预告:详细程度研究[J]. 研究与发展管理,2013,25(6):4-15.

[145] 刘启,李明志. 双边市场与平台理论研究综述[J]. 经济问题,2008(7):17-20.

[146] 伍青生,李湛. 研发阶段新产品信息发布:时间与频率策略研究[J]. 管理工程学报,2014,28(4):95-105.

[147] 熊艳.产业组织的双边市场理论——一个文献综述[J].中南财经政法大学学报,2010(4):49-54+144.

[148] 胥莉,陈宏民,潘小军.具有双边市场特征的产业中厂商定价策略研究[J].管理科学学报,2009,12(5):10-17.

[149] 徐晋,张祥建.平台经济学初探[J].中国工业经济,2006(5):40-47.

[150] 张凯,李向阳.双边市场中平台企业搭售行为分析[J].中国管理科学,2010,18(3):117-124.

[151] 张丽君,苏萌.新产品预先发布对消费者购买倾向的影响:基于消费者视角的研究[J].南开管理评论,2010,13(4):83-91+153.

[152] 张琴,龚艳萍,黄凯.新产品预告与上市时间间隔在品牌延伸中的调节作用[J].管理学报,2018,15(2):272-281.